Jean Rhys

Wide Sargasso Sea

With Essays in Criticism

Annotated with
Critical Introduction
by
Lee, Kyungsoon

Shinasa

Contents

CRITICAL INTRODUCTION

TEXT of *Wide Sargasso Sea*

CRITICAL ESSAYS

CRITICAL INTRODUCTION

작가 소개

진 리스(Jean Rhys, 1890-1979)의 전기 작가들은 리스의 삶을 정확히 밝히기가 힘들다고 말한다. 생애 대부분을 무명의 존재로 살았으며, 고향 카리브를 떠나 유럽을 전전하는 자신의 소설의 여주인공들처럼 파란만장한 떠돌이 삶을 살았기 때문이다. 1890년 카리브 해의 윈드워드 제도(the Windward Islands)의 도미니카(Dominica) 섬 로소(Roseau)에서 영국 웨일즈 출신 아버지와, 수 세대동안 도미니카 섬에서 막강한 가문 출신의 피부가 흰 "크리올"(Creole) 어머니에게서 태어난 리스는 유년기를 이곳 도미니카에서 보낸다. 그녀 가족은 여러 면에서 도미니카 사회의 전형적인 가족과는 거리가 멀었다. 섬주민 대부분이 가난한 흑인으로 카톨릭교를 믿고 크리올어를 사용하는데 반해, 윌리엄즈 가족은 중산층에 프로테스탄트이자 영어를 사용하는 점에서 이질적이었으며 따라서 이 가족이

느끼는 소외감은 이들의 불안정한 심리상태와 직결되고 바로 이런 부분이 『드넓은 사르가소 바다』(*Wide Sargasso Sea*)의 중심 주제로 구체화된다. 영국혈통을 이어받은 대부분의 식민지 아동들이 그렇듯, 리스는 영국에서 교육을 받기 위해 1907년 17세의 나이로 고향을 떠난 이후 잠깐의 여행을 빼고는 카리브에 영영 되돌아오지 못했다. 그 이유는 평생 가난을 면키 힘든 삶과 불행한 결혼생활, 비관적인 성격에 1·2차 세계대전에 이어 영국 식민지의 변모하는 정치적, 문화적 위상 등으로 인해 고향에 돌아가기 힘들었을 뿐만 아니라 창작에 몰두할 여유도 없었다.

이산자로서의 삶 속에서도 리스는 1914년부터 습작용으로 원고를 쓰기 시작한다. 이후 12년에 걸쳐 그녀의 삶은 세상에 알려지지 않았고 유일하게 알려진 몇몇 정보도 개략적이고 정확하지 않는 내용들이다. 1927년 첫 소설 *The Left Bank and Other Stories Postures*에 이어 *After Leaving Mr. Mackenzie*(1929), *Voyage in the Dark*(1934-36)가 발간되었다. 1936년 카리브의 마르티니끄, 세인트루시아, 도미니카, 그리고 뉴욕을 여행하는데 고향 도미니카에 들린 것은 25년만에 처음이었다. 이때의 경험이 『드넓은 사르가소 바다』의 구체적인 배경을 이루며 1945년부터 이 작품을 쓰기 시작한다.

리스의 작품은 거의 모두 절판된 데다 작가로서도 잊혀져 갈 무렵, 오랫동안 리스를 흠모해 온 영국의 한 연극배우가 1958년, 제3프로그램 방송에서 잊혀진 그녀를 수소문하기 시작하였고 리스가 답을 보내온다. 『자정이여 안녕』(*Good Morning, Midnight*)이 무대에서 공연되어 10년 만에 빛을 보게 된다. 1966년 『드넓은 사르가소 바다』가 발간되었으며 그밖에 다른 책들도 재발간될 정도로 비평가들의 갈채를 받는다. 1979년 사망 후 미완의 자서전인 *Smile Please: An Unfinished Autobiography*가 출간된다. 리스는 유년기부터 글쓰기를 시작하였고 총 10편의 단행본을 출간했다. W. H. Smity Award for Writers상, 그리고 Heinemann Award of the Royal Society of Literature상 수상, 1978년 문학적 공로로 영국여왕으로부터 훈작사(the Commander of the Order of the British Empire)를 수여받는다.

작품 배경

1. 진 리스와 영어권 카리브 지역

리스가 태어난 도미니카 섬은 당시 인구가 대략 30,000명으로 이중 백인은 300여 명 정도였다. 1493년 콜럼버스(Christopher Columbus)가 이 섬에 첫발을 내딛으면서 "도미니카"라고 명명했는데 "The Lord's Day"의 라틴어로서 일요일에 처음 발견했다는 뜻이 담겨있다. 18세기 초 프랑스는 플랜테이션 사업을 위해 도미니카를 식민화하려 하지만 수포로 끝나고 섬은 중립을 선포한다. 이 지역은 카립인(Carib)이 원주민들이지만 프랑스 영향이 지속된 것은 프랑스 정착민들이 점차 늘어나면서 불어에 기초한 크리올(creole)어를 광범위하게 사용하였기 때문이다. 15년 후인 1763년, 영국은 아프리카 노예들을 싣고 도미니카로 향하며 1805년 대영제국의 식민지가 되었고 영국의 영향을 받게 된다.

도미니카에 얼마동안 머문 적이 있는 카리브의 세인트루시아(St Lucia) 출신인 세계적인 시인 월콧(Derek Walcott)은 카리브에서 태어난 많은 사람들이 대영제국 치하에서 경험한 정신분열증적인 감정을 묘사하기도 했다. 자신들은 카리브 고향을 향수어린 시선으로 되돌아보지만 대부분이 고향에 대해 잘 알지 못한 데다, 흑백 간의 상호 불신은 수세기에 걸쳐 자행된 노예제로 인한 것임에도 자신들을 마치 외부자들처럼 이해하기 힘든 존재들로 인식한다는 것이다. 리스도 어쩌면 이와 비슷한 감정을 느꼈을 것이다. 그녀는 혼혈 크리올이지만 노예소유주 가문에 속해 있어 흑인들과 인종적으로 단절되어 있었다. 게다가 고향을 떠나 유럽에서도 이산자 삶을 살아왔기 때문이다. 그럼에도 불구하고 카리브 지역의 풍요롭고 짙푸른 이미지는 리스의 가장 성공작이랄 수 있는 『드넓은 사르가소 바다』에 깊게 스며들어 그 배경을 이룬다. 다른 한편으로, 이 소설에 드러나는 카리브 세계는 마치 황폐한 에덴 동산처럼 보인다. 식물들은 제멋대로 흐드러진 채 정돈되어있지 않다. 리스가 묘사하는 카리브는 마치 추방당한 사회처럼 생명력을 잃어갈 뿐만 아니라 퇴폐적이기까지 하다. 여기에 주류 흑인들은 노예해방이후, 백인과 혼혈 크리올의 생활을 위협하게 된다. 이 소설에서 드러나듯 흑인들이 사용하는 영어는 크리올어와 비슷하면서도 다르다고도 할 수 있는데, 흑인들의 문화는 표준화된 영어로는 이해될 수 없게 드러난다.

『드넓은 사르가소 바다』의 배경이 되는 자메이카는 리스가 살았던 도미니카처럼 원래는 아라와크(Arawak) 원주민이 살았던 곳이다. 아라와크족은 카립족에 패한 후 카립족으로 흡수되었고 그러다가 1494년에 콜럼버스가 자메이카에 들어왔고 1509년에 스페인 식민지가 되었다. 스페인은 이 섬에 설탕농장을 세웠고 노동력을 확보하기 위해 1640년부터 아프리카노예를 수입하기 시작한다. 1655년 자메이카는 대영제국에 의해 점령당하고 그로부터 1962년 독립될 때까지 대영제국의 지배를 받는다. 대영제국은 아프리카인들을 노예로 삼아 플랜테이션에 계속 유입시켰고 농장 노예의 처우조건은 극히 비인간적이어서 수십만명이 죽어 나갔다. 칼더는(Angus Calder)는 『혁명적 제국』(*Revolutionary Empire*)에서 1700-75년 사이에 "거의 50만명에 육박하는 노예들"이 자메이카로 유입되었지만, 높은 사망율 때문에 이 시기에 15,000명 정도만 살아남았다고 밝힌다. 자메이카에서 노예들은 수차례 반란을 일으키지만 그때마다 잔혹하게 진압되었다. 그로 인해 영국에서는 노예를 해방시켜야 한다는 요청이 점차 커져나간다. 1833년 노예해방법(The Emancipation Act)이 런던에서 통과되고 1834년 노예의 자녀들이 먼저 해방된다. 성인노예들은 자신들의 노동시간의 4분의 3을 이전 농장주인을 위해 바쳐야 했고 나머지 시간에는 자신의 자유를 돈으로 사기 위해 임금노동을 해야 했다. 반면, 농장주는 더 이상 이전 노예들의 노동력을 필요로 하지 않았다. 그 이유는 노예들은 머지않아 해방될 것이고 자신들은 영국정부로부터 보상을 받을 것으로 여겼기 때문이다. 그러나 해방된 노예들은 지금까지 자신들이 했던 일이 이제는 인도에서 온 계약 노동자들에게 돌아가자 빈곤한 상태에 처한다. 『드넓은 사르가소 바다』는 노예해방 직후의 이같은 자메이카를 배경으로 한다. 소설 도입부에 등장하는 노예주 러트럴(Mr Luttrell)이 자살하는 것도 영국정부가 노예주에게 약속한 보상을 해주지 않았기 때문이다. 게다가 크리스토핀이 앙투아네트의 어머니인 아네트의 결혼 선물로 주어졌다는 점, 그리고 흑백 간의 불편하고 불확실한 감정들이 이 제1부의 서사가 전개되는 배경막이 된다.

2. 작품 줄거리

시적이면서도 알찬 언어, 단순하고 명료한 산문으로 쓰인 『드넓은 사르가소 바다』는 샬롯 브론테(Charlotte Brontë)의 『제인 에어』(*Jane Eyre*)를 되받아 쓴 소설이다. 『제인 에어』에서 제인 에어와 결혼한 에드워드 로체스터(Edward Rochester)의 첫 부인인 버싸(Bertha)가 영국에 유폐되기까지 어디에서 어떤 삶을 살았는지를 들려주는 『드넓은 사르가소 바다』에서 그녀의 이름은 앙투아네트 코스웨이(Antoinette Cosway)이다. 소설은 모두 3부로 되어있다. 제1부에서는 앙투아네트의 음성으로 자신의 유년기로부터 로체스터와의 결혼 후 영국으로 오기 전까지의 삶, 즉 고향 자메이카 쿨리브리 장원에서 시작되어 수도원에서 나와 로체스터와 결혼하는 과정까지 전개된다. 1834년 노예해방 바로 직전에 태어난 앙투아네트는 소설 초입부에서 어머니 아네트(Annette), 장애 남동생 피에르(Pierre), 그리고 몇 안 되는 해방된 노예들과 더불어 쿨리브리라는 퇴락한 농장에 살고 있다. 해마다 생활이 어려워지는 것은 노예해방법 때문이기도 하지만 코스웨이씨가 죽기 전에 자신의 농장소유지를 돌보지 않아 거의 황폐한 공간으로 변했기 때문이다. 이후 앙투아네트의 어머니는 부유한 영국인 메이슨씨와 재혼한다. 그녀는 남편에게 과거 노예들이 노예해방법이 시행된 이후 격분한 나머지 쿨리브리를 공격할 수 있다고 수차례 경고하지만 메이슨씨는 이를 진지하게 받아들이지 않는다. 어느 날 쿨리브리에 화재가 발생해서 집은 전소되고 피에르는 죽는다. 아네트는 아들의 죽음에서 헤어나지 못한 채 점차 내성적인 성격으로 변모한다. 앙투아네트는 수녀원 학교로 보내지고 잠시나마 만족해한다. 그러다가 17세에 학교를 떠나는데 젊은 영국인 로체스터와 혼담이 정해졌기 때문이다.

제2부에서 화자는 이름이 밝혀지지 않는 서술자이지만 서사가 진행됨에 따라 로체스터임을 알 수 있다. 정략결혼을 위해 카리브를 방문한 그는 앙투아네트의 계부에게서 결혼한 댓가로 3만 파운드를 받으며 섬에서 결혼을 마치고 영국으로 출항하는 장면까지를 보여준다. 2부 초입부에서 신혼여행지로 그랑브와를 향하던 로체스터는 주변 경관이 영국의 풍경과 다름에 혼란스러운 나머지 거리를 둔다. 자신의 결혼이 돈을 목적으로 한 정략결혼임을 의식의 흐름 수법이나 아버지에게 보낸 편지를 통해 드러낸다. 수도 스패니쉬타운에서 결혼한 이 커플은 처음에는 열정적인 육체적 사랑을 나누지만 서로에 대해서는 아무것도 모른 채 점차 불신과 증오만 쌓여간다. 로체스터는 앙투아네트의 혈통에 정신이상증세가 있다는 이야기를 듣고 아내에게서 뭔가 불안정하다는 증거를 찾으려

하면서 점차 등을 돌린다. 부부의 가치관의 차이는 자연에 대한 태도에서도 가장 뚜렷이 드러나는데, 앙투아네트가 사람들보다 자연이 더 소중하다면서 자연의 아름다움이 "사람보다 훨씬 나아. 나아, 나아. 사람보다 나아요"라고 강조하는 점에 로체스터는 의견을 달리한다. 그녀가 주장하는 카리브는 따뜻하고 다채로운 자연을 품고 있지만 이를 경시하는 그는 마침내 그녀를 영국으로 데려가기로 결심한다.

제3부에서 앙투아네트는 자유를 박탈당한 채 영국의 쏜필드 홀(Thornfield Hall)이라는 로체스터의 시골저택의 창문이 없는, 차가운 3층 방에 갇혀 로체스터의 하녀 그레이스 풀(Grace Poole)의 감시를 받는다. 미친 여자라는 이유로 폐쇄된 공간에 갇혀있는 그녀는 "유폐된 식민지 여성의 운명"을 보여준다. 그러나 앙투아네트는 현재의 유폐된 삶보다는 꿈을 통해 진실성을 추구하려 하며 이제 운명론을 거부하고 증오를 받아들인다. "나를 구하기 위한 노력은 하지 않는다; 만일 그 어떤 사람이 나를 구원하려 한다면 나는 거부하고자 한다. 이 일은 반드시 일어나야만 해"라고 말하면서 쏜필드 홀(Thornfield Hall)에 불을 지르고 자살을 감행하여 영원한 자유를 획득할 수 있을 순간을 기다린다.

3. 『드넓은 사르가소 바다』와 『제인 에어』의 관련성

1847년에 발간된 샬롯 브론테의 『제인 에어』는 제인 에어와 에드워드 로체스터의 사랑이야기를 주로 다룬다. 로체스터의 첫 부인 버싸는 자메이카 출신의 크리올계로, 남편에 의해 창문이 없는 방에 감금되어있다. 이 소설 26장에서 로체스터는 버싸를 "3대에 걸쳐 백치와 광기"의 가족력이 있는 정신이상자로, 버싸의 어머니는 "미친 여자에다 술주정꾼"이라고 제인에게 설명한다. 리스는 브론테가 버싸를 이렇게 묘사하는 것이 부당하다며 그에 대응하는 소설을 구상한다. 『드넓은 사르가소 바다』는 로체스터 부인에게 그녀의 행동을 설명할 수 있는 하나의 전기를 제공하려는 시도에서 비롯된다. 리스는 1979년 『파리 리뷰』의 인터뷰에서 다음과 같이 말한다.

> "제인 에어를 읽을 때 왜 그녀[브론테]는 크리올 여성들을 미치광이로까지 생각해야 하는지 반문했다. 로체스터의 아내인 버싸를, 무서운 광녀로 그런 식으로 그리다니 너무 심하고 창피하다는 생각이 들었다. 그래서 나는 곧바로 실제 일어났었을 수 있는 이야기를 써야겠다고 생각했다. 버싸가 너무 불쌍한 영혼으로 보였다. 나는 그녀에게 한 삶을 써줘야겠다고 생각했다."

다음의 『제인 에어』의 줄거리는 『드넓은 사르가소 바다』의 배경을 이해하는데 도움이 될 것이다. 제인은 열 살 때 고아가 되어 리드 외숙모(Mrs. Reed) 집에 얹혀살고 있다. 주변의 그 누구도 그녀를 원하지 않아 계속 박대만 받다가 사촌과의 싸움에서 당당히 말로 맞서다가 결국에 "붉은 방"에서 벌을 받는다. 외숙모에 의해 브로클허스트 경이 운영하는 로우드(Lowood) 자선학교에 보내진 제인은 처음에 어린 소녀들이 그곳의 추위와 굶주림, 그리고 열악하고 비위생적인 주변 환경에 무척 고통받는다. 티푸스 열병이 창궐하여 여러 아이들이 죽자 그때서야 자선학교에 대한 개선책이 세워진다.

제인은 이 학교에서 학생으로 6년, 교사로 2년, 도합 8년을 머문다. 친절하고 따뜻한 교장 선생님 템플(Miss Temple)이 결혼 후 퇴임하자 제인도 로우드를 떠나기로 결심한다. 제인은 미들랜드의 쏜필드 홀 저택의 로체스터 씨의 피후견인인 아델(Adele Valens)의 가정교사로 지원한다. 약 3개월 후 이곳에서 제인과 아델, 가정부인 페어팩스부인(Mrs Fairfax)은 조용하고 행복한 삶을 살아간다. 그러던 어느 날 로체스터가 집에 돌아오는데, 처음에 그는 제인과는 요원한 사람으로 무서운 인물로 내비치지만 제인에게 친절하고 정중하게 대한다. 제인은 그의 침실에 불이 났을 때 그의 생명을 구한다. 그리고 그녀는 자신을 고용한 주인과 사랑에 빠진 것을 느낀다.

리드 외숙모의 임종에 제인은 불려가고 리드 부인은 제인의 삼촌인 존 에어(John Eyre)에게 거짓을 고했음을 실토한다. 카리브 해의 마데이라(Madeira)섬에서 재산을 모은 존 삼촌은 조카 제인을 입양하길 원했지만 리드 부인은 제인이 로우드에서 죽었다고 허위로 말했던 것이다. 그런 연유로 외숙모는 제인의 삼촌이 제인에게 줄 수 있는 안정된 삶을 의도적으로 박탈했던 것이다. 게이츠헤드에 머문 지 한 달 후, 리드 부인은 죽고 제인은 쏜필드로 돌아온다. 제인은 로체스터가 상류층 여성 잉그램(Miss Ingram)양과 결혼할 것임을 알게 된다.

한 여름 밤에 로체스터는 자신이 잉그램양을 사랑하지 않으며 제인에게 자신과 결혼해줄 것을 청한다. 제인은 그의 구혼을 받아들이고 마데이라 섬에 있는 삼촌에게 편지를 쓴다. 한 달 후 결혼식에서 한 변호사가 결혼에 이의를 제기하는데, 그는 로체스터에게 자메이카 출신의 크리올 아내, 버싸 앙투아네트 메이슨(Bertha Antoinette Mason)이라는 이름의 아내가 현재 살아있다고 밝힌다. 로체스터는 제인에게 15년 전 버싸와의 결혼은 자신이 기만당한 결혼이라고 항변하면서 버싸는 회복될 수 없는 정신이상자라고 말한다. 자신의 행동을 변명하기 위해 로체스터는 일행을 3층 다락방으로 데려간다. 그곳에서 버싸는 로체스터에 달려들어 공격하고 그로 인해 그녀는 의자에 사지를 결박당한다.

결혼이 무산되자 로체스터는 제인에게 그의 정부가 되어 프랑스로 가자고 간청한다. 실제로 로체스터는 당시 영국법에 따르면 중혼죄를 범한 셈이다. 그녀는 이를 거절하지만 더 이상 쏜필드에 머물다가는 마음이 약해질 것 같아 그곳을 도망쳐 나온다. 제인은 더비셔의 화이트클스에서 기아상태로 거의 실신에 이르러 리버스 가족에게 발견된다. 그녀는 그곳의 다이아나(Diana)와 메어리(Mary) 자매, 그들의 오빠인 세인트 존(St. John)의 극진할 정도의 친절한 간호와 도움을 받는다. 세인트 존은 제인이 연봉 30파운드의 교사 직업을 얻도록 도움을 준다. 제인은 자신의 이름이 엘리어트라고 말하지만 세인트 존은 그녀의 정체를 알아낸다. 그들은 사촌이고 존 에어가 마데이라에서 죽으면서 그들에게 2만 파운드를 남겼다는 것도 알게 된다.

삼촌의 유산을 두고 제인은 네 사람이 각기 5천 파운드씩 나눠야 한다고 주장한다. 세인트 존은 제인에게 기독교 선교사로 인도에 갈 결심을 말한다. 그는 제인에게 결혼하여 선교사 아내가 되어 함께 인도에 가자고 압력을 가한다. 제인은 선교사를 따라갈 의향은 있지만 그의 아내가 되고 싶은 마음은 추호도 없다. 제인의 마음이 약해지고 있을 때 그녀는 그녀를 부르며 도와달라고 하는 로체스터의 목소리를 듣는다. 마차를 타고 쏜필드로 간 제인은 버싸에 의해 쏜필드 저택이 화재로 전소되었음을 알게 된다. 버싸는 화재로 숨졌고 로체스터는 왼팔과 시력을 잃었다. 제인은 즉시 로체스터의 다른 집인 펀딘 영지(Ferndean Manor)로 달려가고, 로체스터는 그녀를 여전히 사랑하며 예전보다 더 그녀를 필요로 한다. 둘은 결혼하여 함께 있음에 세속적이며 정신적인 행복을 찾게 된다. 아들을 하나 낳고 로체스터의 시력이 되살아날 것이라는 희망을 갖는다.

4. 『드넓은 사르가소 바다』 텍스트

리스가 『드넓은 사르가소 바다』에 대한 구상을 처음으로 언급한 것은 1945년 10월이었다. 그 후 21년이 흐른 1966년에야 비로소 이 텍스트는 출판되었다. 하지만 리스는 이 소설이 어떤 위력을 발휘할 것인지를 잘 알고 있어 "내가 쓴 책 가운데 상당히 유용한 책"이 될 것으로 믿었다. 리스는 스스로 고통스러울 정도로 신중한 작가이다. 또한 지나치게 세심할 정도로 문장을 갈고 닦는다. 그럼에도 불구하고 그녀는 자신의 작품에 결코 만족하지 않았다. 리스의 편집자인 애트힐(Diana Athill)은 리스의 미완의 자서전『제발 미소를』(*Smile Please*)의 서문에서 다음과 같이 말한다: "진 리스는 자신의 글이 지극히 사소한 부분 정도를 빼고 완성할 때까지 자신의 손을 떠나도록 허용하지 않았다. 그녀의 완벽주의의 한 예를 들어보자.『드넓은 사르가소 바다』가 발간된 지 5년여 후에 그녀는 내게 뜻밖에도 "당신에게 늘 물어보고 싶은 게 한 가지 있었는데, 왜 당신은 나한테 저 책을 발간하도록 하는 것인지요?"라고 물었다. 나는 도대체 그게 무슨 말인가 하고 물어보면서도 여전히 화가 나 있었다. "이게 아직 완성이 안 되어서요" 그녀는 차갑게 말했다.

『드넓은 사르가소 바다』의 제1부의 초고는 1964년『예술과 문학』첫 호에 발표되었다. 이 저널은 윈담(Francis Wyndham)이 편집인으로 활동하면서 새롭고 "진행 중인" 문학 작품을 발굴하는데 기여하였다. 리스는 초고를 수정하고 여러 중요한 대목들을 첨삭한다. 예컨대, 말의 독살, 쿨리브리 방화사건 다음에 앙투아네트가 감금되어있는 어머니 아네트를 방문한 것, 그리고 메이슨씨가 수녀원에서 앙투아네트와 논의하는 내용 등이 더해진 것이다. 그리고 더 자세한 변모는 이 소설의 서사적 의미에서가 아니라 소설이 지닌 감정 면에서 영향을 미친 것들이다. 이러한 수정은 그때그때 수용되지는 않았지만, 1966년 도이취(Andre Deutsch)가 발간하고 윈담이 서문을 쓴 완성판에는 모두 포함된다. 이러한 수정 원고는 현재 대영 도서관에 소장되어있다. 이 수정본을 보면 리스가 긴 시간에 걸쳐 구성하고 서술기법, 리듬, 역사적 디테일에 매우 세심한 주의를 기울인 것을 알 수 있다. 마지막 수정본을 보면 이전보다 더 단순해지고 완벽에 가까울 정도로 정교화된 묘사, 내적 독백, 대화체를 볼 수 있다.

이 수정과정에서 중요한 말과 구절들의 반복이 약간 다른 시제, 말의 순서, 그리고 형용사를 가감함으로써 그 의미가 고조되거나 어느 정도 다르게 결합하여 작용한다. 그녀는 이런 수정 내용들을 빼곡히 적고 있다. 리스는 자신의 글쓰기에 대해 다음과 같이 언급한다: "몇 행, 몇 마디에 안달이 날 정도로 내 자신이 어리석다는 것을 알고 있지만, 명료함과 음향과 분노 밑에 있는 매끄러우면서도 확고한 기반에 대한 나의 동경을 결코 극복하지 못했다. 나는 사람들이 일반적으로 잘라내거나 혹은 살짝 자리를 바꾸거나 변화를 가함으로써 이것을 얻게 된다는 것을 알았다. . . ." 그녀는 소설은 정확해야 한다는 일관된 욕망으로 수정작업의 계기를 찾고 있었다: "나는 항상 이 책이 내가 할 수 있는 한 잘 완성되어져야 함을 항상 알고 있었다-(실수의 여백이 있어서는 안된다는 뜻) 그렇지 않으면 설득력이 없을 것"이라고 말한다. 소설을 편집하는 동안 여러 자질구레한 변화에 대해서는 각주에서 언급될 것이다.

작품 분석

20세기 후반 리스는 영문학뿐만 아니라 주변부 문학권에서조차 주변부적 존재였다. 아주 늦은 나이에 알려지게 되자 영국과 카리브 양쪽은 서로 자신들의 진영으로 그녀를 끌어들이려 했다. 영국의 모더니스트 작가, 아니면 포스트식민작가로만 접근하면서 정작 이들이 간과한 것은 피식민/여성/이산민의 시각을 갖추지 못했다는 것이다. 싸르트르(Jean Paul Sartre)나 파농(Franz Fanon)의 식민주의담론까지도 남성중심적인 시각에서 행해져 온 연유로 성의 정치학이 개입될 수 없었음은 놀라운 일이 아니다. 한 예를 들면, 브라운(Bev Brown)은 카리브 비평가 브레스웨이트(Edward Kamau Braithwaite)의 크리올 이론조차도 남성시각에 치

우친다고 말한다. 그의 이론은 주로 남성 "태양"신화를 신봉하는 것으로 유럽인에 대항해서 자메이카의 남성입장에서만 말한다는 것이다. 따라서 20세기 후반에 새롭게 떠오르는 과거 식민지 국가에서의 또 하나의 가부장적 식민주의와 관련된다는 것이다. 하지만 리스의 주인공들은 이들과 다른 여성 경험을 중심으로 전개된다. 이러한 여성연결은 매우 확고하고 논리적으로 드러나는데, 여주인공이 정체성 추구에 있어 카리브 지역에 대한 기억과 그곳 여성들과 연관되는 순화회로가 그것이다. 이와 같이 타자에 대한 각 문화의 영향, 인종주의, 거기에 각인된 권력관계의 유동성을 재현하는 『드넓은 사르가소 바다』는 백인 크리올 여성이란 과연 어떤 존재인가, 그녀도 역시 피식민인가, 아니면 유럽인, 혹은 카리브인인가라는 정체성의 경계선 문제를 제기한다. 이와 같은 점에서 리스는 식민주의 권력구조의 복잡함을 이해하고 있을 뿐 아니라 도미니카의 백인정착계층의 구성원으로서의 그녀 자신의 모호한 정체성을 잘 인식한 작가라 할 수 있다.

실제로 리스 소설은 플롯이 단순하고 주제가 통일되어 쉽게 이해할 수 있는데도 주제나 관심이 때로 전복적이고 쉽게 표면에 드러나지 않는 것은 주인공의 정체성 추구에 대한 복합적인 태도, 즉 희생자인 여성의 심리적 개연성을 보여주기 위해 여주인공의 유년기를 제시하고 서술시점을 바꾸기 때문이다. 이것은 영국의 제국주의/가부장적 지배라는 뿌리깊은 편견이 카리브 사회에서 어떻게 거부되는가를 보여주고자 하는데 그 의도가 있다. 또한 리스의 삶과 소설에서 정체성의 문제는 작가나 등장인물들의 지각을 형성하는 국외자적 조건과 밀접하다. 이는 이중의 국외자(exile)로 자의식, 고향상실, 피할 수 없는 차이감, 심지어 두 사회의 판단에 따라 자신을 비난하게 되는 불구자 의식을 지닌 여성이다. 리스에게 영국은 차갑고 배타적인 곳으로 외로움과 가난의 짐을 운명처럼 짊어지게 하는 곳이며 카리브에서도 마찬가지로 크리올 여성은 카리브 흑인들로부터 소외될 수밖에 없어 “이중의 소외라는 정신적 고통”을 겪는다. “국외자”의 삶이 갖는 독특한 문학적 특성을 고찰한 포스트식민 비평가인 사이드(Edward Said)는 “근본적으로 인간존재의 불연속적인 상황, 뿌리, 땅과 과거와의 절연”으로 파악하면서도 그것이 지닌 문학성은 국외자의 이중 혹은 대위법적 비전이 정체성을 회복, 향상시켜주고 유의미한 삶을 가져다준다고 지적한다. 이런 점에서 『드넓은 사르가소 바다』는 인종, 성차별, 계층, 민족성 등의 문제가 국외자라는 대위법적 비전에 의해 강화되어 영국과 카리브의 식민권력구조의 상호작용을 한층 강화한다고 볼 수 있다. 카리브를 배경으로 한 『드넓은 사르가소 바다』는 이러한 “복수적(複數的) 정체성”을 지닌 앙투아네트가 겪는 역사적, 문화적 차이로 인한 차별화를 잘 다루고 있다. 그리고 카리브 크리올 여성이 앵글로색슨문화에 영입되는 것을 막는 “영국”의 편견과 한계를 내면화하는 심리적인 효과도 잘 보여준다. 나아가 이 소설이 카리브 사회의 역사, 사회적인 풍요성을 보여주며 서구의 이른바 “객관성”, 즉 자기와 타자의 분리 및 세계를 객체화하는 것이 모든 폭력의 근원이며 결과적으로 식민지 여성을 분리화했다는 페미니즘의 구체화를 제시한다.

『드넓은 사르가소 바다』에서 앙투아네트를 중심으로 크리올 여성이 직면한 고립과 소외의 문제를 역사적이고 문화적인 맥락에서 살펴보면 우선, 앙투아네트가 태어날 무렵은 1834년 자메이카의 노예 해방 이후로 그녀는 식민종주국인 영국과 흑인 원주민 사이에 위치하는 크리올 혼혈 여성이다. 정열적이며 매사에 관용적인 태도와 부드러운 모습을 지닌 카리브 크리올 여성인 앙투아네트는 이후 수도원에서 나와 영국인 로체스터에게 지참금을 갖고 결혼한다. 이처럼 소설의 시간적 배경은 노예해방 이후로 그녀의 가족 농장 쿨리브리가 몰락함에 따라 이를 타개하고자 어머니 아네트(Annette)는 영국인 메이슨(Mason)과 결혼하여 기울어가는 가문을 구하려 한다. 그러나 해방된 흑인들은 백인을 멸시하여 장원을 불태운다. 소설은 쿨리브리 장원의 방화가 과거 하인이었던 사람에 의해 저질러진 것으로부터 시작하여 소설 결말에서 남편 로체스터의 영국 저택인 쏜필드 홀의 3층 다락방에 갇힌 앙투아네트가 불을 지른 후 죽음으로 끝나는 이야기이다.

이처럼 각기 다른 서술자를 사용하려는 것은 리얼리티의 양면성을 제시하려는 작가의 복합적 의도를 반영한 것으로, 제인의 일인칭 시점에서 서술되는 『제인 에어』와 달리 『드넓은 사르가소 바다』는 이같은 서술방식을 통해 주인공 남녀의 운명이 서로 다른 동기에서 유발되고 그 결과 독특한 비극적 강렬함까지도 전달한다. 앙투아네트와 로체스터라는 두 서술자가 보여주는 서로 다른 세계는 피식민/여성과 식민주의자/남성의 문화적 차이로 그 깊은 골은 피할 수 없게 드러난다. 대영제국의 영국인 상류층 신사와 식민지 크리올 여성간의 간격은 마치 영국과 카리브 사이에 놓여 있는 대서양의 바다풀이 무성히 자라는 사르가소 바다만큼이나 큰 차이를 드러낸다. 실제로 이 소설의 제목인 "사르가소 바다"(Sargasso Sea)는 북대서양에 위치한 타원 모양의 드넓은 바다로, 맥시코 만류(The Gulf stream)와 경계를 이루며 버뮤다 섬들을 에워싸고 있다. 정확히 말하자면 카리브 제도와 아조레스(Azores) 제도(대서양 중부, 포르투갈령)에 걸쳐있다. "사르가소"(Sargasso)라는 이름은 사르가섬(Sargassum)이라는 모자반류의 해초덩어리를 말하는 것으로 이 지역은 해류가 약하고 바람이 거의 없는 데다, 조용하지만 흐르지 않고 괴어 있어 이 지역을 지날 때 선박들이 방심할 수 없었다. 이 지역과 관련된 무수한 전설은 선박들이 이곳을 지나면서 해초에 걸려 방향을 잃고 좌초된데서 나온 항해사들의 이야기에 근거한다. 1492년 콜럼버스는 이곳을 지날 때 이 지역을 언급했는데, 항해사들의 근거 없는 공포와는 대조적으로 부유하는 집합식물을 보고 육지가 거의 가까워졌다는 신호로 해석했다.

『드넓은 사르가소 바다』에서의 사르가소 바다는 카리브제도와 영국,

흑인과 백인, 앙투아네트와 로체스터, 궁극적으로 선과 악 사이에 놓여 있는 심연을 상기시킨다. 어떤 의미에서 주인공인 로체스터와 앙투아네트도 이 해협의 희생자임을 알 수 있다. 그러나 작가는 독자의 공감을 브론테 소설의 주인공 로체스터에게서 식민지 여성인 앙투아네트에게로 향하게 한다. 앙투아네트가 3부의 결말에서 취하는 방화 행위도 둘의 문화적 갈등뿐만 아니라 그 갈등의 실체가 어떤 것임을 드러나게 한다. 따라서 두 사람의 문화적 "차이"를 보다 구체적으로 들여다 볼 필요가 있다. 작가는 로체스터를 통해 가부장적, 문명화된 유럽 남성/식민주의자로, 앙투아네트를 식민지의 감성적인 여성으로 대비시킨다. 겉으로 보면 "점잖고 관용적이며 용감한" 로체스터는 그 이면에 물질숭배가 강한 특성을 지니고 있다. 카리브 섬에 오게 된 동기도 따지고 보면 부유한 집안의 차남으로 장남의 재산상속권에 따라 차남에게는 유산이 없음을 알고 현실적 대안으로 식민지의 부잣집 상속녀와 결혼이 목적이었다. 정략결혼의 공모 내용은 그의 아버지에게 보내는 편지에서 "모든 것은 아버님의 계획과 소망대로 잘 진행되고 있습니다"라는 언급에서 여실히 드러나는데, 돈에 대한 로체스터의 욕망은 『제인 에어』에 시사되는 것보다 『드넓은 사르가소 바다』에서 훨씬 구체적으로 드러난다.

로체스터가 취하는 "착취"와 "버림"이라는 식민주의자의 특질은 영국법에 근거한 것으로, 그가 앙투아네트의 재산을 획득하는 것은 실제로 합법적이며 이 과정은 대영제국의 식민화 과정과 유사하다. 이러한 특질은 경제적 재배치 면에서뿐만 아니라 정서적인 면에서도 앙투아네트를 황폐하게 만드는 결과를 초래하는데, 이는 로체스터의 외국인 증오와 외국인에 대한 가학적인 태도에 근거한다. 그는 앙투아네트의 이국적이며 관능적인 매력에 끌리면서도 그 자체를 식민지의 열등한 문화적 가치로 보는 탓에 그녀의 세계를 본질적으로 거부한다. 심지어 그녀를 살해할 것도 생각해보는 그의 내면에 대한 묘사에서 영국 가부장제와 식민주의 영향에 의해 왜곡된 그의 가학성을 읽을 수 있다. 여기에 그의 극단적인 소유욕이 결합되어 앙투아네트에게 많은 상처를 입히게 된다. 앙투아네트의 이름을 "마리오넷타"(marionetta)와 같은 이름을 붙여 "앙투와네타"(Antoinetta)로 부른다. 이는 자신의 운명을 통제할 힘이 없는 인형에 비유한 것이다. 앵무새 코코가 날개가 찢겨져 날 수 없자 새집 철창에 부딪혀 죽는 사건은 일맥상통한 것으로, 후일의 앙투아네트의 운명을 예시한다. 또한 그가 앙투아네트 이름 대신 영국인 이름인 "버싸"로 부르는 것도 식민화의 기표이자 식민지 여성의 정체성을 통제하고 규정하는 행위로 풀이해 볼 수 있다. 이에 대해 앙투아네트는 "버싸는 내 이름이 아니에요. 다른 사람의 이름으로 나를 부르는 것은 나를 내가 아닌 다들 사람으로 만들려는 거지요? 그것도 오비어예요"라며 반박한다. 실제로 카리브 지역은 아프리카의 문화적 전통이 강한 지역으로 이름은 매우 중요한 의미를 지닌다. 한 예로, 한 인간을 좀비로 만드는 예식에서 희생자에게 새로운 이름을 지어주는 것이 그 경우이다.

로체스터가 식민지 아내를 영국으로 데려온 후 쏜필드 홀의 다락방에 유폐시킨 것은 단순하고 우발적인 행위가 아닌, 식민지 여성의 부재를 욕망하는 그의 계산된 태도에 근거한다. 식민지 여성의 지참금을 명목으로 거액을 요구한 그의 정략결혼은 기본적으로 인간 매매라는 은유를 통해 드러난다. 그의 기만은 본국에 이 정략결혼 사실을 감추려 드는 데서 드러난다. 실제로 사람들을 묘사할 때 매매의 은유는 매우 중요한 역사적 의미를 지닌다. 로체스터의 인간관계에서의 매매의식은 주인/노예관계로 노예제의 현대적 형식을 보여주는 대목은 로체스터의 의식의 흐름 속에 나타난다. 그는 자신의 행위를 정당화하기 위해 "나는 그녀[앙투아네트]를 사지 않았고 그녀가 나를 샀다"든지 "당신이 날 믿는다면 나도 당신을 믿겠소. 이런게 매매 아니겠소?"라고 말한다. "제 문제, 특히 결혼문제는 말하지 않을수록 좋습니다"라고 아버지에게 당부하는 것도 아버지의 부추김을 받아 자신이 상속녀를 사기 위해 식민지에 파견된 영국 청년이라는 점, 앙투아네트의 돈이 이후 그에게 재정적 독립을 부여할 것이라는 점, 이로써 그가 로체스터가에서 자존심을 회복하여 과거와는 다른 모습을 보일 것이라는 점, 다시 말해 돈이 그에게 계급적 권위를 부여할 것임을 의식하기 때문이다. 따라서 분명한 점은 상자상속법이라는 영국의 가부장적 세습법의 희생자인 로체스터가 이점을 분명히 인식하여 이를 식민지 여성을 매매의 대상으로 여기고 있다는 점이다. 로체스터의 식민주의자의 근성에는 인종차별이 내재되어있다. 흑인에 대한 적개심은 그들이 야만적인 데다 자신의 행위를 그들이 속속들이 알고 있다고 생각하기 때문이다. 동시에 로체스터는 백인의 혈통이 섞인 크리올도 혐오한다. 앙투아네트를 가리켜 "순수한 영국혈통의 크리올 여성일지는 몰라도 눈동자를 보면 영국인도 미국인도 아니다"라며 차별의식을 갖는다. 그는 앙투아네트가 좋아하는 샌디(Sandi)라는 유색 친척에 대해 아내가 수치감을 갖도록 가르치려 드는 데서도 이러한 면모가 잘 드러난다.

이러한 로체스터의 이기적인 세계에 대조되는 인물로 크리스토핀(Christophine)을 들 수 있다. 크리스토핀은 마르티니크(Martinique) 출신의 흑인여성으로 이 소설에서 타인을 저버리지 않는 유일한 인물이다. 노예여성의 경험에서 오는 지혜가 풍부할 뿐만 아니라 남성지배에서 경제적으로 독립하려는 근대적 여성의식을 보여준다. 로체스터와 정략결혼으로 인해 앙투아네트가 정신적으로 피폐해짐에 따라 크리스토핀은 지극정성으로 그녀를 돌보는데 로체스터가 취하는 행동과는 판이하게 다르다. 크리스토핀이라는 뿌리과 식물명이 상징하듯 크리스토핀의 정직함과 풍부한 감성은 앙투아네트가 기댈 수 있는 뿌리에 해당한다. 그러나 크리스토핀이 로체스터와의 싸움에서 패함에 따라 로체스터는 앙투아네트를 영국으로 데려가 유폐시킴으로써 크리스토핀 존재 자체가 결과적으로는 "뿌리 없는 존재"가 된다는 사실은 저항적인 식민지 유색여성의 삶이 뿌리째 뽑힌다는 위험성을 예시한다.

크리스토핀은 인간성에 대한 통찰력이 빼어난 인물로 특히 백인식민주의를 날카롭게 꿰뚫어보며 정확하게 예견한다. 이 소설에서 앙투아네트 같은 크리올 여성들이 절망적이며 소극적인 성격을 보인다면 크리스토핀은 여성적 힘과 신비, 지혜, 자율성을 보여준다. 이같은 점을 들어 스피백(Gayatri Spivak)은 "텍스트에 등장하는 최초의 해설자이며 이름을 지닌 발화체로서 자신의 담론을 갖는 유일한 여성"이라고 지적한다. 크리스토핀은 주인집의 결혼선물로 주어진 노예였지만 노예해방이후 그녀는 로체스터에 정면으로 도전한다. 로체스터의 식민주의 실체를 간파한 그녀는 백인이 두려워할 만큼 강력한 말로 대응한다. 이것은 리스가 억압받은 사람들의 개인적 감정을 로맨틱하게 다루지 않았다는 의미이기도 하다. "서방님이 하신 일을 제가 다는 모르지만 어떤 것은 잘 알지요. 서방님이 돈 때문에 결혼하셨고 앙투아네트의 전 재산을 손에 넣으셨다는 것은 누구나 다 아는 사실이에요. 그러고 나서 질투 때문에 아내를 파멸시키려고요? 앙투아네트가 서방님보다 훨씬 훌륭한 인간이지요. 몸에 흐르는 피가 훨씬 좋으니까요. 우선 아가씨는 돈에 관심이 없답니다. 돈은 중요한 게 아니니까요. 내가 처음으로 서방님을 만났을 때 나는 한눈에 알아보았어요. 젊은 분이 벌써 돌같이 차고 감정에 메말라 있더라고요."

자신의 실체를 간파한 크리스토핀에 대해 로체스터는 판사와 결탁하여 추방시키려 한다. 하지만 그녀는 당당히 대들면서 "사슬에 매인 노예, 트레드 머신, 어두운 감옥은 더 이상 없소. 이곳은 자유국가이고 나는 자유로운 여성입니다"라고 외치는 것은 바로 로체스터가 영국법과 질서의 이름으로 식민지 여성을 위협하는 것에 대항한 노예해방 선언임을 알 수 있다. 이와 같이 크리스토핀과 로체스터의 싸움은 분명 정치적 수준의 것으로, 작가는 크리스토핀을 통해 지혜롭고 유능하며 친절하고 용기 있는, 그러면서도 위엄이 넘치는 면모를 보여준다. 그럼에도 불구하고 대영제국의 남성 식민주의자와 그들의 법이 대변하는 세계에서 식민지 여성은 패배할 수밖에 없다. 크리스토핀과 앙투아네트는 식민주의와 가부장법에 따라 부재하는 피식민 여성의 현실을 대변하는 것으로, 결국은 빼앗기고 착취당하고 유폐되거나 텍스트에서 추방되고 마는 두 여성의 운명을 의미한다.

크리스토핀이 올바른 판단력으로 개인의 생존에 필요한 것이 무엇인지를 정확히 인식한 인물이라면 앙투아네트는 타자와의 대화가 절망스럽고 그 차이를 극복하기가 불가능함을 반영한다. 작가가 이 소설에서 중심적 문제로 부각시키는 것도 수동적인 앙투아네트로 하여금 힘없는 약자를 정확히 대표/표현하게 한다는 점이다. 크리스토핀이 로체스터에게 말한 대로 앙투아네트는 남편과 다르다. 흰 피부의 크리올 여성은 영국에게는 "흰 검둥이", 흑인에게는 "흰 바퀴벌레"로 경계지대의 미결정된 영역에 속한다. 앙투아네트가 처한 상황은 먼저 가부장제/식민주의라는 환경에서 개인으로서의 여성의 무력함을 보여주기 때문에 비극적이다. 이것은 결국 광기로 연결되는데, 어린 시절부터 거부당한 자신의 정체성 때문이다. 이 소설의 등장인물들이 각기 배반에서 광기로, 다시 배반으로 나아감에 주목할 필요가 있는데, 앙투아네트와 어머니 아네트가 결국 정신이상자로 몰려 일상적 삶에서 소외된다든지, 고정관념에 빠져 남을 파괴시키고자 하는 욕망에 불타는 로체스터, 심지어 이름 없는 흑인들, 쿨리브리의 군중들도 잔인한 군중심리를 내비치는 것이 그것이다. 남성의 경우, 광기는 여성을 향하지만, 여성의 경우는 광기가 내면화된다. 또한 남성은 인종을 불문하고 아버지에 대한 분노에 기인하여, 그 "희생자"가 항상 여성이다.

흑백 간에 내포된 문화적, 역사적 내용은 특히 앙투아네트와 티아(Tia)와의 관계에서 가장 구체적으로 드러난다. 앙투아네트의 운명이 불가피하게 죽음을 향해 나가는 것은 세 번의 꿈을 통해서이다. 어릴 때 티아하고 다툰 날 저녁에 꾸는 첫 번째 꿈, 현재시제로 바뀌 앙투아네트가 사촌기에 어머니를 여윈 뒤 꾸는 두 번째 꿈, 그리고 소설 말미에서 회상을 통해 현재와 과거를 구분하는 세 번째 꿈이다. 티아와의 우정에 금이 간 것은 노예해방이후 흑백관계가 붕괴되고 있음을 상징한다. 티아로부터 "흰 바퀴벌레"라고 놀림당하면서도 그녀와 우정을 계속하는 앙투아네트는 흑인여성의 놀림감이면서 동시에 위로와 사랑을 받는 것도 그들로부터이다. 자신을 중간적 입장으로 보는 앙투아네트는 자신이 흑인친구들보다 열등하다고 느낀다. 티아도 물론 앙투아네트를 질투하는데 그것은 경제적 우월성 때문이다. 이 둘의 관계에 잠재된 긴장은 인종적, 경제적 상황이 인간의 애정과 우정을 왜곡시킬 수 있음을 시사한다. 왜냐하면 티아는 제국주의 상처로 인해 자아화될 수 없는 타자이기 때문이다.

소설 말미에 앙투아네트는 자신을 쏜필드 홀의 유령으로 인지한다: "나는 긴 초를 들고 그 홀에 다시 들어갔다. 내가 그녀를 본 것은 그때였다. . . . 유령. 흐르는 머리카락을 한 여자였다. 그녀는 금도금을 한 틀에 둘러싸여 있었지만, 나는 그녀를 알아보았다." 꿈의 장면은 티아를 부르며 벌떡 일어나는데서 끝나는데, 앙투아네트는 "마침내 나는 왜 이곳에 끌려오게 되었으며 무엇을 해야 하는지를 알고 있다"라고 자각한다. 이 소설에서는 눈치챌 수 없을 정도로 많은 투사(mirroring)의 이미지가 나타난다. 특히 티아와의 경우가 그러하다: "우리는 같은 음식을 먹었고 나란히 누워 잤으며 똑같은 강에서 멱을 감았다. 뛰면서도 나는 티아와 함께 살 것이며 그녀와 다름없다고 생각했다. . . . 가까이 왔을 때 나는 그녀가 손에 쥐고 있는 끝이 뾰족한 돌을 보았지만 그것을 던지는 것을 보지 못했다. . . . 내 얼굴에는 피가, 그녀 얼굴에는 눈물이 흐른 채 우리는 서로를 응시했다. 그것은 마치 내가 내 자신을 보는 것과 같았다. 마치 거울을 들여다보는 것처럼."

이 인용에서 볼 때 티아는 앙투아네트의 더블(double)이자 영혼으로, 티아가 던진 돌에 맞아 피 흘리고 함께 우는 것은 고통이 상호적인 것임을 보여준다. 꿈속의 티아는 앙투아네트의 정체성 문제에 혼란을 심화시키는 존재로, 비록 티아편에서 적대감을 갖고 있었지만 이제 앙투아네트는 티아와 강한 동일시를 이룬다. 티아가 어린 시절 "옛날 백인은 흰 검둥이일 뿐이었고 지금은 까만 검둥이가 흰 검둥이보다 낫다"라고 한 말에서 앙투아네트는 백인사회에서의 최하층인 백인크리올은 흑인과 같음을, 즉 서로를 반영하는 거울 같은 존재로 인식하게 된다. 그러므로 앙투아네트가 쏜필드에서 뛰어내릴 때 티아가 부르는 장면은 앙투아네트의 자기의식과 정체성을 확립하는데 긍정적인 것으로 해석될 수 있다.

꿈속에서 죽음은 새로운 삶의 시작에 대한 비유이다. 앙투아네트가 쏜필드 홀에서 뛰어내리는 것은 자신의 정체성을 찾고자 죽음을 통과하는 재생의 의미로 볼 수 있다. 길버트(Sandra Gilbert)와 거바(Susan Gubar)가 『다락방의 미친 여자』(*The Madwaman in the Attic*)에서 광기의 문제를 다루면서 버싸를 그 원형으로 파악한 점은 그 같은 맥락에서이다. 또한 광기를 현대 심리분석에 적용해보면, 『드넓은 사르가소 바다』는 주체의 구성, 혹은 자기를 창조하는 소설로 볼 수도 있다. 앙투아네트는 가부장제와 식민주의의 억압적 환경이 주는 소외감 속에서도 말하는 주체로서 자신을 구성하려는 싸움을 통해 스스로 정체성을 세우려는 발전적 과정을 보이기 때문이다. 문화적 코드를 탐구하는 문화이론 면에서 보면, 인습적 문화와 언어를 거절하는 여성들이 문화의 의미화체계를 통해 결핍된 것으로 규정되어온 여성의 역할을 "부정적 기능", 아니면 "혁명적 자세"를 취하는 양자택일을 보여주는 것도 그 같은 맥락이다. 바꿔 말해 여성적 요구는 적절한 상징을 찾을 수 없어 거절하거나 사회의 인습을 저해하는 것으로 작용한다. 『드넓은 사르가소 바다』의 결말에 이르러 앙투아네트은 이러한 거절의 순간에 죽음을 선택하여 쏜필드 홀의 어두운 통로를 내려가며 오랫동안 그녀를 감금해온 가부장적 구조에 불을 지르는 혁명적 자세를 취한 것이다.

우리는 『드넓은 사르가소 바다』에서 문제적 개인들이 나름대로 식민사의 실패를 반영하는데, 이러한 실패는 노예제도, 인종착취, 식민화, 가부장제 그리고 성적 착취에 특이하게 연결되어있음을 살펴보았다. 특히 앙투아네트는 흑백양편으로부터 소외된 존재, 다시 말해 제국주의 공리학이 산출한 인물로 흰 피부의 자메이카 크리올이다. 브론테는 버싸(앙투아네트)를 인간/동물의 경계가 확실치 않은 모습으로 그리고 있다: "방의 더 깊숙한 안쪽, 짙은 음영 속에 모습하나가 앞뒤로 달렸다. 그것이(It) 무엇이었는지, 짐승이었는지 인간인지 알 길이 없었다. 그것은 네 발로 기었던 것도 같고, 기이한 야생동물처럼 덤벼들고 으르릉거렸다." 인간이 아닌 타자의 영역에 속하는 버싸는 제인에 의해 "그것"으로 지칭되는데, 그것은 정복의 대상인 지옥같은 분위기, 영혼이 형성되지 않는 존재, 동물이라기보다는 범주적 명령의 테러리즘을 표상한다. 리스는 『드넓은 사르가소 바다』에서 이제 앙투아네트의 목소리를 빌어 그녀를 새롭게 탄생시키는데, 인종, 문화, 사회, 국가라는 경계를 넘어 소통을 시도한다는 점에서 제국주의 정치학이 실패한 것임을 탁월하게 보여준다.

스피백의 주장대로 페미니즘의 교조적 텍스트인 『제인 에어』가 식민주의 시각의 역사기술과 비열한 각본을 산출하는 것에 분노를 촉발한다면, 『드넓은 사르가소 바다』는 여기에 대응해서 읽게 한다는 점에서 중요한 글읽기의 정치학을 제공한다. 하지만 무엇보다도 이 소설의 중요성은 카리브의 진정성, 특히 크리올 여성의 정체성 탐구에 있어 식민주의/가부장제를 고발하는 탁월성에 있음을 부인할 수 없다는 것이다. 결말의 해석에서도 카리브 비평가들은 그다지 낙관적이지 못하다. 앙투아네트와 티아의 포옹이 상징적 도약과 비전을 보여주지 않겠는가 하는 희망에 아직은 아니라고 답한다. 그러나 우리는 이 소설의 문학적 성과를 합일에 대한 추구보다는 작가의 정직한 분석력과 사회적 정의에 대한 주장에서 파악해야 할 것이다. 다시 말해서 진실을 파헤치는 리스의 이 "위험한 서사”가 권력그룹의 이해를 영속화시키려는 서구의 거짓과 상충하며, 식민주의 충격에서 벗어나려는 흑인 등장인물들이 백인의 지배권력구조에 대항하는 투쟁사에서 힘을 얻고 있다는 데서 탁월한 문학적 성과를 찾아볼 수 있다는 것이다.

문학사적 의의

『드넓은 사르가소 바다』가 출간된 지 몇 년 후, 알바레즈(A. Alvarez)는 『뉴욕타임즈 서평』에서 진 리스를 가리켜 “현존하는 영국의 최고 소설가”로 격찬했다. 그러나 알바레즈의 주장은 리스의 문학적 위상이 당연하다며 그 정당성을 인정하면서도 동시에 리스를 제대로 전달하지 못한 측면이 있다. 실제로 리스는 평생 글쓰기와 고투를 겪으면서 가난, 소외, 알코올 중독과 병으로 고통스런 삶을 살아왔을 뿐, 아무런 인정도 받지 못했기 때문이다. 그러다가 말년에 이르러서야 겨우 알려지게 되었지만 이는 만시지탄의 일이었다. 정작 아이러니한 것은 리스가 영국과 영국문화를 평생 증오해온 데다, 자기 자신을 추방된 식민주의자로, 영국인의 경멸과 증오의 대상으로 인식했다는 점이다. 그런데 88세의 매우 늦은 나이에 문학에 대한 공헌으로 양국문화를 알리는 빛과 같은 존재로 인정받고 또 대영제국 훈장(Commander of Order of the British Empire)까지 수여받았다는 점은 매우 아이러니하다.

『드넓은 사르가소 바다』가 발간되자 비평계 일각에서는 이 소설로 인해 리스의 이전 소설들을 손쉽게 규정하려드는 경향에 대한 격렬한 논쟁이 벌어진다. 우선, 이 소설은 여러 가지 이유에서 놀라운 소설이었다. 그 이전 소설인 『한밤이여, 안녕』(*Good Morning, Midnight*, 1939)이 나온지 27년만에 출판되었다는 점이다. 그동안 일반인의 관심에서 사라지게 되자 많은 사람들은 리스가 전쟁 중에, 아니면 전쟁 직후 죽었을 것으로 추정했다. 또한 『한밤이여, 안녕』은 초기 소설과 달리 1920년대와 1930년대의 영국과 프랑스를 배경으로 하지만, 『드넓은 사르가소 바다』는 작가가 오랫동안 마음에 품어온 1840년대의 카리브 제도를 배경으로 한다. 『제인 에어』를 되받아 쓴 『드넓은 사르가소 바다』에서 여주인공은 제인에서 버싸로 바뀌고 소설이 추구하는 포스트식민 비전은 로체스터와 제인을 중심으로 한 대영제국과 영국문화의 영광을 칭송하던 추세라든지, 서구 여성의 자유주의적 페미니즘의 축복 속에 치장된 여러 일반적 진실들에 도전한다.

지난 30년 동안 『드넓은 사르가소 바다』는 대단히 다양한 비평적 논의를 일으켰다. 그다지 길지 않은 이 소설에 대한 눈높이가 복잡 미묘할 정도로 높아진 데는 이 소설이 어느 한 문학이론에 쉽사리 범주화되지 않는다는 점이다. 다시 말해 이 소설은 20세기 주요 문학이론인 모더니즘, 페미니즘과 포스트식민이론 등에 관심 있는 비평가 모두의 주목을 끌었고 시금석 같은 텍스트로 여겨져 왔다. 먼저, 모더니즘과 포스트모더니즘 비평가들에게는 이 소설의 문학적 시기라든지 스타일에 관한 모종의 흥미로운 질문을 불러일으켰다. 모더니스트 문학은 대개 문체론적 관습과, 리스의 초기 4편의 소설과 단편들에서 전형적으로 드러나듯, 양차 대전 사이의 도시를 배경으로 한다. 어떤 비평가들은 리스의 글이 도시적 삶에 대한 냉혹한 초상을 그리는 점에 있어 동시대의 많은 작가들의 글과 공유점이 있다고 보는 반면, 다른 비평가들은 리스의 초기 소설들을 모더니스트적인 비전 자체에 대한 포스트모던한 비판으로 읽는다. 그것은 리스가 거부한 과거에 대한 향수에 근거한 것이기도 하다. 많은 세월이 지나서야 선을 보인 『드넓은 사르가소 바다』는 그 배경이 1·2차 세계대전보다 대략 한 세기 전의 시기로 산업화 이전의 시간과 공간에 근거한다. 이 소설에 나타나는 모더니즘과 포스트모더니즘의 수사만큼이나 19세기 낭만주의 초기의 수사학, 즉 정령이나 초자연적인 미, 그리고 마술 등이 사용되는 것도 주목을 요한다.

마찬가지로 페미니즘 영역도 『드넓은 사르가소 바다』로 인해 도전을 받게 된다. 현대 페미니스트 비평가들은 영국 고전이 지닌 페미니스트 비전을 재검토하여 영국 고전을 다시 쓰는 여성 인물들의 경제적, 성적 착취가 가차 없이 드러나는 점에 관심을 갖는다. 나아가 이 텍스트에서 제기되는 인종과 노예문제는 『제인 에어』에 대한 종래의 평가를 뒤집기도 하고 젠더(gender) 면에서의 착취를 다루는 리스의 초기 "유럽 소설들"도 다양하게 그리고 복합적으로 재독하게 한다. 또한 일부 페미니스트 비평가들은 최근의 심리분석 이론을 통해 리스 소설 주인공들의 상태, 특히 『드넓은 사르가소 바다』의 특이한 여주인공 앙투아네트의 위험한 선택들을 이해하고 또 이 이론이 매우 유용하다는 것을 인지하게 되었다.

마지막으로, 가장 적극적이며 치열한 논쟁은 포스트식민 이론가들에게서 시작된다. 이들은 작가 리스와 『드넓은 사르가소 바다』를 식민관계에서 해석하기 위해 지형학적, 국가적, 문화적, 혹은 인종적 범주에 위치 지운다. 리스의 개인사, 즉 그녀가 카리브에서 태어났지만 섬 인구의 1% 정도에 해당된 백인 사회내부에 격리되어있다는 사실, 그리고 그녀가 카리브를 17세에 영구히 떠났다는 점 등을 들어 리스를 카리브 지역, 포스트식민 혹은 "제3세계" 작가들에 관한 글쓰기 모음이나 이론적 논쟁에 포함시킬 것인가에 대해 찬반 논쟁을 뜨겁게 불러일으켰다. 그러한 논쟁의 초점은 이 소설이 백인 크리올 인물에 초점을 맞추기 때문에, 흑인 카리브인들의 경우는 어떠한지, 예컨대 유럽 식민지배에 과연 역사적 저항을 인식하고 있는지, 혹은 침묵하고 있는지의 여부에 관심이 쏠리게 되었다. 카리브 비평가 브레스웨이트는 최근에 리스를 "우리의 전쟁에서의 헬렌"으로 부름으로써 리스와 그녀의 소설이 지닌 가치를 주장하는 정치적인 함의를 과소평가하기도 한다. 그럼에도 불구하고 리스와 그 작품들에 대한 광범위한 논의가 여전히 활기차게 진행 중인 것에 주목해야 한다. 그것은 모든 것이 이전보다 훨씬 빠르게 움직이고 있는 오늘의 지구촌 세계에서 민족문학과 문화적 영토에 대한 종래의 개념들이 변화하고 있는 이때 이 텍스트가 일찍이 그 기폭제가 되었다는 사실 때문이다.

일반적으로 "영어권 문학"으로 묶여 영문학의 한 지류에 속했던 과거 영국 식민지국가의 문학을 새롭게 조명하는 경향이 세계문학에 비상한 관심을 불러일으킴에 따라, 우리는 더 이상 리스를 영국의 모더니스트 작가로만 평가할 수 없다. 특히 리스는 포스트식민사회에서 가장 복합적인 영향권에 속한 카리브 제도 출신으로 이들의 문학적 선배라 할 수 있는데, 일찍이 그녀는 지배문화속의 식민주의, 인종주의, 여성문제를 여주인공의 수난과 정체성의 추구라는 면에서 다루었다는 점에서이다.

리스는 포스트식민담론이나 페미니즘이 부상하기 훨씬 이전에 지배적인 전통영문학에 대항하여 반담론적인 대응을 해 온 영어권 소설가이다. 당시 리스같은 식민지 출신의 작가가 영문학에 속하기 위해서는 영국인처럼 글쓰기를 해야만 가능했으며, 그렇지 않을 경우, 영문학 주변인으로 남을 수밖에 없었다. 이 같은 문학적 풍토에서 리스가 영국의 지배책략의 여러 가면을 벗겼다는 점은 높은 평가를 받아 마땅하다. 그녀의 소설 세계는 소위 "보편성"이라는 개념에 도전했고, 이 개념에 내재된 서구, 앵글로 색슨 위주의 특정문화의 가치체계를 당연시하고 신성시하는 경향에 반대해서 지배담론의 중심성을 공략하였다. 특히 피식민, 지리, 문화, 언어문제를 중심으로 영국의 식민사를 심문했고 자신처럼 크리올 여성의 가치나 문화, 나아가 정체성에 정당성을 부여한다. 우리는 리스의 소설을 단순히 영문학 모델의 연장선상에서 보아서는 안 될 것이다. 그것은 오히려 영문학을 포함한 유럽의 문학 담론과 정전, 다시 말해서 식민주의자의 약호를 강제하고 유지해온 수단들에 의문을 던지는 글쓰기라 할 수 있다.

진 리스 연보

1890 리스는 본명이 Ella Gwendolen Rees Williams로 8월 24일 도미니카 로소에서 태어남. 부계는 웨일즈 출신의 선박의사인 아버지 William Rees Williams, 그리고 모계는 스코틀랜드 출신의 농장주와 쿠바 출신으로 추정되는 카리브 여성 사이에서 태어난 크리올 어머니 Minna Lockhart Williams임.

1907 고모를 따라 영국 캠브리지에 있는 Perse 여학교에 진학하기 위해 영국으로 떠남.

1908-09 런던에 있는 Sir Herbert Beerbohm Tree's School of Dramatic Art에 1908년 말 입학. 그러나 심한 사투리로 인해 학교 측으로부터 인정받지 못해 중도에 그만둠. 도미니카에 돌아가길 거부하고 순회 뮤지컬 코미디의 합창단원으로 활동. 부친 사망.

1914 습작용으로 원고를 쓰기 시작하는데 20년 후에 *Voyage in the Dark*로 출판됨. 이후 12년 동안 그녀의 삶은 세상에 알려지지 않음. 유일하게 알려진 몇몇 정보도 개략적이고 정확하지 않는 내용들임.

1919 네덜란드의 저널리스트이자 시인(필명은 Edward de Nève)인 Jean Lenglet와 네덜란드 헤이그에서 결혼.

1920 첫아들 William이 생후 3주 만에 사망. 1920년부터 1922년 사이에 파리, 비엔나, 부다페스트, 벨기에로 거처를 옮겨 다니며 생활함.

1922-24 딸 Maryvonne 출생. Ford Madox Ford로부터 창작을 권유받음. "비엔나"(Vienne)가 포드가 편집한 *Transatlantic Review*에 진 리스(Jean Rhys)라는 필명으로 발표됨.

1927 첫 작품 *The Left Bank and Other Stories*가 포드의 서문을 곁들여 Jonathan Cape 출판사에서 발간됨.

1928 *Postures*가 Chatto & Windus 출판사에서 발간(미국에서는 *Quartet*로 발간).

1930 *After Leaving Mr. Mackenzie*가 Jonathan Cape 출판사에서 발간.

1933 Jean Lenglet와 이혼.

1934-36 *Voyage in the Dark*가 Constable 출판사에서 출판. 리스의 문학 에이전트이자 런던 출판사의 원고 검토인인 Leslie Tilden-Smith와 결혼. 1936년 함께 카리브의 마르티니크, 세인트루시아, 도미니카, 그리고 뉴욕을 여행. 리스는 25년만에 고향 도미니카에 들렸는데 이때의 경험이『드넓은 사르가소 바다』의 구체적인 배경이 됨.

1939-45 제2차 대전에 리스는 영국의 여러 작은 마을들과 런던을 전전함.

1945 티덴-스미스 사망. 리스는『드넓은 사르가소 바다』를 쓰기 시작.

1948-52 리스는 이웃과 경찰에 대한 폭행죄로 체포. 정신감정을 위해 할러웨이 교도소 병원에 보내짐. 일주일 후 석방되어 보호감찰 받음. 이때의 경험을 단편 "Let Them Call It Jazz"라는 단편에 재현.

1955 콘월로 이주. 이후 가난하고 비참한 삶 영위.

1956 리스의 작품은 거의 모두 절판되었고 작가로서도 잊혀져갈 무렵, 오랫동안 리스를 흠모해 온 연극배우 Selma Vaz Dias가 *Good Morning, Midnight*을 각색. 무대 공연을 통해 이 소설은 10년 만에 빛을 보게 됨. 디아즈가 리스의 근황을 탐색하는 *New Statesman*지의 광고에 답변함. 디아즈가 리스의 *Good Morning, Midnight*를 라디오 각본을 하기 위해 또 다른 광고에서 리스를 찾음. 이 프로그램은 1957년 BBC에서 방영.『드넓은 사르가소 바다』를 Andre Deutsch와 출판계약을 맺고 Francis Wyndham, Diana Athill, Diana Melly 등 그녀의 여생에 글쓰기를 독려하고 도움을 준 사람들과 우정 시작.

1964 『드넓은 사르가소 바다』의 제1부가 *Art and Literature*에 최종 수정본 없이 발간됨. 심장발작을 일으킴.

1966 또 심장발작을 일으킴.『드넓은 사르가소 바다』가 도이취에 의해 발간. 그밖의 다른 책들도 재발간될 정도로 비평가들의 갈채를 받음. W. H. Smity Award for Writers 상, 그리고 Heinemann Award of the Royal Society of Literature 상 수상. 처음으로 생

활고에서 벗어남.

1968 단편모음집 *Tigers Are Better Looking*이 도이취에 의해 출판.

1975 3부작으로 된 자전적 글 모음집 *My Day*가 *Vogue* 지에 의해 출판, 이어 뉴욕에서도 Frank Hallman에 의해 출판.

1976 단편 모음집 *Sleep It Off, Lady*가 도이취에 의해 출판.

1978 문학적 공로로 영국여왕으로부터 훈작사(the Commander of the Order of the British Empire) 수여받음.

1979 5월 14일 Royal Devon and Exeter Hospital에서 사망. 미완의 자서전인 *Smile Please: An Unfinished Autobiography*가 사후에 도이취에 의해 출판.

1981 『사중주』가 James Ivory와 Ruth Prawler Jhabvala에 의해 영화로 각색.

1993 『드넓은 사르가소 바다』가 Jan Sharpe, Carole Angier, John Duigan에 의해 영화로 각색.

TEXT of

Wide Sargasso Sea

Part One

THEY SAY WHEN TROUBLE comes close ranks,[1] and so the white people did. But we were not in their ranks. The Jamaican ladies had never approved of my mother, 'because she pretty like pretty self' Christophine said.[2]

She was my father's second wife, far too young for him they thought, and, worse still, a Martinique girl.[3] When I asked her why so few people came to see us, she told me that the road from Spanish Town[4] to Coulibri Estate[5] where we lived was very bad and that road repairing was now a thing of the past. (My father, visitors, horses, feeling safe in bed — all belonged to the past.)

Another day I heard her talking to Mr Luttrell, our neighbour and her only friend. 'Of course they have their own misfortunes.

---

1) when people are in difficulty, they often find strength in solidarity. 문젯거리가 생기면 결속해서 힘을 모은다는 뜻.

2) because she is as pretty as prettiness itself. 미모가 빼어나다는 의미로, "self"는 카리브 크리올 영어에서 강조의 뜻.

3) 마르티니크는 1839년에 프랑스 식민지, 자메이카는 영국 식민지였다. 프랑스와 영국은 유럽뿐만 아니라 카리브지역에서도 정치, 경제, 문화, 종교 면에서 서로 경쟁관계였다.

4) 자메이카는 1655년에 스페인이 점령했다가 1670년에 영국 식민지가 되었다. 스패니쉬타운은 1525년 스페인 사람들이 세운 도시라는 점에서 그 명칭이 유래. 스페니쉬타운은 1534년부터 1872년까지 자메이카의 수도였고, 그 후 킹스턴(Kingston)으로 수도가 옮긴다.

5) 이 소설에서 쿨리브리 영지는 자메이카에 설정된 허구적 공간이다. 하지만 리스는 자신의 증조모의 조상전래의 고향인, 도미니카에 있는 제네바(Geneva) 근처에 소재한 쿨리브리라는 영지를 알고 있었다. 쿨리브리라는 이름은 앤틸리스 제도의 "볏달린 벌새"(Antillean Crested Hummingbird)라는 카리브 말에서 유래한다. 그것은 여러 종류의 벌새들을 가리키는 일반적인 말이기도 하다. 스페인사람들이 그곳에 도착했을 때, 남미 북부의 원주민인 카리브인들이 소앤틸리스 제도의 훨씬 평화로운 원주민인 아라와크인들(Arawaks)을 추방하고 다른 섬들을 공격하면서 점령을 확대해가고 있었다. 유럽인들에 의해 아라와크인들보다 야만인이며 호전적 식인종들로 묘사되는 카리브인들은 수 세기동안 이 땅의 주인이었다. 도미니카는 산악지대인 탓에 외부세력에 대한 카리브인들의 저항의 교두보가 되었다.

Still waiting for this compensation the English promised when the Emancipation Act was passed. Some will wait for a long time.'[6)]

How could she know that Mr Luttrell would be the first who grew tired of waiting? One calm evening he shot his dog, swam out to sea and was gone for always. No agent came from England to look after his property — Nelson's Rest it was called — and strangers from Spanish Town rode up to gossip and discuss the tragedy.

'Live at Nelson's Rest? Not for love or money. An unlucky place.'

Mr Luttrell's house was left empty, shutters banging in the wind. Soon the black people said it was haunted,[7)] they wouldn't go near it. And no one came near us.

I got used to a solitary life, but my mother still planned and hoped — perhaps she had to hope every time she passed a looking glass.

She still rode about every morning not caring that the black people stood about in groups to jeer at her, especially after her riding clothes grew shabby (they notice clothes,[8)] they know about money).

---

6) 대영제국은 1807년에 노예무역을 폐지하지만 노예제도 자체가 폐지된 것은 1833년에 이르러서였다. 영국국회가 영국과 그 식민지에서 노예제도를 금지하는 노예해방령(The Emancipation Act)을 승인한 이후, 1년 뒤에야 이 해방령은 그 효력을 발생한다. 실제로 1834년부터 1838년까지 식민지의 이전 노예들은 소위 도제 제도라는 이름 하에 노동을 강요당했을 뿐 노예들에게는 정작 아무런 보상이 주어지지 않았다. 반면, 노예소유주들은 노예 1인당 얼마간의 금전상의 보상을 받게 되었다. 그러나 리스의 외가인 로카트가(the Lockharts)는 보상을 기다렸지만 소용이 없었고 도미니카, 제네바의 가족 농장은 노예 노동력을 상실함에 따라 몰락하게 되었다. 스코틀랜드 증조부인 제임스 로카트(James Lockhart)에 대해 리스는 "그는 노예해방령이 통과되기 전에 타계했고 그가 노예 소유주였기 때문에 외가는 내 성장기에 평판이 그다지 좋지 않았다. 이건 조심스럽게 한 말이다."(Rhys, *Smile Please*, [이후 *SP*로 표기], p. 25)라고 언급했다.

7) 미신을 믿는 사회에서는 주인이 자살하면 그 집에 귀신이 든다고 함.

8) 소설 초입부에서 흑인을 "그들"로 부르는데, 이는 당시 자메이카에서의 흑백 간의 적개심을 보여준다. 그러나 이 소설에서는 적개심이 덜하다는 것을 알 수 있다. 제2부에서 로체

Then one day, very early, I saw her horse lying down under the frangipani tree.[9)] I went up to him but he was not sick, he was dead and his eyes were black with flies. I ran away and did not speak of it for I thought if I told no one it might not be true. But later that day, Godfrey found him, he had been poisoned. 'Now we are marooned,'[10)] my mother said, 'now what will become of us?'

Godfrey said, 'I can't watch the horse night and day. I too old now.[11)] When the old time go, let it go. No use to grab at it. The Lord make no distinction between black and white, black and white the same for Him. Rest yourself in peace for the righteous are not forsaken.' But she couldn't. She was young. How could she not try for all the things that had gone so suddenly, so without warning. 'You're blind when you want to be blind,' she said ferociously, 'and

---

스터는 크리스토핀이 치마 밑단을 땅에 닿게 길게 늘어뜨리고 다닌다고 힐난한다. 앙투아네트는 크리스토핀이 이렇게 하는 것은 그녀의 생활이 넉넉하다는 것을 말해준다고 설명한다. 크리스토핀은 옷이 땅에 스쳐도 여러 벌의 옷이 있어 아무런 문제가 없다는 의미이다.

9) plumieria라고 불리기도 하는 이 작은 나무는 카리브가 원산지로, 특히 밤에 매우 좋은 향을 발산한다.

10) 자메이카에서 "maroons"라는 말은 도주 노예와 그 후예들을 일컬은다. 이들은 산으로 도망쳐서 작은 단위를 이루며 자유롭게 살았다. 이 도주 노예들의 성공적인 게릴라 전법으로 인해 영국군은 자메이카의 콕피트 컨트리(Cockpit Country)지역을 "회고의 땅"(The Land of Look Behind)이라 불렀다. 영어의 "maroons"는 스페인어 "cimarrones"에서 유래하는데 "야생적이며 길들여지지 않은 "의미의 "야생곰"을 말한다. 또 "마라노"(marrano: 중세 스페인과 포르투칼에서 박해에 못이겨 기독교화된 유대[무어]인)에서 유래되기도 한다. 아네트가 한 이 말에서 그녀가 처한 고립감이 드러나는데, 1844년의 자메이카의 인구 조사서를 보면 이해될 수 있다. 377,433명의 인구에서 단지 4%에 불과한 15,776명만이 백인으로 밝혀졌다. 리스가 도미니카에서 성장할 때 백인은 전체 인구의 1%에 불과했다.

11) I am now too old. 말구종인 고드프리는 크리올어의 다양한 구조를 사용한다. 또한 성서를 자주 인용하는데서 그가 종교적인 사람임을 알 수 있다.

you're deaf when you want to be deaf. The old hypocrite,' she kept saying. 'He knew what they were going to do.' 'The devil prince of this world.'[12] Godfrey said, 'but this world don't last so long for mortal man.'

She persuaded a Spanish Town doctor to visit my younger brother Pierre who staggered when he walked and couldn't speak distinctly.[13] I don't know what the doctor told her or what she said to him but he never came again and after that she changed.[14] Suddenly, not gradually. She grew thin and silent, and at last she refused to leave the house at all.

Our garden was large and beautiful as that garden in the Bible — the tree of life grew there.[15] But it had gone wild. The paths were

---

12) 「요한복음서」 제12장 31절을 보면, 예수는 "지금은 이 세상이 심판을 받을 때이다. 이제는 이 세상의 통치자가 쫓겨나게 되었다"라고 말한다. 여기에서 고드프리는 악이 승리하거나 승리할 것 같다고 내비친다.

13) 피에르는 백치로 묘사된다. 피에르를 전혀 모르는 로체스터는 대니얼 코스웨이의 주장이 맞다고 생각한다. 그러나 이 부분의 서술에서 볼 때 피에르의 증세는 뇌성마비 때문이지 유전적인 요인이 아니라는 점이 암시된다.

14) 아네트의 우울증은 아들 피에르에 대한 걱정이 주 원인이다. 그녀의 삶은 피에르의 상태가 치유불가능하다는 의사의 말을 듣고 난 후부터 변했을 것으로 추정할 수 있다. 아네트가 남편 메이슨씨를 비판하는 데는 메이슨이 피에르를 영국으로 데려가 치료해주기로 한 약속을 지키지 못한 데에 부분적인 이유가 있다.

15) 에덴 동산을 가리킴. 콜럼버스의 기록물이 나온 이래 신세계는 흔히 "낙원의 영토", 즉 에덴의 동쪽 동산으로 묘사되었다. "문명화 이전"으로 사용되는 이 개념은 유럽의 작가들에게 목가적인 것부터 괴물스러운 것에 이르기까지 여러 영감을 불러 일으켰고 여러 모호한 묘사를 하게 했다. 인식과 생명이라는 두 초자연적인 나무들은 에덴 동산이라는 성서의 묘사에서 따온 것이다(Genesis 2:8-3:24). 생명수는 그것을 먹는 사람에게 영생을 부여한다. 아담과 이브는 인식의 나무의 과일을 먹은 후에 에덴동산에서 추방되었다. 앙투아네트는 자신들의 자메이카 정원이 에덴 동산처럼 아름답고 위험하며, 쿨리브리 사람들은 모두 아담과 이브와 같은 운명을 겪을 것임을 암시하는데, 그들은 그들의 죄로 인

overgrown and a smell of dead flowers mixed with the fresh living smell. Underneath the tree ferns, tall as forest tree ferns, the light was green. Orchids flourished out of reach or for some reason not to be touched. One was snaky looking, another like an octopus with long thin brown tentacles bare of leaves hanging from a twisted root. Twice a year the octopus orchid flowered — then not an inch of tentacle showed. It was a bell-shaped mass of white, mauve, deep purples,[16)] wonderful to see. The scent was very sweet and strong. I never went near it.

All Coulibri Estate had gone wild like the garden, gone to bush. No more slavery — why should *anybody* work? This never saddened me. I did not remember the place when it was prosperous.

My mother usually walked up and down the *glacis*,[17)] a paved roofed-in terrace which ran the length of the house and sloped upwards to a clump of bamboos. Standing by the bamboos she had a clear view to the sea, but anyone passing could stare at her. They stared, sometimes they laughed. Long after the sound was far away and faint she kept her eyes shut and her hands clenched. A frown came between her black eyebrows, deep — it might have been cut

---

해 에덴 동산에게 쫓겨날 것이기 때문이다.

16) green . . . white . . . purples: 앙투아네트는 밝은 색깔을 좋아한다. 소설 전반에 걸쳐 그녀는 밝은 색을 많이 언급한다. 반면, 로체스터는 밝은 색을 싫어하고 갈색과 흰색을 선호한다.

17) glacis: 도미니카와 마르티니크에서 사용되지만 자메이카에서는 사용되지 않는 말이다. 리스는 이 말이 집의 세로를 잇는 지붕이 있는 테라스라고 설명한다. 1672년에는 집의 축성에서 경사면을 일컬을 때, 그리고 그늘지게 하기 위해 집에 부착된 지붕 있는 아치 밑의 통로(archway)에 이 말을 사용했다. 밝은 색을 싫어하는 아네트는 그늘진 글래시스로 걷기를 좋아한다.

with a knife.[18] I hated this frown and once I touched her forehead trying to smooth it. But she pushed me away, not roughly but calmly, coldly, without a word, as if she had decided once and for all that I was useless to her. She wanted to sit with Pierre or walk where she pleased without being pestered, she wanted peace and quiet. I was old enough to look after myself. 'Oh, let me alone,' she would say, 'let me alone,' and after I knew that she talked aloud to herself I was a little afraid of her.

So I spent most of my time in the kitchen which was in an outbuilding some way off. Christophine slept in the little room next to it.

When evening came she sang to me if she was in the mood. I couldn't always understand her patois songs — she also came from Martinique — but she taught me the one that meant 'The little ones grow old, the children leave us, will they come back?' and the one about the cedar tree flowers which only last for a day.

The music was gay but the words were sad and her voice often quavered and broke on the high note. 'Adieu.' Not adieu as we said it, but *à dieu*,[19] which made more sense after all. The loving man was lonely, the girl was deserted, the children never came back. Adieu.

Her songs were not like Jamaican songs, and she was not like the

---

18) A frown came . . . knife: 앙투아네트가 자기의 어머니를 이렇게 묘사하는 데서 로체스터가 앙투아네트의 찡그린 얼굴을 언급할 때 "마치 칼로 깊게 파인 것 같다"는 말이 반향된다. 이 소설이 이룩한 탁월한 문학적 성취 가운데 하나는 반향과 반복을 사용함으로써 숙명적인 불가피성을 암시한다는 데 있다.

19) *à dieu*: until [we meet with] God, Adieu는 "goodbye forever"의 뜻.

other women.

She was much blacker — blue-black[20] with a thin face and straight features. She wore a black dress, heavy gold earrings and a yellow handkerchief — carefully tied with the two high points in front. No other negro woman wore black, or tied her handkerchief Martinique fashion. She had a quiet voice and a quiet laugh (when she did laugh), and though she could speak good English if she wanted to, and French as well as patois,[21] she took care to talk as they talked. But they would have nothing to do with her and she never saw her son who worked in Spanish Town. She had only one friend — a woman called Maillotte, and Maillotte was not a Jamaican.

The girls from the bayside who sometimes helped with the washing and cleaning were terrified of her. That, I soon discovered, was why they came at all — for she never paid them. Yet they brought presents of fruit and vegetables and after dark I often heard low voices from the kitchen.

So I asked about Christophine. Was she very old? Had she always been with us?

---

20) blue-black: 프랑스와 영국은 노예들을 아프리카의 서부에서 생포해왔다. 황금해안에서 온 노예들은 베닌만(the British of Benin) 출신보다 더 검은 피부를 지녔다.

21) 패트와: 영어로 사용되는 불어로, 식민주의자의 언어(예컨대, 영어, 불어, 스페인어, 포르투갈어와 네델란드어)와 피식민 언어(예컨대, 서아프리카 혹은 아메리카 원주민) 간의 접촉에서 발전한 방언을 가리킨다. 최근까지 "패트와"는 유럽언어가 다양하게 비준화된 것으로 여겨졌다. 패트와는 이 방언을 말하는 사람뿐만 아니라 방언 자체가 낮은 사회적 위상을 함의한다는 점에서 흔히 경멸적인 의미를 지닌다. "크리올"이라는 용어도 영어와 불어에서 사람들을 가리키기도 하지만 패트와와 비슷한 의미를 내포한다.

'She was your father's wedding present to me[22] — one of his presents. He thought I would be pleased with a Martinique girl. I don't know how old she was when they brought her to Jamaica, quite young. I don't know how old she is now. Does it matter? Why do you pester and bother me about all these things that happened long ago? Christophine stayed with me because she wanted to stay. She had her own very good reasons you may be sure. I dare say we would have died if she'd turned against us and that would have been a better fate. To die and be forgotten and at peace. Not to know that one is abandoned, lied about, helpless. All the ones who died — who says a good word for them now?'

'Godfrey stayed too,' I said. 'And Sass.'

'They stayed,' she said angrily, 'because they wanted somewhere to sleep and something to eat. That boy Sass! When his mother pranced off and left him here — a great deal *she* cared — why he was a little skeleton. Now he's growing into a big strong boy and away he goes. We shan't see him again. Godfrey is a rascal. These new ones aren't too kind to old people and he knows it. That's why he stays. Doesn't do a thing but eat enough for a couple of horses. Pretends he's deaf. He isn't deaf — he doesn't want to hear. What a devil he is!'

'Why don't you tell him to find somewhere else to live?' I said

22) 크리스토핀은 과거에는 노예로 노예주에게는 상품화된 흑인여성이었다. 그러나 지금은 해방된 신분임에도 그녀는 아네트와 그 가족에게 변함없는 사랑과 충성을 보여준다. 아네트는 크리스토핀이 자신들을 버렸다면 자신들은 아마 살아남지 못했을 것이라고 말한다. 대조적으로 돈을 목적으로 앙투아네트와 정략결혼을 한 로체스터는 결국 자신의 아내를 유폐시킨다.

and she laughed.

'He wouldn't go. He'd probably try to force us out. I've learned to let sleeping curs lie,'[23] she said.

'Would Christophine go if you told her to?' I thought. But I didn't say it. I was afraid to say it.

It was too hot that afternoon. I could see the beads of perspiration on her upper lip and the dark circles under her eyes. I started to fan her, but she turned her head away. She might rest if I left her alone, she said.

Once I would have gone back quietly to watch her asleep on the blue sofa — once I made excuses to be near her when she brushed her hair, a soft black cloak to cover me, hide me, keep me safe.

But not any longer. Not any more.

These were all the people in my life — my mother and Pierre, Christophine, Godfrey, and Sass who had left us.[24]

I never looked at any strange negro. They hated us. They called us white cockroaches.[25] Let sleeping dogs lie. One day a little girl followed me singing, 'Go away white cockroach, go away, go away.' I walked fast, but she walked faster. 'White cockroach, go away, go away. Nobody want you. Go away.'

---

23) let sleeping curs lie: "Let sleeping dogs lie". 그들이 그 순간 우리에게 문제를 일으키지 않는다면 설령 그 문제가 잘못된 것일지라도 우리는 참견해서는 안된다는 의미.

24) These were . . . left us: 앙투아네트 주변에는 사람들이 별로 없다. 그러므로 그녀는 다른 사람들과 수월하게 소통하는 법을 알지 못함.

25) white cockroaches: 가난한 백인을 가리키는 욕설. 바퀴벌레는 긴 안테나가 있는 갈색의 몸집이 큰 벌레이다. 집 해충인 바퀴벌레들은 더러운 행위에 비유된다. 아멜리가 로체스터의 간통에 대해 앙투아네트를 비웃고 싶어할 때 흰 바퀴벌레 노래를 부른다.

When I was safely home I sat close to the old wall at the end of the garden. It was covered with green moss soft as velvet and I never wanted to move again. Everything would be worse if I moved. Christophine found me there when it was nearly dark, and I was so stiff she had to help me to get up. She said nothing, but next morning Tia[26)] was in the kitchen with her mother Maillotte,[27)] Christophine's friend. Soon Tia was my friend and I met her nearly every morning at the turn of the road to the river.

Sometimes we left the bathing pool at midday, sometimes we stayed till late afternoon. Then Tia would light a fire (fires always lit for her, sharp stones did not hurt her bare feet, I never saw her cry). We boiled green bananas in an old iron pot and ate them with our fingers out of a calabash[28)] and after we had eaten she slept at once. I could not sleep, but I wasn't quite awake as I lay in the shade looking at the pool — deep and dark green under the trees, brown-green if it had rained, but a bright sparkling green in the sun. The water was so dear that you could see the pebbles at the bottom of the shallow part. Blue and white and striped red. Very pretty. Late or early we parted at the turn of the road. My mother never asked me where I had been or what I had done.

Christophine had given me some new pennies which I kept in the pocket of my dress. They dropped out one morning so I put them

---

26) Tia: 스페인어와 포르투칼어로 "aunt"를 의미. "titi"도 여자아이를 가리키는 크리올어.

27) Mailotte: 크리스토핀의 친구로서 그녀 역시 다른 섬 출신으로 불어 이름을 갖고 있다. 리스의 『어둠 속의 여행』(1934)을 보면, 그녀는 주인공 안나(Anna)가 오래된 노예명부를 본 적이 있는데 "메일롯 보이드(Maillotte Boyd), 18세, 혼혈(mulatto), 하인"에 대한 기억과 연결된다.

28) 호리병박(calabash) 나무에 열린 조롱박을 말린 것으로 바가지로 사용.

on a stone. They shone like gold in the sun and Tia stared. She had small eyes, very black, set deep in her head.

Then she bet me three of the pennies that I couldn't turn a somersault under water 'like you say you can.'

'Of course I can.'

'I never see you do it,' she said. 'Only talk.'

'Bet you all the money I can,' I said.

But after one somersault I still turned and came up choking. Tia laughed and told me that it certainly look like I drown dead that time. Then she picked up the money.

'I did do it,' I said when I could speak, but she shook her head. I hadn't done it good and besides pennies didn't buy much. Why did I look at her like that?

'Keep them then, you cheating nigger,' I said, for I was tired, and the water I had swallowed made me feel sick. 'I can get more if I want to.'

That's not what she hear, she said. She hear all we poor like beggar. We ate salt fish[29) — no money for fresh fish. That old house so leaky, you run with calabash to catch water when it rain. Plenty white people in Jamaica. Real white people, they got gold money. They didn't look at us, nobody see them come near us. Old time white people nothing but white nigger now, and black nigger better

---

29) We ate salt fish: 캐나다에서 수입한 소금에 절여 말린 대구. 주로 노예와 급료를 내는 도제들에게 제공되는데, "소금에 절인 생선"은 천한 신분, 천한 인물, 가난한 식단을 의미한다. 티아는 앙투아네트 가족들이 가난해서 싱싱한 생선을 먹을 수 없음을 은연중에 드러내며 앙투아네트를 비웃는다. 티아에 의하면 앙투아네트의 가족들은 "흰 검둥이들"로 가난한 흑인보다 열등한 존재이다.

than white nigger.[30)]

I wrapped myself in my torn towel and sat on a stone with my back to her, shivering cold. But the sun couldn't warm me. I wanted to go home. I looked round and Tia had gone. I searched for a long time before I could believe that she had taken my dress — not my underclothes, she never wore any — but my dress, starched, ironed, clean that morning. She had left me hers and I put it on at last and walked home in the blazing sun feeling sick, hating her. I planned to get round the back of the house to the kitchen, but passing the stables I stopped to stare at three strange horses and my mother saw me and called. She was on the *glacis* with two young ladies and a gentleman. Visitors! I dragged up the steps unwillingly — I had longed for visitors once, but that was years ago.

They were very beautiful I thought and they wore such beautiful clothes that I looked away down at the flagstones and when they laughed — the gentleman laughed the loudest — I ran into the house, into my bedroom. There I stood with my back against the door and I could feel my heart all through me. I heard them talking and I heard them leave. I came out of my room and my mother was sitting on the blue sofa. She looked at me for some time before she said that I had behaved very oddly. My dress was even dirtier than usual.

'It's Tia's dress.'

'But why are you wearing Tia's dress? Tia? Which one of them is Tia?'

---

30) white nigger: 과거 노예 소유주의 경제적, 사회적 위상이 급락함을 뜻하는 말로, 정착 계급이 유지해 온 인종적 순수성의 신화에 대한 도전적 표현.

Christophine, who had been in the pantry listening, came at once and was told to find a clean dress for me. 'Throw away that thing. Burn it.'

Then they quarrelled.

Christophine said I had no clean dress. 'She got two dresses, wash and wear. You want clean dress to drop from heaven? Some people crazy[31)] in truth.'

'She must have another dress,' said my mother. 'Somewhere.' But Christophine told her loudly that it shameful. She run wild, she grow up worthless. And nobody care.

My mother walked over to the window. ('Marooned,' said her straight narrow back, her carefully coiled hair. 'Marooned.')

'She has an old muslin dress. Find that.'

While Christophine scrubbed my face and tied my plaits[32)] with a fresh piece of string, she told me that those were the new people at Nelson's Rest. They called themselves Luttrell, but English or not English they were not like old Mr Luttrell. 'Old Mr Luttrell spit in their face if he see how they look at you. Trouble walk into the house this day. Trouble walk in.'

The old muslin dress was found and it tore as I forced it on. She didn't notice.

No more slavery! She had to laugh! 'These new ones have Letter of the Law. Same thing. They got magistrate. They got fine. They

---

31) Some people crazy: 크리스토핀은 아네트가 자신들이 처한 가난한 처지에 대해 잘 이해하지 못한다고 지적함. 아네트의 잘못을 이런 식으로 말하는 데서 둘이 친밀하다는 점이 드러난다.

32) 땋은 머리(braid).

got jail house and chain gang. They got tread machine to mash up people's feet.[33)] New ones worse than old ones — more cunning, that's all.'[34)]

All that evening my mother didn't speak to me or look at me and I thought, 'She is ashamed of me, what Tia said is true.'

I went to bed early and slept at once. I dreamed[35)] that I was walking in the forest. Not alone. Someone who hated me was with me, out of sight. I could hear heavy footsteps coming closer and though I struggled and screamed I could not move. I woke crying. The covering sheet was on the floor and my mother was looking down at me.

'Did you have a nightmare?'

'Yes, a bad dream.'

She sighed and covered me up. 'You were making such a noise. I

---

33) mash up people's feet: to ruin people's feet. "mash"는 "smash"에서 유래되어 "사람들의 발을 밟다"는 의미로 크리올어에서 사용됨.

34) 이른바 "도제 단계"(apprenticeship period)라 불리는, 새로 해방된 노예들에게 부과된 해방법안. 이 법에 따라 전 노예주들은 해방된 노예들에게 의식주와 의료혜택을 제공하거나, 도제들이 "자유로운 시간"에 자신들의 농지를 개간할 수 있도록 땅을 제공하도록 요청되었다. 그러나 이러한 도제는 사실상 정부가 부과한 특별 사법 재판권 하에 두는 새로운 노예제로, 위반행위시 그 처벌은 노예제하에서보다도 더 엄혹했다. 도제 체제에 불응시 농장 토굴감옥과 교도소의 교구에 보내져 발로 밟아 돌리는 바퀴(treadmill)라는 처벌기구로 가혹한 노동을 혹사당했다. "이 새로운 사람들"은 불황의 설탕시장에서 이익을 취하고 노예해방령 이후 싸게 매매되는 땅과 농장을 사기 위해 카리브지역으로 온 영국 사업가들을 말한다.

35) I dreamed: 앙투아네트의 첫 번째 예언적 꿈. 리스는 『드넓은 사르가소 바다』에서 미래의 사건을 암시하기 위해 꿈을 사용한다. 앙트아네트가 영국인과 결혼하게 될 것임을 메이슨씨가 처음으로 내비친 후 그녀는 두 번째 꿈을 꾼다. 샬롯 브론테도 『제인 에어』에서 비슷하게 꿈을 활용한다. 예를 들면 제인은 결혼 전날, 로체스터와 헤어지고 쏜필드 홀이 폐허가 되는 꿈을 꾼다(ch. 25).

must go to Pierre, you've frightened him.'

I lay thinking, 'I am safe. There is the corner of the bedroom door and the friendly furniture. There is the tree of life in the garden and the wall green with moss. The barrier of the cliffs and the high mountains. And the barrier of the sea. I am safe. I am safe from strangers.'

The light of the candle in Pierre's room was still there when I slept again. I woke next morning knowing that nothing would be the same. It would change and go on changing.

I don't know how she got money to buy the white muslin and the pink. Yards of muslin. She may have sold her last ring, for there was one left. I saw it in her jewel box — that, and a locket with a shamrock inside. They were mending and sewing first thing in the morning and still sewing when I went to bed. In a week she had a new dress and so had I.

The Luttrells lent her a horse, and she would ride off very early and not come back till late next day — tired out because she had been to a dance or a moonlight picnic. She was gay and laughing — younger than I had ever seen her and the house was sad when she had gone.

So I too left it and stayed away till dark. I was never long at the bathing pool, I never met Tia.

I took another road, past the old sugar works[36)] and the water wheel that had not turned for years. I went to parts of Coulibri that

36) sugar works: 18세기 카리브 제도에서 유럽인은 설탕농장에서 부를 창출했다. 유럽에서 설탕가격이 떨어지자 카리브 설탕정련업자들은 이익을 볼 수 없게 되었다. 대영제국은 노예들에게는 "일을 주지 않은" 상태로, 노예 소유주들에게는 노예해방법을 받아들이도록 강요했다.

I had not seen, where there was no road, no path, no track. And if the razor grass cut my legs and arms I would think 'It's better than people.'[37)] Black ants or red ones, tall nests swarming with white ants, rain that soaked me to the skin — once I saw a snake. All better than people.

Better. Better, better than people.

Watching the red and yellow flowers in the sun thinking of nothing, it was as if a door opened and I was somewhere else, something else. Not myself any longer.

I knew the time of day when though it is hot and blue and there are no clouds, the sky can have a very black look.

I was bridesmaid when my mother married Mr Mason[38)] in Spanish Town. Christophine curled my hair. I carried a bouquet and everything I wore was new — even my beautiful slippers. But their eyes slid away from my hating face. I had heard what all these smooth smiling people said about her when she was not listening and they did not guess I was. Hiding from them in the garden when they visited Coulibri, I listened.

---

37) And if . . . people.': 앙투아네트는 사람보다 동식물이 더 낫다고 생각한다. 그녀는 크리스토핀을 제외하고는 인간에게서 따뜻함을 느껴본 적이 없다.

38) 『제인 에어』에서 메이슨씨는 버싸의 친아버지로, 리처드 메이슨은 친 오빠로 나온다. 리스는 『드넓은 사르가소 바다』에서 코스웨이씨라는 새로운 인물을 창조해서 노예해방이전에 군림해온 농장주와, 과거 노예의 노동력으로 유지되었으나 지금은 황폐해진 토지에 새로운 자본을 끌여들이는 영국인을 구별한다. 코스웨이씨같은 인물을 도입함으로써 앙투아네트를 둘러싼 보다 큰 "유색" 가족의 이야기를 소개하는데, 코스웨이씨의 아들 알렉산더와 (아마도) 앙투아네트의 이복 남매일 수도 있는 대니얼 코스웨이, 그리고 앙투아네트가 "사촌"이라 부르는 아버지의 손자인 샌디 코스웨이가 여기에 속한다.

'A fantastic marriage[39] and he will regret it. Why should a very wealthy man who could take his pick of all the girls in the West Indies, and many in England too probably?' 'Why *probably*?' the other voice said. '*Certainly*.' 'Then why should he marry a widow without a penny to her name and Coulibri a wreck of a place? Emancipation troubles killed old Cosway?[40] Nonsense — the estate was going downhill for years before that. He drank himself to death. Many's the time when — well! And all those women! She never did anything to stop him — she encouraged him. Presents and smiles for the bastards every Christmas.[41] Old customs? Some old customs are better dead and buried. Her new husband will have to spend a pretty penny before the house is fit to live in — leaks like a sieve. And what about the stables and the coach house dark as pitch, and the servants' quarters and the six-foot snake I saw with my own eyes curled up on the privy seat last time I was here. Alarmed? I screamed. Then that horrible old man she harbours came along, doubled up with laughter. As for those two children — the boy an idiot kept out of sight and mind and the girl going the same way in my opinion — a *lowering* expression.'[42]

---

39) A fantastic marriage: 무분별한, 판단을 잘못한 결혼.

40) old Cosway: 앙투아네트의 친부. 가족을 제대로 부양하지 못한 인물로, 아네트는 그의 둘째 부인이다. 아네트보다 훨씬 나이가 많은 그는 술과 난잡한 생활에서 벗어나지 못함.

41) Presents. . . Christmas: 코스웨이씨는 자신의 사생아들을 인정하고 그들에게 친절하게 대하는데 이는 다른 백인 노예주들과는 다르다. 아네트 역시 이들과 거리를 두지 않는다. 앙투아네트도 그렇게 훈련받았지만 메이슨 씨는 그녀의 "유색 친척들"과 친밀하게 지내는 것을 인정하려 하지 않는다.

42) the boy. . . expression: 앙투아네트과 남동생 피에르가 정신적으로 불안정하다는 것을 처음으로 시사하는 대목. 그럴만한 증거가 없는데도 주변의 수군거리는 소리만 들어도 앙

'Oh I agree,' the other one said, 'but Annette is such a pretty woman. And what a dancer. Reminds me of that song "light as cotton blossom on the something breeze", or is it air?[43] I forget.'

Yes, what a dancer — that night when they came home from their honeymoon in Trinidad[44] and they danced on the *glacis* to no music. There was no need for music when she danced. They stopped and she leaned backwards over his arm, down till her black hair touched the flagstones — still down, down. Then up again in a flash, laughing. She made it look so easy — as if anyone could do it, and he kissed her — a long kiss. I was there that time too but they had forgotten me and soon I wasn't thinking of them. I was remembering that woman saying 'Dance! He didn't come to the West Indies to dance — he came to make money as they all do. Some of the big estates are going cheap, and one unfortunate's loss is always a clever man's gain. No, the whole thing is a mystery. It's evidently useful to keep a Martinique obeah woman[45] on the premises.' She

---

투아네트는 민감한 영향을 받는다. 제3부의 쏜필드 홀에서도 그런 소리를 듣는 그녀는 이렇게 말한다: "그래, 내 평생 들어온 수근대는 소리가 있지. 그러나 이 소리는 그것과는 다른 소리네."

43) light . . . air: 포스터(Stephen Foster, 1826-64))의 노래를 언급한 것으로 짐작됨. "I dream of Jannie with the light brown hair/Borne as a vapour on the soft summer air." 포스터는 "Old Folks at Home"과 "My Old Kentucky Home"을 포함해 많은 대중적인 노래를 만들었다. 그의 노래의 대부분이 전통적인 흑인 영가에 근거함.

44) 트리니다드는 카리브 제도 가운데 가장 남쪽에 위치함. 베네수엘라(Venezuela) 북부 해안으로부터 약 15마일 떨어진 섬으로, 1802년부터 영국 통치를 받다 1962년에 독립하였다. 카리브 제도의 영국령 식민지에서 농장소유주들은 대부분 부재 지주들이었다. 메이슨씨도 자메이카뿐만 아니라 트리니다드와 앤티가(Antigua)에 농장들을 갖고 있었다.

45) obeah woman: 오비어(obeah)는 남을 해하려는 목적으로 초자연적인 힘을 빌리는 주술

meant Christophine. She said it mockingly, not meaning it, but soon other people were saying it — and meaning it.

While the repairs were being done and they were in Trinidad, Pierre and I stayed with Aunt Cora in Spanish Town.

Mr Mason did not approve of Aunt Cora, an ex-slave-owner who had escaped misery, a flier in the face of Providence.

'Why did she do nothing to help you?'

I told him that her husband was English and didn't like us and he said, 'Nonsense.'

'It isn't nonsense, they lived in England and he was angry if she wrote to us. He hated the West Indies. When he died not long ago she came home, before that what could she do? *She* wasn't rich.'

'That's her story. I don't believe it. A frivolous woman. In your mother's place I'd resent her behaviour.'

'None of you understand about us,'[46] I thought.

Coulibri looked the same when I saw it again, although it was clean and tidy, no grass between the flagstones, no leaks. But it didn't feel the same. Sass had come back and I was glad. They can *smell*

신앙으로 아프리카에 기원을 두고 있다. 오비어의 어원은 분명치 않지만 "마녀, 마술사"를 뜻하는 트위(twi) 형식의 오베이(o-bay)가 강화된 우비오(ubio)를 의미하는 니제르의 에픽(Nigerian Efik) 말에서 유래된다. 오비어는 손님에게서 돈을 받고, 손님의 성공, 재물, 사랑 치료와 액막이 등을 해준다. 또한 주물과 부적을 통해 상대방을 곤경에 빠뜨리거나 대지를 황폐화시키려 한다. 백인 크리올인 리스는 어린 시절 요리사인 보나(Bona Vista), 앤(Ann Tewitt)으로부터 오비어의 상징이나 주술신앙을 알게 되었고, 유모인 메타(Meta)로부터 오비어의 이야기나 제식을 알게 되었다(SP, pp. 15-16, 23).

46) "us"는 백인 크리올. 당시 "크리올"은 대영제국 카리브 식민제도에서 태어난 영국인, 혹은 유럽인 후예를 지칭하는데 사용됨.

money, somebody said. Mr Mason engaged new servants — I didn't like any of them excepting Mannie the groom. It was their talk about Christophine that changed Coulibri, not the repairs or the new furniture or the strange faces. Their talk about Christophine and obeah changed it.

I knew her room so well — the pictures of the Holy Family[47)] and the prayer for a happy death.[48)] She had a bright patchwork counterpane, a broken-down press for her clothes, and my mother had given her an old rocking-chair.[49)]

Yet one day when I was waiting there I was suddenly very much afraid. The door was open to the sunlight, someone was whistling near the stables, but I was afraid. I was certain that hidden in the room (behind the old black press?) there was a dead man's dried hand, white chicken feathers, a cock with its throat cut, dying slowly, slowly. Drop by drop the blood was falling into a red basin and I imagined I could hear it. No one had ever spoken to me about obeah — but I knew what I would find if I dared to look. Then Christophine came in smiling and pleased to see me. Nothing

---

47) the Holy Family: 예수, 예수의 어머니 마리아, 그녀의 남편 요셉.

48) pray for a happy death: 프랑스령 식민지에서 식민지배자와 그 후손들은 카톨릭교도로서 노예들에게 카톨릭을 소개하였다. 크리스토핀은 카톨릭인 반면, 대부분의 흑인 자메이카인들은 침례교도이다. 영국 식민주의자와 그 후손들은 영국 국교도를 도입한 반면, 영국 농장주들은 노예들에게 비국교도 선교를 통해 용의주도하게 자신들의 신앙을 확장시켰다. 대부분의 카톨릭 기도서는 행복하고 평온한 죽음에 대한 기도를 담고 있다. 그것은 신에게 갑작스런 죽음을 당하지 않도록 자신들을 지켜달라는 것과 "우리가 죽고 난 후 우리의 영혼이 하늘의 영광에 닿을 수 있기"를 기원한다.

49) 침대의 겉덮게(counterpane)는 침대커버(bedspread)이다. 양복장(presser)은 화장대를 말한다.

alarming ever happened[50] and I forgot, or told myself I had forgotten.

Mr Mason would laugh if he knew how frightened I had been. He would laugh even louder than he did when my mother told him that she wished to leave Coulibri.

This began when they had been married for over a year. They always said the same things and I seldom listened to the argument now. I knew that we were hated — but to go away . . . for once I agreed with my stepfather. That was not possible.

'You must have some reason,' he would say, and she would answer 'I need a change' or 'We could visit Richard'. (Richard, Mr Mason's son by his first marriage, was at school in Barbados. He was going to England soon and we had seen very little of him.)

'An agent could look after this place. For the time being. The people here hate us. They certainly hate me.' Straight out she said that one day and it was then he laughed so heartily.

'Annette, be reasonable. You were the widow of a slaveowner, the daughter of a slave-owner, and you had been living here alone, with two children, for nearly five years when we met. Things were at their worst then. But you were never molested, never harmed.'

'How do you know that I was not harmed?' she said. 'We were so poor then,' she told him, 'we were something to laugh at. But we are not poor now,' she said. 'You are not a poor man. Do you suppose that they don't know all about your estate in Trinidad? And the Antigua property? They talk about us without stopping. They invent

---

50) Nothing alarming ever happened: "nothing"같은 말들이 이 소설에서 자주 사용되는 점에 주목. 이러한 말들은 운명론적 결정론적인 분위기를 자아낸다.

stories about you, and lies about me. They try to find out what we eat every day.'

'They are curious. It's natural enough. You have lived alone far too long, Annette. You imagine enmity which doesn't exist. Always one extreme or the other. Didn't you fly at me like a little wild cat when I said nigger. Not nigger, nor even negro. Black people I must say.'

'You don't like, or even recognize, the good in them,' she said, 'and you won't believe in the other side.'[51)]

'They're too damn lazy to be dangerous,' said Mr Mason. 'I know that.'

'They are more alive than you are, lazy or not, and they can be dangerous and cruel for reasons you wouldn't understand.'

'No, I don't understand,' Mr Mason always said. 'I don't understand at all.'

But she'd speak about going away again. Persistently. Angrily.

Mr Mason pulled up near the empty huts on our way home that evening. 'All gone to one of those dances,' he said. 'Young and old. How deserted the place looks.'

'We'll hear the drums if there is a dance.' I hoped he'd ride on quickly but he stayed by the huts to watch the sun go down, the sky and the sea were on fire when we left Bertrand Bay at last. From a long way off I saw the shadow of our house high up on its stone foundations. There was a smell of ferns and river water and I felt

---

51) You don't . . . side: 아네트는 메이슨씨가 흑인을 아이 취급하는 점을 그의 가부장적 태도때문이라고 비판한다. 그녀는 흑인들도 유럽인들처럼 선인과 악인, 또 이 두 가지가 뒤섞인 양면적 인간 존재라는 점을 깨닫고 있다.

safe again, as if I was one of the righteous. (Godfrey said that we were not righteous. One day when he was drunk he told me that we were all damned and no use praying.)[52)]

'They've chosen a very hot night for their dance,' Mr Mason said, and Aunt Cora came on to the *glacis*. 'What dance? Where?'

'There is some festivity in the neighbourhood. The huts were abandoned. A wedding perhaps?'

'Not a wedding,' I said. 'There is never a wedding.' He frowned at me but Aunt Cora smiled.

When they had gone indoors I leaned my arms on the cool *glacis* railings and thought that I would never like him very much. I still called him 'Mr Mason' in my head. 'Goodnight white pappy,'[53)] I said one evening and he was not vexed,[54)] he laughed. In some ways it was better before he came though he'd rescued us from poverty and misery. 'Only just in time too.' The black people did not hate us quite so much when we were poor. We were white but we had not escaped and soon we would be dead for we had no money left. What was there to hate?

Now it had started up again and worse than before, my mother

---

52) Godfrey . . . praying: 크리스토핀과 달리 고드프리는 인간이 아무리 기도를 많이 한다 해도 신이 계획한 인간의 운명에 아무런 영향을 미칠 수 없다고 믿는 프로테스탄트이다. 마이라는 피에르를 간호하는 하녀인데 고드프리와 같은 생각을 지니고 있다.

53) 자메이카 노예들은 주인을 가리켜 "아버지"나 "big Pappy"라고 부르는데, 이 호칭은 백인 노예주를 존경해서가 아니라 자신들을 지배하고 억압하는 자에 대한 조롱을 담고 있다. 그런데도 아첨받기를 좋아하는 노예주들은 그 숨은 뜻을 모르고 그저 순진한 호칭으로 알고 좋아했다.

54) vexed: annoyed. 성가신, 성난. 이 말은 영국보다는 카리브제도에서 훨씬 광범위하게 사용됨.

knows but she can't make him believe it. I wish I could tell him that out here is not at all like English people think it is. I wish . . .

I could hear them talking and Aunt Cora's laugh. I was glad she was staying with us. And I could hear the bamboos shiver and creak though there was no wind. It had been hot and still and dry for days. The colours had gone from the sky, the light was blue and could not last long. The *glacis* was not a good place when night was coming, Christophine said. As I went indoors my mother was talking in an excited voice.

'Very well. As you refuse to consider it, *I will* go and take Pierre with me. You won't object to that, I hope?'

'You are perfectly right, Annette,' said Aunt Cora and that did surprise me. She seldom spoke when they argued.

Mr Mason also seemed surprised and not at all pleased.

'You talk so wildly,' he said. 'And you are so mistaken. Of course you can get away for a change if you wish it. I promise you.'

'You have promised that before,' she said. 'You don't keep your promises.'

He sighed. 'I feel very well here. However, we'll arrange something. Quite soon.'

'I will not stay at Coulibri any longer,' my mother said. 'It is not safe. It is not safe for Pierre.'

Aunt Cora nodded.

As it was late I ate with them instead of by myself as usual. Myra, one of the new servants, was standing by the sideboard, waiting to change the plates. We ate English food now, beef and mutton, pies and puddings.

I was glad to be like an English girl but I missed the taste of Christophine's cooking.

My stepfather talked about a plan to import labourers — coolies[55) he called them — from the East Indies.[56) When Myra had gone out Aunt Cora said, 'I shouldn't discuss that if I were you. Myra is listening.'

'But the people here won't work. They don't want to work. Look at this place — it's enough to break your heart.'[57)

'Hearts have been broken,' she said. 'Be sure of that. I suppose you all know what you are doing.'

'Do you mean to say — '

'I said nothing, except that it would be wiser not to tell that woman your plans — necessary and merciful no doubt. I don't trust her.'

'Live here most of your life and know nothing about the people. It's astonishing. They are children — they wouldn't hurt a fly.'

'Unhappily children do hurt flies,'[58) said Aunt Cora.

---

55) coolies: 아시아계 인도인은 일찍이 1834년부터 계약노동자로 자메이카에 오게 되었다. 대영제국은 이들에게 2, 3년간의 시한조건을 내걸어 계약이 만료될 때까지 적은 임금으로 이들을 고용했다. 이들이 "coolies"로 불리게 되었는데, 원래 이 용어는 오늘날 사용되는 것처럼 경멸어는 아니었다. 이 말은 힌두어 "kuli"에서 유래되는데 "고용주, 고용된 사람"을 뜻한다. 대영제국은 인도인 노동력을 카리브지역뿐만 아니라 아프리카와 태평양에서까지 확대했는데, 인도인들이 열심히 일하면서도 불평하지 않는다고 믿었기 때문이다.

56) 1839–1844년 사이에 33,000명의 동인도의 계약노동자들이 자메이카에 오게 되었다. 당시의 고용조건은 노예제도의 조건이나 별 차이가 없었다.

57) 역사적 증거에 의하면 노예해방이후 해방된 노예들은 대단히 생산적이었다. 이들 가운데 많은 수가 소규모 농장을 경영하거나 지주가 되어 대영제국 서인도제도 경제를 다양하게 분산시키는데 기여했다.

58) 셰익스피어의 『리어 왕』(4.1: 36-37)에서 글로스터 백작이 한 말을 참조: "신 앞에서 인간의 운명은 심술궂은 소년들 손에 달린 파리 목숨과 같다. 신은 우리를 재미로 죽인다."

Myra came in again looking mournful as she always did though she smiled when she talked about hell. Everyone went to hell, she told me, you had to belong to her sect to be saved and even then — just as well not to be too sure.[59] She had thin arms and big hands and feet and the handkerchief she wore round her head was always white. Never striped or a gay colour.

So I looked away from her at my favourite picture, 'The Miller's Daughter',[60] a lovely English girl with brown curls and blue eyes and a dress slipping off her shoulders. Then I looked across the white tablecloth and the vase of yellow roses at Mr Mason, so sure of himself, so without a doubt English. And at my mother, so without a doubt not English, but no white nigger either. Not my mother. Never had been. Never could be. Yes, she would have died, I thought, if she had not met him. And for the first time I was grateful and liked him. There are more ways than one of being happy, better perhaps to be peaceful and contented and protected, as I feel now, peaceful for years and long years, and afterwards I may be saved whatever Myra says. (When I asked Christophine what happened when you died, she said, 'You want to know too much.') I remembered to kiss my stepfather goodnight. Once Aunt Cora had told me, 'He's very hurt because you never kiss him.'

'He does not look hurt,' I argued. 'Great mistake to go by looks,' she said, 'one way or the other.'

I went into Pierre's room which was next to mine, the last one in

---

("As flies to wanton boys are we to th'gods. They kill us for the sport.")

59) 자메이카의 과거 노예 대부분이 그러하듯, 마이라는 비국교도 기독교 교파에 속함.

60) 영국의 계관시인 테니슨(Alfred Tennyson, 1850-1892)의 유명한 시.

the house. The bamboos were outside his window. You could almost touch them. He still had a crib and he slept more and more, nearly all the time. He was so thin that I could lift him easily. Mr Mason had promised to take him to England later on, there he would be cured, made like other people. 'And how will you like that' I thought, as I kissed him. 'How will you like being made exactly like other people?' He looked happy asleep. But that will be later on. Later on. Sleep now. It was then I heard the bamboos creak again and a sound like whispering. I forced myself to look out of the window. There was a full moon but I saw nobody, nothing but shadows.

I left a light on the chair by my bed and waited for Christophine, for I liked to see her last thing. But she did not come, and as the candle burned down, the safe peaceful feeling left me. I wished I had a big Cuban dog to lie by my bed and protect me, I wished I had not heard a noise by the bamboo clump, or that I were very young again, for then I believed in my stick. It was not a stick, but a long narrow piece of wood, with two nails sticking out at the end, a shingle,[61)] perhaps. I picked it up soon after they killed our horse and I thought I can fight with this, if the worst comes to the worst I can fight to the end though the best ones fall and that is another song. Christophine knocked the nails out, but she let me keep the shingle and I grew very fond of it, I believed that no one could harm me when it was near me, to lose it would be a great misfortune. All this was long ago, when I was still babyish and sure that everything was alive, not only the river or the rain, but chairs,

61) shingle: 나무로 된 직사각형 타일. 지붕널에 주로 사용됨.

looking-glasses, cups, saucers, everything.

I woke up and it was still night and my mother was there. She said, 'Get up and dress yourself, and come downstairs quickly.' She was dressed, but she had not put up her hair and one of her plaits was loose. 'Quickly,' she said again, then she went into Pierre's room, next door. I heard her speak to Myra and I heard Myra answer her. I lay there, half asleep, looking at the lighted candle on the chest of drawers, till I heard a noise as though a chair had fallen over in the little room, then I got up and dressed.

The house was on different levels. There were three steps down from my bedroom and Pierre's to the dining-room and then three steps from the dining-room to the rest of the house, which we called 'downstairs'. The folding doors of the dining-room were not shut and I could see that the big drawing-room was full of people. Mr Mason, my mother, Christophine and Mannie and Sass. Aunt Cora was sitting on the blue sofa in the corner now, wearing a black silk dress, her ringlets were carefully arranged. She looked very haughty, I thought. But Godfrey was not there, or Myra, or the cook, or any of the others.

'There is no reason to be alarmed,' my stepfather was saying as I came in. 'A handful of drunken negroes.' He opened the door leading to the *glacis* and walked out. 'What is all this,' he shouted. 'What do you want?' A horrible noise swelled up, like animals howling, but worse. We heard stones falling on to the *glacis*. He was pale when he came in again, but he tried to smile as he shut and bolted the door. 'More of them than I thought, and in a nasty mood too.[62)] They will repent in the morning. I foresee gifts of tamarinds in syrup and ginger sweets tomorrow.'[63)]

'Tomorrow will be too late,' said Aunt Cora, 'too late for ginger sweets or anything else.' My mother was not listening to either of them. She said, 'Pierre is asleep and Myra is with him, I thought it better to leave him in his own room, away from this horrible noise. I don't know. Perhaps.' She was twisting her hands together, her wedding ring fell off and rolled into a corner near the steps. My stepfather and Mannie both stooped for it, then Mannie straightened up and said, 'Oh, my God, they get at the back, they set fire to the back of the house.' He pointed to my bedroom door which I had shut after me, and smoke was rolling out from underneath.

I did not see my mother move she was so quick. She opened the door of my room and then again I did not see her, nothing but smoke. Mannie ran after her, so did Mr Mason but more slowly. Aunt Cora put her arms round me. She said, 'Don't be afraid, you are quite safe. We are all quite safe.' Just for a moment I shut my eyes and rested my head against her shoulder. She smelled of vanilla, I remember. Then there was another smell, of burned hair,

---

62) 백인들이 "guerre nègre"라 부른, 1844년 센서스를 말함. 아이티에서 행해진 "노예제"를 다시 소개하기 위해 사용되어진 센서스라는 생각에서 나온 것이다. 리스는 자서전인 『제발 미소를』에서 조부의 농장저택이 노예해방령이 시행된 이후, 해방된 노예들의 방화로 인해 소실되었다고 말한다. 그러나 역사적 증거에 따르면, 농장저택이 소실되었다기보다는 약탈되었을지 모르며 화재로 소실된 것은 1932년으로 시사된다.

63) 열대산 콩과의 상록수인 타마린드(tamarind)는 아프리카가 원산지로 그 열매를 약재와 요리에 사용한다. 또 열매를 설탕에 끓여 접대용 음료로도 사용한다. 바베이도스 섬의 잘 알려진 전설에 의하면, 열매가 달린 타마린드 나무의 모습은 노예를 나무에 매달았을 때의 모습과 비슷하였는데, 특히 열매는 노예의 머리 모양과 비슷하였다.

and I looked and my mother was in the room carrying Pierre. It was her loose hair that had burned[64] and was smelling like that.

I thought, Pierre is dead. He looked dead. He was white and he did not make a sound, but his head hung back over her arm as if he had no life at all and his eyes were rolled up so that you only saw the whites. My stepfather said, 'Annette, you are hurt — your hands . . .' But she did not even look at him. 'His crib was on fire,' she said to Aunt Cora. 'The little room is on fire and Myra was not there. She has gone. She was not there.'

'That does not surprise me at all,' said Aunt Cora. She laid Pierre on the sofa, bent over him, then lifted up her skirt, stepped out of her white petticoat and began to tear it into strips.

'She left him, she ran away and left him alone to die,' said my mother, still whispering. So it was all the more dreadful when she began to scream abuse at Mr Mason, calling him a fool, a cruel stupid fool. 'I told you,' she said, 'I told you what would happen again and again.' Her voice broke, but still she screamed, 'You would not listen, you sneered at me, you grinning hypocrite, you ought not to live either, you know so much, don't you? Why don't you go out and ask them to let you go? Say how innocent you are. Say you have always trusted them.'

I was so shocked that everything was confused. And it happened

---

64) her loose hair that had burned: 아네트는 아들 피에로를 생명을 무릅쓰고 구하려 한다. 게다가 앵무새 코코도 위험을 감수하며 구하려 한다. "불탄다"라는 주제는 이 소설에서 반복되어 나타난다. 고드프리와 마이라가 아네트를 지옥불로 위협한다든지, 코코가 불에 타죽고 피에르도 화재로 인해 죽는 것이 그 예이다. 이 소설은 앙투아네트가 쏜필드에 불을 지르려는 것으로 끝난다.

quickly. I saw Mannie and Sass staggering along with two large earthenware jars of water which were kept in the pantry. They threw the water into the bedroom and it made a black pool on the floor, but the smoke rolled over the pool. Then Christophine, who had run into my mother's bedroom for the pitcher there, came back and spoke to my aunt. 'It seems they have fired the other side of the house,' said Aunt Cora. 'They must have climbed that tree outside. This place is going to burn like tinder and there is nothing we can do to stop it. The sooner we get out the better.'

Mannie said to the boy, 'You frightened?' Sass shook his head. 'Then come on,' said Mannie. 'Out of my way,' he said and pushed Mr Mason aside. Narrow wooden stairs led down from the pantry to the outbuildings, the kitchen, the servants' rooms, the stables. That was where they were going. 'Take the child,' Aunt Cora told Christophine, 'and come.'

It was very hot on the *glacis* too, they roared as we came out, then there was another roar behind us. I had not seen any flames, only smoke and sparks, but now I saw tall flames shooting up to the sky, for the bamboos had caught. There were some tree ferns near, green and damp, one of those was smouldering too.

'Come quickly,' said Aunt Cora, and she went first, holding my hand. Christophine followed, carrying Pierre, and they were quite silent as we went down the *glacis* steps. But when I looked round for my mother I saw that Mr Mason, his face crimson with heat, seemed to be dragging her along and she was holding back, struggling. I heard him say, 'It's impossible, too late now.'

'Wants her jewel case?' Aunt Cora said.

'Jewel case? Nothing so sensible,' bawled Mr Mason. 'She wanted to go back for her damned parrot. I won't allow it.' She did not answer, only fought him silently, twisting like a cat and showing her teeth.

Our parrot was called Coco, a green parrot. He didn't talk very well, he could say *Qui est là?*[65] *Qui est là?* and answer himself *Ché Coco, Ché Coco.*[66] After Mr Mason clipped his wings he grew very bad tempered, and though he would sit quietly on my mother's shoulder, he darted at everyone who came near her and pecked their feet.

'Annette,' said Aunt Cora. 'They are laughing at you, do not allow them to laugh at you.' She stopped fighting then and he half supported, half pulled her after us, cursing loudly.

Still they were quiet and there were so many of them I could hardly see any grass or trees. There must have been many of the bay people but I recognized no one. They all looked the same, it was the same face repeated over and over, eyes gleaming, mouth half open to shout. We were past the mounting stone[67] when they saw Mannie driving the carriage round the corner. Sass followed, riding one horse and leading another. There was a ladies' saddle on the one he was leading.

Somebody yelled, 'But look the black Englishman! Look the white niggers!', and then they were all yelling. 'Look the white niggers! Look the damn white niggers!' A stone just missed Mannie's head,

---

65) Qui est la?: (*불어*) 거기 누구야?, 누구세요?

66) Che Coco: (*패트와*) "Dear Coco"("Pretty Polly"와 비슷). 앵무새 코코는 영어가 아닌 불어를 말하는데, 이는 아네트와 프랑스 식민지 마르티니크와의 관계를 말해준다. 게다가 코코는 표준 불어보다는 크리올 불어를 사용한다.

67) 말에 올라탈 때 사용하는 돌.

he cursed back at them and they cleared away from the rearing, frightened horses. 'Come on, for God's sake,' said Mr Mason. 'Get to the carriage, get to the horses.' But we could not move for they pressed too close round us. Some of them were laughing and waving sticks, some of the ones at the back were carrying flambeaux[68)] and it was light as day. Aunt Cora held my hand very tightly and her lips moved but I could not hear because of the noise. And I was afraid, because I knew that the ones who laughed would be the worst. I shut my eyes and waited. Mr Mason stopped swearing and began to pray in a loud pious voice. The prayer ended, 'May Almighty God defend us.' And God who is indeed mysterious, who had made no sign when they burned Pierre as he slept — not a clap of thunder, not a flash of lightning — mysterious God heard Mr Mason at once and answered him. The yells stopped.

I opened my eyes, everybody was looking up and pointing at Coco on the *glacis* railings with his feathers alight. He made an effort to fly down but his clipped wings failed him and he fell screeching. He was all on fire.

I began to cry. 'Don't look,' said Aunt Cora. 'Don't look.' She stooped and put her arms round me and I hid my face, but I could feel that they were not so near. I heard someone say something about bad luck and remembered that it was very unlucky to kill a parrot, or even to see a parrot die. They began to go then, quickly, silently, and those that were left drew aside and watched us as we

68) flambeaus: 타오르는 남포불(flaming torch). 종교 행렬에서의 횃불에도 자주 사용되는 이 말은 신체적, 정신적 불과 연결됨.

trailed across the grass. They were not laughing any more.

'Get to the carriage, get to the carriage,' said Mr Mason. 'Hurry!' He went first, holding my mother's arm, then Christophine carrying Pierre, and Aunt Cora was last, still with my hand in hers. None of us looked back.

Mannie had stopped the horses at the bend of the cobblestone road and as we got closer we heard him shout, 'What all you are, eh? Brute beasts?' He was speaking to a group of men and a few women who were standing round the carriage. A coloured man with a machete in his hand was holding the bridle. I did not see Sass or the other two horses. 'Get in,' said Mr Mason. 'Take no notice of him, get in.' The man with the machete said no. We would go to police and tell a lot of damn lies. A woman said to let us go. All this an accident and they had plenty witness. 'Myra she witness for us.'[69]

'Shut your mouth,' the man said. 'You mash centipede, mash it, leave one little piece and it grow again[70] . . . What you think police believe, eh? You, or the white nigger?'

Mr Mason stared at him. He seemed not frightened, but too astounded to speak. Mannie took up the carriage whip but one of the blacker men wrenched it out of his hand, snapped it over his knee and threw it away. 'Run away, black Englishman, like the boy run. Hide in the bushes. It's better for you.' It was Aunt Cora who

69) Myra she witness for us: Myra can verify that everything that happened was an accident.

70) You mash centipede . . . again: if you crush a centipede and leave a little bit unhurt, it will grown complete again. 리스는 자서전에서 지네에 대해 가르쳐 준 유모 메타에 대해 이렇게 말한다: "메타는 우리가 지네를 죽인다 해도 지네 몸뚱이의 여러 부분들이 살아남아 집안 구석구석에서 더 크고 강한 지네로 자랄 것이라고 말했다. 지네는 짓밟혀져야 한다. 그녀는 '짓이겨져야 한다'는 말을 했다."(*SP*, p. 23)

stepped forward and said, 'The little boy is very badly hurt. He will die if we cannot get help for him.'

The man said, 'So black and white, they burn the same, eh?'

'They do,' she said. 'Here and hereafter, as you will find out. Very shortly.'

He let the bridle go and thrust his face close to hers. He'd throw her on the fire, he said, if she put bad luck on him. Old white jumby,[71)] he called her. But she did not move an inch, she looked straight into his eyes and threatened him with eternal fire in a calm voice. 'And never a drop of sangoree[72)] to cool your burning tongue,' she said. He cursed her again but he backed away. 'Now get in,' said Mr Mason. 'You, Christophine, get in with the child.' Christophine got in. 'Now you,' he said to my mother. But she had turned and was looking back at the house and when he put his hand on her arm, she screamed.

One woman said she only come to see what happen. Another woman began to cry. The man with the cutlass said, 'You cry for her — when she ever cry for you? Tell me that.'

But now I turned too. The house was burning, the yellow-red sky was like sunset and I knew that I would never see Coulibri again. Nothing would be left, the golden ferns and the silver ferns, the orchids, the ginger lilies and the roses, the rocking-chairs and the

---

71) jumby: ghost, person with magical powers. 이 말은 자메이카보다는 도미니카에서 더 넓게 사용되는 말로, "god", "spirit"를 뜻하는 서아프리카어 "njamba"에서 유래. 악령은 죽은 사람에게서 나오는데 죽은 자는 여러 모습을 지닌다.

72) sangoree: sangria. 와인, 설탕, 과일 주스, 브랜디를 섞어 만든 마데이라 섬의 음료수. "sangoree"는 "bleeding"을 뜻하는 스페인어로 핏빛 붉은 색.

blue sofa, the jasmine and the honeysuckle, and the picture of the Miller's Daughter. When they had finished, there would be nothing left but blackened walls and the mounting stone. That was always left. That could not be stolen or burned.

Then, not so far off, I saw Tia and her mother and I ran to her, for she was all that was left of my life as it had been. We had eaten the same food, slept side by side, bathed in the same river. As I ran, I thought, I will live with Tia and I will be like her. Not to leave Coulibri. Not to go. Not. When I was close I saw the jagged stone in her hand but I did not see her throw it. I did not feel it either, only something wet, running down my face. I looked at her and I saw her face crumple up as she began to cry. We stared at each other, blood on my face, tears on hers. It was as if I saw myself. Like in a looking-glass.[73)]

'I SAW MY PLAIT, tied with red ribbon, when I got up,' I said. 'In the chest of drawers. I thought it was a snake.'

'Your hair had to be cut. You've been very ill, my darling,' said Aunt Cora. 'But you are safe with me now. We are all safe as I told you we would be. You must stay in bed though. Why are you wandering about the room? Your hair will grow again,' she said. 'Longer and thicker.'

'But darker,' I said.

'Why not darker?'

---

73) Like in a looking glass: 티아와 앙투아네트는 친한 사이. 앙투아네트가 티아의 얼굴을 바라보는 것은 자신의 미래를 들여다보는 것이며 자신의 고통을 보는 것이다.

She picked me up and I was glad to feel the soft mattress and glad to be covered with a cool sheet.

'It's time for your arrowroot,'[74] she said and went out. When that was finished she took the cup away and stood looking down at me.

'I got up because I wanted to know where I was.'

'And you do know, don't you?' she said in an anxious voice.

'Of course. But how did I get to your house?'

'The Luttrells were very good. As soon as Mannie got to Nelson's Rest they sent a hammock[75] and four men. You were shaken about a good deal though. But they did their best. Young Mr Luttrell rode alongside you all the way. Wasn't that kind?'

'Yes,' I said. She looked thin and old and her hair wasn't arranged prettily so I shut my eyes, not wanting to see her.

'Pierre is dead, isn't he?'

'He died on the way down, the poor little boy,' she said.

'He died before that,' I thought but was too tired to speak.

'Your mother is in the country. Resting. Getting well again. You will see her quite soon.'

'I didn't know,' I said. 'Why did she go away?'

'You've been very ill for nearly six weeks. You didn't know anything.'[76]

What was the use of telling her that I'd been awake before and heard my mother screaming '*Qui est là? Qui est là?*', then 'Don't

74) arrowroot: 원주민 약초.

75) a hammock: a stretcher.

76) You didn't know anything: 앙투아네트는 사람들이 생각하는 것보다 더 많이 알고 있음에도, 그녀가 들었고 또 듣고 있는 내용에 대해 말하지 않을 것임을 터득했을 뿐이다.

touch me. I'll kill you if you touch me. Coward. Hypocrite. I'll kill you.' I'd put my hands over my ears, her screams were so loud and terrible. I slept and when I woke up everything was quiet.

Still Aunt Cora stayed by my bed looking at me.

'My head is bandaged up. It's so hot,' I said. 'Will I have a mark on my forehead?' 'No, no.' She smiled for the first time. 'That is healing very nicely. It won't spoil you on your wedding day,' she said.

She bent down and kissed me. 'Is there anything you want? A cool drink to sip?'

'No, not a drink. Sing to me. I like that.'

She began in a shaky voice.

'Every night at half past eight
Comes tap tap tapping —'

'Not that one. I don't like that one. Sing *Before I was set free.*'[77)]

She sat near me and sang very softly, 'Before I was set free.' I heard as far as 'The sorrow that my heart feels for — ' I didn't hear the end but I heard that before I slept, 'The sorrow that my heart feels for.'

I was going to see my mother. I had insisted that Christophine must be with me, no one else, and as I was not yet quite well they had given way. I remember the dull feeling as we drove along for I did not expect to see her. She was part of Coulibri, that had gone, so she

77) 흑인영가. 이 소설을 집필하는 동안 리스가 한 때 생각한 소설의 제목(*Letters of Jean Rhys*[앞으로 *LJR*로 통일], p. 215).

had gone, I was certain of it. But when we reached the tidy pretty little house where she lived now (they said) I jumped out of the carriage and ran as fast as I could across the lawn. One door was open on to the veranda. I went in without knocking and stared at the people in the room. A coloured[78] man, a coloured woman, and a white woman sitting with her head bent so low that I couldn't see her face. But I recognized her hair, one plait much shorter than the other. And her dress. I put my arms round her and kissed her. She held me so tightly that I couldn't breathe and I thought, 'It's not her.' Then, 'It must be her.' She looked at the door, then at me, then at the door again. I could not say, 'He is dead,' so I shook my head. 'But I am here, I am here,' I said, and she said, 'No,' quietly. Then 'No no no' very loudly and flung me from her.[79] I fell against the partition and hurt myself. The man and the woman were holding her arms and Christophine was there. The woman said, 'Why you bring the child to make trouble, trouble, trouble? Trouble enough without that.'

All the way back to Aunt Cora's house we didn't speak.

The first day I had to go to the convent, I clung to Aunt Cora as you would cling to life if you loved it. At last she got impatient, so I forced myself away from her and through the passage, down the steps into the street and, as I knew they would be, they were waiting for me under the sandbox tree. There were two of them, a boy and a girl. The boy was about fourteen and tall and big for his

78) 앵글로 유럽인과 아프리카 계통이 섞인 혼혈.

79) flung me from her: 앙투아네트는 어머니로부터 두 번째로 거절당함.

age, he had a white skin, a dull ugly white covered with freckles, his mouth was a negro's mouth and he had small eyes, like bits of green glass. He had the eyes of a dead fish. Worst, most horrible of all, his hair was crinkled, a negro's hair, but bright red, and his eyebrows and eyelashes were red. The girl was very black and wore no head handkerchief. Her hair had been plaited and I could smell the sickening oil she had daubed on it, from where I stood on the steps of Aunt Cora's dark, clean, friendly house, staring at them. They looked so harmless and quiet, no one would have noticed the glint in the boy's eyes.

Then the girl grinned and began to crack the knuckles of her fingers. At each crack I jumped and my hands began to sweat. I was holding some school books in my right hand and I shifted them to under my arm, but it was too late, there was a mark on the palm of my hand and a stain on the cover of the book. The girl began to laugh, very quietly, and it was then that hate came to me and courage with the hate so that I was able to walk past without looking at them.

I knew they were following, I knew too that as long as I was in sight of Aunt Cora's house they would do nothing but stroll along some distance after me. But I knew when they would draw close. It would be when I was going up the hill. There were walls and gardens on each side of the hill and no one would be there at this hour of the morning.

Half-way up they closed in on me and started talking. The girl said, 'Look the crazy girl,[80] you crazy like your mother. Your aunt

---

80) Look the crazy girl: Look at the crazy girl. 앙투아네트가 미친 사람으로 취급되는 두 번

frightened to have you in the house. She send you for the nuns to lock up. Your mother walk about with no shoes and stockings on her feet, she *sans culottes*.[81] She try to kill her husband and she try to kill you too that day you go to see her. She have eyes like zombie[82] and you have eyes like zombie too. Why you won't look at me.' The boy only said, 'One day I catch you alone, you wait, one day I catch you alone.' When I got to the top of the hill they were jostling me, I could smell the girl's hair.

A long empty street stretched away to the convent, the convent wall and a wooden gate. I would have to ring before I could get in. The girl said, 'You don't want to look at me, eh, I make you look at me.' She pushed me and the books I was carrying fell to the ground.

I stooped to pick them up and saw that a tall boy who was walking along the other side of the street had stopped and looked towards us. Then he crossed over, running. He had long legs, his feet hardly touched the ground. As soon as they saw him, they turned and walked away. He looked after them, puzzled. I would have died sooner than run when they were there, but as soon as they had gone, I ran. I left one of my books on the ground and the tall boy came after me.

째 경우.

81) (불어) 속바지를 입지 않고.

82) zombie: 죽은 시체에 영혼이 들어가 살아있는 사람(living dead). 좀비는 흔히 "살아있는 죽은 사람"으로 지칭된다. 이 말은 콩고어 "zumba"에서 유래되는 것으로, "물신, 무생물에 혼령이나 마법적 속성이 깃든 것"을 의미한다. 이러한 생중사의 존재에 대한 믿음은 아프리카에 근원을 두지만, 카리브 지역에서 더 중요한 까닭은 좀비라는 소외된 존재가 농장 노예들의 삶에 대한 강력한 은유이기 때문이다. 이 지역의 원주민의 미신에서 죽은 사람을 살리는 좀비의 초자연적인 힘이 강조되고 있다.

'You dropped this,' he said, and smiled. I knew who he was, his name was Sandi, Alexander Cosway's son.[83] Once I would have said 'my cousin Sandi' but Mr Mason's lectures had made me shy about my coloured relatives.[84] I muttered, 'Thank you.'

'I'll talk to that boy,' he said. 'He won't bother you again.'

In the distance I could see my enemy's red hair as he pelted along, but he hadn't a chance. Sandi caught him up before he reached the corner. The girl had disappeared. I didn't wait to see what happened but I pulled and pulled at the bell.

At last the door opened. The nun was a coloured woman and she seemed displeased. 'You must not ring the bell like that,' she said. 'I come as quick as I can.' Then I heard the door shut behind me.

I collapsed and began to cry. She asked me if I was sick, but I could not answer. She took my hand, still clicking her tongue and muttering in an ill-tempered way, and led me across the yard, past the shadow of the big tree, not into the front door but into a big, cool, stone-flagged room. There were pots and pans hanging on the wall and a stone fireplace. There was another nun at the back of the room and when the bell rang again, the first one went to answer it. The second nun, also a coloured woman, brought a basin and water but as fast as she sponged my face, so fast did I cry. When she saw my hand she asked if I had fallen and hurt myself. I shook my head

---

83) Sandi Cosway: 이 경우 샌디는 그녀를 보호하는데, 앙투아네트의 주변사람 가운데 그녀에 대한 배려심이 깊은, 몇 안되는 인물 중의 하나이다.

84) 노예해방 이전에 군림해 온 농장주인 코스웨이씨를 둘러싼 "유색" 가족은 코스웨이씨의 아들 알렉산더, 앙투아네트의 이복 형제인 대니얼 코스웨이, 앙투아네트가 "사촌"이라 부르는 아버지의 손자인 샌디 코스웨이가 여기에 속함.

and she sponged the stain away gently. 'What is the matter, what are you crying about? What has happened to you?' And still I could not answer. She brought me a glass of milk, I tried to drink it, but 1 choked. 'Oh la la,' she said, shrugging her shoulders and went out.

When she came in again, a third nun was with her who said in a calm voice, 'You have cried quite enough now, you must stop. Have you got a handkerchief?'

I remembered that I had dropped it. The new nun wiped my eyes with a large handkerchief, gave it to me and asked my name.

'Antoinette,' I said.

'Of course,' she said. 'I know. You are Antoinette Cosway, that is to say Antoinette Mason. Has someone frightened you?'

'Yes.'

'Now look at me,' she said. 'You will not be frightened of me.'

I looked at her. She had large brown eyes, very soft, and was dressed in white, not with a starched apron like the others had. The band round her face was of linen and above the white linen a black veil of some thin material, which fell in folds down her back. Her cheeks were red, she had a laughing face and two deep dimples. Her hands were small but they looked clumsy and swollen,[85] not like the rest of her. It was only afterwards that 1 found out that they were crippled with rheumatism. She took me into a parlour furnished stiffly with straight-backed chairs and a polished table in the middle. After she had talked to me I told her a little of why I was crying

85) clumsy and swollen: 앙투아네트의 관찰력은 매우 예리하다. 그녀는 유모의 손이 그녀의 입장을 보여준다는 것을 알아챘다.

and that I did not like walking to school alone.

'That must be seen to,' she said. 'I will write to your aunt. Now Mother St Justine will be waiting for you. I have sent for a girl who has been with us for nearly a year. Her name is Louise — Louise de Plana. If you feel strange, she will explain everything.'

Louise and I walked along a paved path to the classroom. There was grass on each side of the path and trees and shadows of trees and sometimes a bright bush of flowers. She was very pretty and when she smiled at me I could scarcely believe I had ever been miserable. She said, 'We always call Mother St Justine, Mother Juice of a Lime. She is not very intelligent, poor woman. You will see.'

Quickly, while I can, I must remember the hot classroom. The hot classroom, the pitchpine desks, the heat of the bench striking up through my body, along my arms and hands. But outside I could see cool, blue shadow on a white wall. My needle is sticky, and creaks as it goes in and out of the canvas. 'My needle is swearing,'[86] I whisper to Louise, who sits next to me. We are cross-stitching[87] silk roses on a pale background. We can colour the roses as we choose and mine are, green, blue and purple. Underneath, I will write my name in fire red,[88] Antoinette Mason, née Cosway, Mount Calvary Convent, Spanish Town, Jamaica, 1839.[89]

---

86) swearing: complaining. 앙투아네트는 집안에서 바느질 하기보다는 밖에 나가 "파란 그늘" 밑에 있기를 바람.

87) cross-stitching: 십자수.

88) I will write my name in fire red: 앙투아네트는 항상 자신을 밝은 색과 동일시하지만 여기에서는 그녀의 섬뜩한 죽음의 불길한 전조가 엿보인다.

89) 1839: 앙투아네트가 자수로 놓은 이 연도에서 독자는 그녀가 학교를 얼마나 오래 다녔는

As we work, Mother St Justine reads us stories from the lives of the Saints, St Rose, St Barbara, St Agnes.[90] But we have our own Saint, the skeleton of a girl of fourteen under the altar of the convent chapel. The Relics.[91] But how did the nuns get them out here, I ask myself? In a cabin trunk? Specially packed for the hold? How? But here she is, and St Innocenzia is her name. We do not know her story, she is not in the book. The saints we hear about were all very beautiful and wealthy. All were loved by rich and handsome young men.

'. . . more lovely and more richly dressed than he had ever seen her in life,' drones Mother St Justine. 'She smiled and said, "Here Theophilus is a rose from the garden of my Spouse,[92] in whom you did not believe." The rose he found by his side when he awoke has never faded. It still exist.' (Oh, but where? Where?) 'And Theophilus

---

지 알 수 없지만 당시 14살 정도로 추정된다. 이는 노예해방이 완전히 실현된 시점으로부터 일 년 후를 말한다. 리스는 『제인 에어』의 시간적 배경을 바꿔 노예해방령과 일치시킨다. 『제인 에어』는 1818년, 혹은 1819년에 서술되며 사건의 발생은 1798년부터 1808년 사이에 묘사된다.

90) St. Rose of Lima(1586-1617)는 남미와 필립핀 제도의 수호성인의 이름에서 유래한다. 바바라(St. Barbara)는 아메리카의 첫 성녀로, 전설에 의하면 그녀 아버지에 의해 어떤 남자도 그녀를 볼 수 없도록 탑에 유폐되었다. 그녀에 대한 표상은 탑이다. 바바라가 기독교인으로 죽는 것을 비난한 그녀의 아버지는 번개불에 살해되었다. 아그네스(Agnes)는 처녀 순교자로 13살 되던 해 결혼을 강요당하자 그리스도께 헌신하고자 결혼을 거부하였다. 자신의 신성한 처녀성이 침해당하는 것보다 죽음을 택한 것이다. 리스는 어렸을 때, 짧은 기간이기는 하지만 도미니카의 수녀학교에 다닌 적이 있다. 당시 도미니카의 백인 대부분은 영국 국교도였으며 학생 대다수는 "유색인종"(Colored)이거나 흑인이었다. 리스는 이 수도원학교의 이름이 유래한 수녀원장인 "Mother Mount Calvary"에 매우 친밀감을 가진 적이 있다.

91) The Relics: 모든 제단의 돌에는 성인의 유골 일부가 들어가야 함.

92) from the garden of my Spouse: from heaven. 수녀는 흔히 "그리스도의 배우자"로 지칭됨.

was converted to Christianity,' says Mother St Justine, reading very rapidly now, 'and became one of the Holy Martyrs.' She shuts the book with a clap and talks about pushing down the cuticles of our nails when we wash our hands. Cleanliness, good manners and kindness to God's poor. A flow of words. ('It is her time of life,' said Hélène de Plana, 'she cannot help it, poor old Justine.') 'When you insult or injure the unfortunate or the unhappy, you insult Christ Himself and He will not forget, for they are His chosen ones.' This remark is made in a casual and perfunctory voice and she slides on to order and chastity, that flawless crystal that, once broken, can never be mended. Also deportment.[93)] Like everyone else, she has fallen under the spell of the de Plana sisters and holds them up as an example to the class. I admire them. They sit so poised and imperturbable while she points out the excellence of Miss Hélène's coiffure,[94)] achieved without a looking-glass.[95)]

'Please, Hélène, tell me how you do your hair, because when I grow up I want mine to look like yours.'

'It's very easy. You comb it upwards, like this and then push it a little forward, like that, and then you pin it here and here. Never too many pins.'

'Yes, but Helene, mine does not look like yours, whatever I do.'

Her eyelashes flickered, she turned away, too polite to say the

---

93) deportment: 사람의 행동방식이나 행동거지. 수녀원 학교는 학생들의 행동에 항상 관심이 지대함.

94) coiffure: (불어) hairstyle.

95) without a looking-glass: 어떤 수녀들은 제자들에게 거울을 보지 말라고 충고한다. 거울을 들여다보는 것은 허황된 짓으로 여겨 수녀들도 거울을 보는 것이 허용되지 않았다. 젊은 아일랜드 수녀가 물통에 자신을 들여다보는 것도 그 때문이다.

obvious thing. We have no looking-glass in the dormitory, once I saw the new young nun from Ireland looking at herself in a cask of water, smiling to see if her dimples were still there. When she noticed me, she blushed and I thought, now she will always dislike me.

Sometimes it was Miss Hélène's hair and sometimes Miss Germaine's impeccable deportment, and sometimes it was the care Miss Louise took of her beautiful teeth. And if we were never envious, they never seemed vain. Hélène and Germaine, a little disdainful, aloof perhaps, but Louise, not even that. She took no part in it — as if she knew that she was born for other things. Hélène's brown eyes could snap, Germaine's grey eyes were beautiful, soft and cow-like, she spoke slowly and, unlike most Creole girls, was very even-tempered.[96)] It is easy to imagine what happened to those two, bar accidents. Ah but Louise! Her small waist, her thin brown hands, her black curls which smelled of vetiver,[97)] her high sweet voice, singing so carelessly in Chapel about death. Like a bird would sing. Anything might have happened to you, Louise, anything at all, and I wouldn't be surprised.

---

96) 대영제국은 크리올인에 대해 환경의 영향을 받아 "열대지방에 적합하게"(tropicalized) 된 인종으로, 사랑에 깊이 빠진다거나 성적으로 무절제한 사람들이라고 생각했다. 1791년 영국인이 영국계 크리올 여성과 결혼하는 것을 독려하고자 쓴 글에서 애트우드(Thomas Atwood)는 크리올에 대한 일반인의 생각을 반박하면서 "특히 따뜻한 기후의 여성들에게는 과도한 욕망이 주어진다"고 적고 있다(*The History of the Island of Dominica*, 213).

97) vetiver: (*패트와*) 열대지방의 풀. 뿌리에서 채취한 아로마 오일은 향수나 화장품, 비누에 사용된다. 드 플라나(de Plana) 자매들은 프랑스계와 연관됨. 루이즈(Louise)는 프랑스에서 태어남.

Then there was another saint, said Mother St Justine, she lived later on but still in Italy, or was it in Spain. Italy is white pillars and green water. Spain is hot sun on stones, France is a lady with black hair wearing a white dress because Louise was born in France fifteen years ago, and my mother, whom I must forget and pray for as though she were dead, though she is living, liked to dress in white.

No one spoke of her now that Christophine had left us to live with her son. I seldom saw my stepfather. He seemed to dislike Jamaica, Spanish Town in particular, and was often away for months.

One hot afternoon in July[98] my aunt told me that she was going to England for a year. Her health was not good and she needed a change. As she talked she was working at a patchwork counterpane. The diamond-shaped pieces of silk melted one into the other, red, blue, purple, green, yellow, all one shimmering colour. Hours and hours she had spent on it and it was nearly finished. Would I be lonely? she asked and I said 'No', looking at the colours. Hours and hours and hours I thought.

This convent was my refuge, a place of sunshine and of death where very early in the morning the clap of a wooden signal woke the nine of us who slept in the long dormitory. We woke to see Sister Marie Augustine sitting, serene and neat, bolt upright in a wooden chair. The long brown room was full of gold sunlight and shadows of trees moving quietly. I learnt to say very quickly as

98) July: 독자는 앙투아네트가 학교에 다닌 기간이 얼마인지 정확히 모른다. 앙투아네트는 통학생으로 1년 여, 기숙사에서 다닌 것이 대략 2년 여로 추정된다. 그 사이 코라 이모 (Aunt Cora)는 영국에 있었을 것으로 추정된다.

the others did, 'offer up all the prayers, works and sufferings of this day.' But what about happiness,[99] I thought at first, is there no happiness? There must be. Oh happiness of course, happiness, well.

But I soon forgot about happiness, running down the stairs to the big stone bath where we splashed about wearing long grey cotton chemises which reached to our ankles. The smell of soap as you cautiously soaped yourself under the chemise, a trick to be learned, dressing with modesty, another trick. Great splashes of sunlight as we ran up the wooden steps of the refectory. Hot coffee and rolls and melting butter. But after the meal, now and at the hour of our death, and at midday and at six in the evening, now and at the hour of our death. Let perpetual light shine on them.[100] This is for my mother, I would think, wherever her soul is wandering, for it has left her body.[101] Then I remembered how she hated a strong light and loved the cool and the shade. It is a different light they told me. Still, I would not say it. Soon we were back in the shifting shadows outside, more beautiful than any perpetual light could be, and soon I learnt to gabble without thinking as the others did. About changing now and the hour of our death for that is all we have.

---

99) 널리 보급된 오전의 카톨릭 기도에서 보통 "joy"가 사용됨.

100) now and at the hour of our death: 로마 카톨릭 기도인 "축 성모마리아"의 마지막 구절을 인용. 로자리오 묵주 기도서(Rosary)의 일부분인 "Hail Mary, Mother of God, pray for us sinners now, and at the hour of our death. Amen."을 반복. 이 부분은 앙투아네트가 수녀원에서 찾은 평화를 이 소설 말미에 죽음에서 찾게 되는 평화에 연결시키면서 앙투아네트의 생각과 기도가 서로 얽히게 한다. "Let perpetual light shine on them." 죽은 자를 위한 기도서에서 인용한 것: "Eternal rest grant unto them and let perpetual light shine upon them. May they rest in peace. Amen."

101) 죽은 시체에 영혼이 들어간 좀비 참조.

Everything was brightness, or dark. The walls, the blazing colours of the flowers in the garden, the nuns' habits were bright, but their veils, the Crucifix[102) hanging from their waists, the shadow of the trees, were black. That was how it was, light and dark, sun and shadow, Heaven and Hell, for one of the nuns knew all about Hell and who does not? But another one knew about Heaven and the attributes of the blessed, of which the least is transcendent beauty. The very least. I could hardly wait for all this ecstasy and once I prayed for a long time to be dead. Then remembered that this was a sin. It's presumption or despair,[103) I forget which, but a mortal sin. So I prayed for a long time about that too, but the thought came, so many things are sins, why? Another sin, to think that. However, happily, Sister Marie Augustine says thoughts are not sins, if they are driven away at once. You say Lord save me, I perish.[104) I find it very comforting to know exactly what must be done. All the same, I did not pray so often after that and soon, hardly at all. I felt bolder, happier, more free. But not so safe.

---

102) Crucifix: 예수 형상을 지닌 십자가. 수녀들은 허리에 두르는 벨트에 부착된 십자가에 로자리오 묵주를 걸고 다닌다.

103) presumption of despair: 앙투아네트는 카톨릭 교리문답에서 배운 단어들을 기억하고 있다. 추정해 볼 수 있는 것은 "a foolish expectation of salvation without making sufficient effort to attain it". 절망은 "the loss of confidence in God". 절망은 죽음에 이르는 죄로, 그 벌은 지옥일 수 있다.

104) Lord save me, I perish: 「마태복음」 8장 25절 참조. 갈릴리 바다에 거센 폭풍이 일어나자 제자들이 "주님, 살려주십시오. 우리가 죽게 되었습니다"라고 부르짖자 예수가 이를 가라앉혔다. 14장 25절에서 물 위를 걷는 예수를 보고 베드로도 이와 똑같이 해보려 했다. "그러나 거센 바람을 보자 그만 무서운 생각이 들어 물에 빠져들게 되었다. 그는 '주님, 살려주십시오!'라고 비명을 질렀다("But when he saw the wind boisterous, he was afraid; and beginning to sink, he cried, saying, Lord, save me").

During this time, nearly eighteen months, my stepfather often came to see me. He interviewed Mother Superior first, then I would go into the parlour dressed ready for a dinner or a visit to friends. He gave me presents when we parted, sweets, a locket, a bracelet, once a very pretty dress which, of course, I could not wear.

The last time he came was different. I knew that as soon as I got into the room. He kissed me, held me at arm's length looking at me carefully and critically, then smiled and said that I was taller than he thought. I reminded him that I was over seventeen,[105] a grown woman. 'I've not forgotten your present,' he said.

Because I felt shy and ill at ease I answered coldly, 'I can't wear all these things you buy for me.'

'You can wear what you like when you live with me,' he said.

'Where? In Trinidad?'

'Of course not. Here, for the time being. With me and your Aunt Cora who is coming home at last. She says another English winter will kill her. And Richard.[106] You can't be hidden away all your life.'

'Why not?' I thought.

I suppose he noticed my dismay because he began to joke, pay me compliments, and ask me such absurd questions that soon I was laughing too. How would I like to live in England? Then, before I could answer, had I learnt dancing, or were the nuns too strict?

'They are not strict at all,' I said. 'The Bishop who visits them every year says they are lax. Very lax. It's the climate he says.'

---

105) over seventeen: 앙투아네트의 나이에 대한 정보가 처음으로 명확히 드러남.

106) 앙투아네트의 계부인 메이슨씨의 아들로 앙투아네트의 이복 오빠.

'I hope they told him to mind his own business.'

'She did. Mother Superior did. Some of the others were frightened. They are not strict but no one has taught me to dance.'

'That won't be the difficulty. I want you to be happy, Antoinette, secure, I've tried to arrange, but we'll have time to talk about that later.'

As we were going out of the convent gate he said in a careless voice, 'I have asked some English friends to spend next winter here. You won't be dull.'

'Do you think they'll come?' I said doubtfully.

'One of them will. I'm certain of that.'[107)]

It may have been the way he smiled, but again a feeling of dismay, sadness, loss, almost choked me. This time I did not let him see it.

It was like that morning when I found the dead horse. Say nothing and it may not be true.

But they all knew at the convent. The girls were very curious but I would not answer their questions and for the first time I resented the nuns' cheerful faces.

They are safe. How can they know what it can be like *outside*?

This was the second time[108)] I had my dream.

Again I have left the house at Coulibri. It is still night and I am walking towards the forest. I am wearing a long dress and thin slippers, so I walk with difficulty, following the man who is with me and holding up the skirt of my dress. It is white and beautiful and

107) One of them will. I'm certain of that: 메이슨씨는 초대 손님들 가운데 하나가 앙투아네트의 구혼자임을 언급.

108) the second time: 앙투아네트의 두 번째 꿈. 그녀는 정서적 위기 때마다 꿈을 꾼다.

I don't wish to get it soiled. I follow him, sick with fear but I make no effort to save myself; if anyone were to try to save me, I would refuse. This must happen. Now we have reached the forest. We are under the tall dark trees and there is no wind. 'Here?' He turns and looks at me, his face black with hatred, and when I see this I begin to cry. He smiles slyly. 'Not here, not yet,' he says, and I follow him, weeping. Now I do not try to hold up my dress, it trails in the dirt, my beautiful dress. We are no longer in the forest but in an enclosed garden surrounded by a stone wall and the trees are different trees. I do not know them. There are steps leading upwards. It is too dark to see the wall or the steps, but I know they are there and I think, 'It will be when I go up these steps. At the top.' I stumble over my dress and cannot get up. I touch a tree and my arms hold on to it. 'Here, here.' But I think I will not go any further. The tree sways and jerks as if it is trying to throw me off. Still I cling and the seconds pass and each one is a thousand years. 'Here, in here,' a strange voice said, and the tree stopped swaying and jerking.

Now Sister Marie Augustine is leading me out of the dormitory, asking if I am ill, telling me that I must not disturb the others and though I am still shivering I wonder if she will take me behind the mysterious curtains to the place where she sleeps. But no. She seats me in a chair, vanishes, and after a while comes back with a cup of hot chocolate.

I said, 'I dreamed I was in Hell.'

'That dream is evil. Put it from your mind — never think of it again,' and she rubbed my cold hands to warm them.

She looks as usual, composed and neat, and I want to ask her if she gets up before dawn or hasn't been to bed at all.

'Drink your chocolate.'

While I am drinking it I remember that after my mother's funeral, very early in the morning, almost as early as this, we went home to drink chocolate and eat cakes. She died last year,[109)] no one told me how, and I didn't ask. Mr Mason was there and Christophine, no one else. Christophine cried bitterly but I could not. I prayed, but the words fell to the ground meaning nothing.

Now the thought of her is mixed up with my dream.

I saw her in her mended habit riding a borrowed horse, trying to wave at the head of the cobblestoned road at Coulibri, and tears came to my eyes again. 'Such terrible things happen,' I said. 'Why? Why?'

'You must not concern yourself with that mystery,' said Sister Maria Augustine. 'We do not know why the devil must have his little day. Not yet.'

She never smiled as much as the others, now she was not smiling at all. She looked sad.

She said, as if she was talking to herself, 'Now go quietly back to bed. Think of calm, peaceful things and try to sleep. Soon I will give the signal. Soon it will be tomorrow morning.'

---

109) She died last year: 앙투아네트는 수녀원학교를 약 3년 정도 다닌 것 같다. 그녀가 16살 때 그녀의 어머니는 타계한다.

Part Two

SO IT WAS ALL OVER,[1] the advance and retreat, the doubts and hesitations.[2] Everything finished, for better or for worse. There we were, sheltering from the heavy rain under a large mango tree, myself, my wife Antoinette and a little half-caste[3] servant who was called Amélie. Under a neighbouring tree I could see our luggage covered with sacking, the two porters and a boy holding fresh horses, hired to carry us up 2,000 feet to the waiting honeymoon house.[4]

The girl Amélie said this morning, 'I hope you will be very happy, sir, in your sweet honeymoon house.' She was laughing at me I could see. A lovely little creature[5] but sly, spiteful, malignant perhaps, like much else in this place.

'It's only a shower,' Antoinette said anxiously. 'It will soon stop.'

I looked at the sad leaning cocoanut palms, the fishing boats drawn up on the shingly beach, the uneven row of whitewashed

---

1) it was all over: "it"가 정확히 무엇인지 알 수 없지만 다음 행에서 "어떤 운명이 되더라도" (for better or worse) 라는 구절이 있으므로 로체스터의 약혼과 결혼으로 추론해볼 수 있다.

2) 제2부에서 화자는 『제인 에어』에서의 로체스터이다. 『드넓은 사르가소 바다』에서 로체스터의 이름이 밝혀지지 않는데 대해 비평가들은 여러 의미를 부여한다. 리스는 편지에서 "나는 신중을 기해 그 사람에게 일체 이름을 부여하지 않았다."(LJR, p. 297)라고 밝힌다.

3) myself, my wife . . . Amélie: 나무 아래에 있는 세 사람은 독자가 제2부에서 처음으로 만나는 사람들이다. 로체스터가 자신을 맨 먼저 언급하는 것이 무척 흥미롭다. 이 세 사람은 자신들의 운명이 서로 긴밀히 연결된다는 것을 아직 의식하지 못하고 있다. "half-caste"는 혼혈 계보.

4) 리스 아버지의 농장 토지인 아말리아(Amalia)에 근거해 리스는 ". . . 내 출생지에 대한 내 사랑의 일부를 적으려 했다(나는 그들의 신혼여행지를 도미니카로 옮겨놓았다). . ."(LJR, p. 172).

5) lovely little creature: 로체스터는 처음부터 아멜리의 육체에 매력을 느끼고 있는 듯하다. 아멜리를 인간이라기보다는 "creature"로 생각한다.

huts, and asked the name of the village.

'Massacre.'[6)]

'And who was massacred here? Slaves?'

'Oh no.' She sounded shocked. 'Not slaves. Something must have happened a long time ago. Nobody remembers now.'

The rain fell more heavily, huge drops sounded like hail on the leaves of the tree, and the sea crept stealthily forwards and backwards.

So this is Massacre. Not the end of the world, only the last stage of our interminable journey from Jamaica, the start of our sweet honeymoon. And it will all look very different in the sun.

It had been arranged that we would leave Spanish Town immediately after the ceremony and spend some weeks in one of the Windward Islands,[7)] at a small estate which had belonged to Antoinette's mother.[8)] I agreed. As I had agreed to everything else.

---

6) 리스가 태어난 곳인 로소(Rosseau) 북쪽, 도미니카의 리워드(leeward) 해안가의 한 어촌마을. 리스의 아버지는 이 마을의 야산 오르막길 기슭에 시골 별장을 지었다. 1674년 이곳에서 자행된 학살은 남녀, 어린이, "토마스 '인디언' 워너"(Thomas 'Indian' Warner)를 포함해서 60-70명의 카리브인들을 기만해서 살해한 만행을 말한다. 워너는 세인트 키츠(St. Kitts) 제도의 총독과 원주민 여성 사이에서 태어난 혼혈 아들로 추정된다. 워너의 아버지는 영국령 카리브 제도에서의 가장 유명한 식민지배자 가운데 한 사람인 워너(Thomas Warner) 경이다. "인디언" 워너와 그의 카리브 동맹자들은 그의 이복 형제이자 토마스 경의 서자인 필립(Philip)에 의해 살해되었다. 이 "인디언" 워너는 아버지 밑에서 자랐으나 아버지가 죽은 후 계모의 핍박이 심해지자 외가쪽으로 가까워졌고, 그 후 영국인과 카리브인 사이에서 교섭을 주도하는 지도자가 되었다. 여기에서 중요한 것은 "인디언" 워너가 카리브 역사와 신화에서 두 문화 간의 입장을 대표하며 소외와 가능성의 공간을 표현하는 상징적 인물이라는 점이다.

7) the Windward Islands: 마르티니크(Martinique), 세인트 루시아(St Lucia), 도미니카(Dominica)로부터 그레나다(Grenada)에 이르는 카리브 동쪽 제도들.

8) a small estate which had belonged to Antoinette's mother: 아네트가 부동산이 있다거나 가

The windows of the huts were shut, the doors opened into silence and dimness. Then three little boys came to stare at us. The smallest wore nothing but a religious medal round his neck and the brim of a large fisherman's hat. When I smiled at him, he began to cry. A woman called from one of the huts and he ran away, still howling.

The other two followed slowly, looking back several times.

As if this was a signal a second woman appeared at her door, then a third.

'It's Caro,'[9] Antoinette said. 'I'm sure it's Caro. Caroline,' she called, waving, and the woman waved back. A gaudy old creature in a brightly flowered dress, a striped head handkerchief and gold ear-rings.

'You'll get soaked, Antoinette,' I said.

'No, the rain is stopping.' She held up the skirt of her riding habit and ran across the street. I watched her critically.[10] She wore a tricorne hat[11] which became her. At least it shadowed her eyes which are too large and can be disconcerting. She never blinks at all it seems to me. Long, sad, dark alien eyes. Creole of pure English descent she may be, but they are not English or European either.[12]

족들이 휴일이면 윈드워드 섬들을 여행다녔다는 내용은 제1부에서는 나오지 않는다.

9) Caro: 제1부에서 앙투아네트는 주변에 아는 사람이 거의 없는데다 말수가 적고 수줍은 성격의 인물로 드러나지만 제2부에서는 섬 사람들과 매우 친하게 지내는 것 같다.

10) critically: 로체스터가 앙투아네트를 가혹하게 대하고 있음을 의식함.

11) 18세기 유럽에서 유행한 삼각모자.

12) 로체스터는 앙투아네트가 아프리카 혈통의 후예가 아닌가 하는 의구심을 은연중에 드러낸다. "Creole"은 모순적인 의미들을 지닌 말로서, 원래는 식민지에서 태어난 영국계 유럽 후예들을 가리키지만 이른바 인종적 순수성을 지칭하기 위해서도 사용되었다. 이 말은 수입된 것이 아니라 그 지역에서 난 노예와 동물을 지칭할 때도 사용되었다. "white"라는 형용사는 피부가 검은 카리브인과 구별하기 위해 사용되었다. 19세기에 시작한 "Creole"이란 말은 인종적 혼합이나 아프리카어와 유럽어의 언어적 혼합, 혹은 카리브

And when did I begin to notice all this about my wife Antoinette? After we left Spanish Town I suppose. Or did I notice it before and refuse to admit what I saw? Not that I had much time to notice anything. I was married a month after I arrived in Jamaica and for nearly three weeks of that time I was in bed with fever.

The two women stood in the doorway of the hut gesticulating, talking not English but the debased French patois[13)] they use in this island. The rain began to drip down the back of my neck adding to my feeling of discomfort and melancholy.

I thought about the letter which should have been written to England a week ago. Dear Father . . .

'Caroline asks if you will shelter in her house.'

This was Antoinette. She spoke hesitatingly as if she expected me to refuse, so it was easy to do so.

'But you are getting wet,' she said.

'I don't mind that.' I smiled at Caroline and shook my head.

'She will be very disappointed,' said my wife, crossed the street again and went into the dark hut.

흑인을 연상하게 하는 음식이나 문화적 형식들을 가리키는데도 사용되었다. 리스는 자신의 소설의 제목을 원래 생각했던 "크리올"에서 "드넓은 사르가소 바다"로 바꿨는데, "그 이유는 크리올이라는 말이 지금은 다른 의미를 지니고 있기 때문"이라고 생각했기 때문이다(LJR, p. 153-54). 여기서 화자는 초기의 앙투아네트, 아네트, 코라가 말한대로, 백인 정착 계급은 수세대에 걸쳐 자신들만의 분명한 문화를 발전시켜 왔다는 점에 동의한다. 화자는 영국인과 크리올인을 구별함으로써 인종적, 문화적인 면에서 식민본국(metropolitan)의 협의점을 암시한다.

13) debased French patois: 로체스터는 이곳 섬 주민들이 말하는 크리올 불어를 저급한 언어로 보는데, 그 이유는 크리올 불어가 이전 노예들이 사용하는 언어인 데다 로체스터 자신이 이 언어를 이해할 수 없기 때문이다. 로체스터는 자신이 마음대로 할 수 없으면 이를 경멸하는 경향이 있다.

Amélie, who had been sitting with her back to us, turned round. Her expression was so full of delighted malice, so intelligent, above all so intimate[14] that I felt ashamed and looked away.

'Well,' I thought. 'I have had fever. I am not myself yet.'

The rain was not so heavy and I went to talk to the porters. The first man was not a native of the island. 'This a very wild place — not civilized. Why you come here?' He was called the Young Bull he told me, and he was twenty-seven years of age. A magnificent body and a foolish conceited face. The other man's name was Emile, yes, he was born in the village, he lived there. 'Ask him how old he is,' suggested the Young Bull. Emile said in a questioning voice, 'Fourteen? Yes I have fourteen years master.'[15]

'Impossible,' I said. I could see the grey hairs in his sparse beard.

'Fifty-six years perhaps.'[16] He seemed anxious to please.

The Young Bull laughed loudly. 'He don't know how old he is, he don't think about it. I tell you sir these people are not civilized.'

Emile muttered, 'My mother she know, but she dead.' Then he produced a blue rag which he twisted into a pad and put on his head.

Most of the women were outside their doors looking at us but without smiling. Sombre people in a sombre place. Some of the men were going to their boats. When Emile shouted, two of them came towards him. He sang in a deep voice. They answered, then lifted

---

14) so intimate: 아멜리는 로체스터가 자신에게 관심을 보이고 있음을 의식한다는 것이 이런 말에서 드러나는 것 같다.

15) I have fourteen years: 불어로 "J'ai quatorze ans"을 영어로 번역한 것인데 그 의미는 "I am fourteen".

16) 에밀의 나이를 두고 사람들이 의견이 분분한 것은 에밀이 4년마다 드는 어느 윤년의 2월 29일에 태어난 것이 아닌가 하는 생각 때문이다.

the heavy wicker basket and swung it on to his head-pad singing. He tested the balance with one hand and strode off, barefooted on the sharp stones, by far the gayest member of the wedding party. As the Young Bull was loaded up he glanced at me sideways boastfully and he too sang to himself in English.

The boy brought the horses to a large stone and I saw Antoinette coming from the hut. The sun blazed out and steam rose from the green behind us. Amélie took her shoes off, tied them together and hung them round her neck. She balanced her small basket on her head and swung away as easily as the porters. We mounted, turned a corner and the village was out of sight. A cock crowed loudly[17] and I remembered the night before which we had spent in the town. Antoinette had a room to herself, she was exhausted. I lay awake listening to cocks crowing all night, then got up very early and saw the women with trays covered with white cloths on their heads going to the kitchen. The woman with small hot loaves for sale, the woman with cakes, the woman with sweets. In the street another called *Bon sirop, Bon sirop,*[18] and I felt peaceful.

The road climbed upward. On one side the wall of green, on the other

---

17) 복음서에 따르면 닭 울음소리는 예수에 대한 베드로의 거부와 유다의 배반과 관련된다(「마태복음」 26:23-35). 「누가복음」 22-23에서 예수께서 베드로에게 "내 말을 잘 들어라. 오늘 밤 닭이 울기 전에 너는 세 번이나 나를 모른다고 할 것이다"하고 말씀하였다("I tell thee, Peter, the cock shall not crow this day before that thou shalt thrice deny that thou knowest me"). 『드넓은 사르가소 바다』에서는 이같은 종교적 언급이 소설 전체에 자주 나온다. 여기에서는 로체스터가 앙투아네트를 배반할 것이라는 경고로 볼 수 있다.

18) Bon sirop: (불어) good syrup. 설탕시럽과 과일 주스로 된 청산음료. 서아프리카와 카리브지역의 거리에서 음식과 음료수를 파는 여성 상인들을 많이 볼 수 있다.

a steep drop to the ravine below. We pulled up and looked at the hills, the mountains and the blue-green sea. There was a soft warm wind blowing but I understood why the porter had called it a wild place. Not only wild but menacing. Those hills would close in on you.

'What an extreme green,' was all I could say, and thinking of Emile calling to the fishermen and the sound of his voice, I asked about him.

'They take short cuts. They will be at Granbois long before we are.'

Everything is too much,[19] I felt as I rode wearily after her. Too much blue, too much purple, too much green. The flowers too red, the mountains too high, the hills too near. And the woman is a stranger. Her pleading expression annoys me. I have not bought her, she has bought me, or so she thinks. I looked down at the coarse mane of the horse . . . Dear Father.[20] The thirty thousand pounds[21] have been paid to me without question or condition. No provision made for her[22] (that must be seen to). I have a modest competence

19) Everything is too much: 로체스터는 섬의 크기와 활기찬 빛깔에 압도당하면서도 비판적으로 반응한다.

20) Dear Father: 로체스터는 자신의 아버지에게 보낼 편지를 마음 속으로 구상해보는데 독자는 이를 통해 로체스터의 생각에 접근하게 된다.

21) thirty thousand pounds: 19세기에 30,000 파운드는 막대한 금액이다. 독자는 『제인 에어』에서 제인의 삼촌인 존 에어가 카리브의 마데이라 섬에서 죽으면서 유산으로 남긴 2만 파운드가 제인을 포함해 네 사람, 즉 제인의 사촌인 리버스 가족의 다이아나와 메어리 자매, 그들의 오빠인 세인트 존의 안락한 삶을 보장하는 금액임을 기억할 것이다. 또한 3만 파운드는 예수를 배반한 댓가로 유다에게 지불되는 은화 30냥을 연상시킨다.

22) No provision made for her: 막대한 지참금의 조건에는 여성을 재정적으로 보호한다는 내용이 정상적으로 포함된다. 그러나 앙투아네트의 운명은 순전히 남편의 손에 달려있다. 이는 로체스터가 자메이카에 도착하기 전에, 그리고 이러한 사전 조건들이 만들어지기 전에, 메이슨씨가 타계했기 때문일 것으로 추정된다.

now. I will never be a disgrace to you or to my dear brother the son you love. No begging letters, no mean requests. None of the furtive shabby manœuvres of a younger son.[23)] I have sold my soul[24)] or you have sold it, and after all is it such a bad bargain? The girl is thought to be beautiful, she is beautiful. And yet . . .

Meanwhile the horses jogged along a very bad road. It was getting cooler. A bird whistled, a long sad note. 'What bird is that?' She was too far ahead and did not hear me. The bird whistled again. A mountain bird. Shrill and sweet. A very lonely sound.

She stopped and called, 'Put your coat on now.' I did so and realized that I was no longer pleasantly cool but cold in my sweat-soaked shirt.

We rode on again, silent in the slanting afternoon sun, the wall of trees on one side, a drop on the other. Now the sea was a serene blue, deep and dark.

We came to a little river. 'This is the boundary of Granbois.' She

---

23) 장자에게 모든 토지를 상속하는 가부장적 상속이라는 독특하고도 가혹한 영국의 관습법(common law)을 말한다. 부동산법이라 불리는 장자상속법은 귀족의 계승, 대영제국 헌법, 그리고 영국문화의 근간으로 여겨졌고, 특히 지주가 이를 중요시했다. 그럼에도 아버지는 장남을 뺀 아들과 딸들에게 그들의 땅의 일정 부분을 양도해줄 권리를 행사한 것은 흔한 일이었다. 차남 이하의 아들들은 스스로의 재정적 지원을 위해 여성 상속인하고 결혼하는 것도 흔한 일이었다. 『제인 에어』에서 로체스터는 버싸라는 카리브 제도의 농장 소유주의 딸과의 결혼을 통해 30,000 파운드를 받는다. 3만 파운드는 오늘날 150만 파운드나 240만 달러에 해당한다. 리스의 아버지 윌리엄즈(William Rees Williams)는 영국 웨일즈의 한 성직자의 차남으로, 아버지의 큰 도움이 없이도 청년시절 도미니카로 건너 가 크리올 가문의 여성과 결혼했다.

24) I have sold my soul: 파우스트(Faust)가 지식과 권력에 자신의 영혼을 파는 독일 전설을 영국 극작가 말로우(Christopher Marlowe)가 *Dr. Faustus*(1604)에서 묘사한 것으로, 화자의 생각에 이러한 부의 축적은 파우스트가 자신의 세속적인 욕망성취를 위해 악마에게 영혼을 판 전설과 관련된다.

smiled at me. It was the first time I had seen her smile simply and naturally. Or perhaps it was the first time I had felt simple and natural with her. A bamboo spout jutted from the cliff, the water coming from it was silver blue. She dismounted quickly, picked a large shamrock-shaped leaf to make a cup, and drank. Then she picked another leaf, folded it and brought it to me. 'Taste. This is mountain water.' Looking up smiling, she might have been any pretty English girl and to please her I drank. It was cold, pure and sweet, a beautiful colour against the thick green leaf.

She said, 'After this we go down then up again. Then we are there.'

Next time she spoke she said, 'The earth is red here, do you notice?'

'It's red in parts of England too.'

'Oh England, England,' she called back mockingly, and the sound went on and on like a warning I did not choose to hear.

Soon the road was cobblestoned and we stopped at a flight of stone steps. There was a large screw pine[25] to the left and to the right what looked like an imitation of an English summer house — four wooden posts and a thatched roof. She dismounted and ran up the steps. At the top a badly cut, coarse-grained lawn and at the end of the lawn a shabby white house. 'Now you are at Granbois.' I looked at the mountains purple against a very blue sky.

Perched up on wooden stilts the house seemed to shrink from the forest behind it and crane eagerly out to the distant sea. It was more awkward than ugly, a little sad as if it knew it could not last.[26] A

25) screw pine: 파인애플 모양의 잎과 무거운 원뿔체의 열매를 지닌 커다란 열대 소나무.

26) it could not last: 로체스터는 그랑부아를 처음 보는 순간 불길한 예감에 사로잡힘.

group of negroes were standing at the foot of the veranda steps. Antoinette ran across the lawn and as I followed her I collided with a boy coming in the opposite direction. He rolled his eyes, looking alarmed and went on towards the horses without a word of apology. A man's voice said, 'Double up now double up. Look sharp.' There were four of them. A woman, a girl and a tall, dignified man were together. Antoinette was standing with her arms round another woman. 'That was Bertrand who nearly knocked you down. That is Rose and Hilda. This is Baptiste.'

The servants grinned shyly as she named them.

'And here is Christophine who was my da,[27] my nurse long ago.'[28]

Baptiste said that it was a happy day and that we'd brought fine weather with us. He spoke good English, but in the middle of his address of welcome Hilda began to giggle. She was a young girl of about twelve or fourteen, wearing a sleeveless white dress which just reached her knees. The dress was spotless but her uncovered hair, though it was oiled and braided into many small plaits, gave her a savage appearance. Baptiste frowned at her and she giggled more loudly, then put her hand over her mouth and went up the wooden steps into the house. I could hear her bare feet running along the veranda.

---

27) my da: (*패트와*) my nurse. 이 단어는 가깝고 정이 많은 관계를 나타냄.

28) 자메이카는 노예해방이 되었지만 크리스토핀의 고향 마르티니크는 1848년에 노예해방이 되었으므로 크리스토핀은 고향에 돌아갈 수 없었다. 도미니카 출신의 또 다른 백인 크리올 작가 앨프리(Phyllis Shand Alfrey)는 1953년에 발간한 소설 『난초 하우스 Orchid House』에서 리스, 크리스토핀과 뱁티스트(Baptiste)를 등장인물로 설정한다. 이 소설에서 앨프리는 리스를 영국으로 내보낸다. 정치가이기도 한 앨프리는 도미니카의 야당 신문인 『스타』지의 편집자였는데, 그녀는 리스에게 수년에 걸쳐 데본셔로 신문을 보내주었다. 리스는 재발간할 『난초 하우스』에 서문을 쓰기로 약속했지만 얼마 후 타계했다.

'*Doudou, ché cocotte*,'[29] the elderly woman said to Antoinette. I looked at her sharply but she seemed insignificant. She was blacker than most and her clothes, even the handkerchief round her head, were subdued in colour. She looked at me steadily, not with approval, I thought. We stared at each other for quite a minute. I looked away first and she smiled to herself, gave Antoinette a little push forward and disappeared into the shadows at the back of the house. The other servants had gone.

Standing on the veranda I breathed the sweetness of the air. Cloves I could smell and cinnamon, roses and orange blossom. And an intoxicating freshness as if all this had never been breathed before. When Antoinette said 'Come, I will show you the house' I went with her unwillingly[30] for the rest of the place seemed neglected and deserted. She led me into a large unpainted room. There was a small shabby sofa, a mahogany table in the middle, some straight-backed chairs and an old oak chest with brass feet like lion's claws.

Holding my hand she went up to the sideboard where two glasses of rum punch were waiting for us. She handed me one and said, 'To happiness.'

'To happiness,' I answered.

The room beyond was larger and emptier. There were two doors, one leading to the veranda, the other very slightly open into a small

---

29) *Doudou, ché cocotte*: "little darling chicken"이라는 애칭으로, 표준 불어에서 cocotte는 음란한 여성이나 창녀를 의미한다. 마찬가지로 쿨리브리 화재로 죽게 되는 앵무새 코코처럼 앙투아네트도 같은 죽음을 맞이하게 됨으로써 이들 간의 유사성을 볼 수 있다.

30) unwillingly: 다른 사람을 통제하려는 로체스터는 앙투아네트의 의견에 따라가는 것을 달가와하지 않는다. 그가 그랑부와와 그 주변 섬들에 끌리면서도 이를 단호히 물리치는 까닭은 이 곳에서 앙투아네트가 자신보다 우세하게 보이기 때문이다.

room. A big bed, a round table by its side, two chairs, a surprising dressing-table with a marble top and a large looking-glass. Two wreaths of frangipani lay on the bed.

'Am I expected to wear one of these? And when?'

I crowned myself with one of the wreaths and made a face in the glass. 'I hardly think it suits my handsome face, do you?'

'You look like a king, an emperor.'

'God forbid,' I said and took the wreath off. It fell on the floor and as I went towards the window I stepped on it. The room was full of the scent of crushed flowers. I saw her reflection in the glass fanning herself with a small palm-leaf fan coloured blue and red at the edges. I felt sweat on my forehead and sat down, she knelt near me and wiped my face with her handkerchief.

'Don't you like it here? This is my place and everything is on our side. Once,' she said, 'I used to sleep with a piece of wood by my side so that I could defend myself if I were attacked. That's how afraid I was.'

'Afraid of what?'

She shook her head. 'Of nothing, of everything.'[31)]

Someone knocked and she said, 'It's only Christophine.'

'The old woman who was your nurse? Are you afraid of her?'

'No, how could I be?'

'If she were taller.' I said, 'one of these strapping women dressed up to the nines, I might be afraid of her.'

---

31) Of nothing, of everything: "nothing"이라는 단어가 『드넓은 사르가소 바다』에서 후렴처럼 되풀이된다. 앙투아네트가 "nothing"에 만족해하자 로체스터는 그녀에게 희망을 갖도록 가르친다.

She laughed. 'That door leads into your dressing-room.'

I shut it gently after me.

It seemed crowded after the emptiness of the rest of the house. There was a carpet, the only one I had seen, a press[32] made of some beautiful wood I did not recognize. Under the open window a small writing-desk with paper, pens, and ink. 'A refuge' I was thinking when someone said, 'This was Mr Mason's room, sir, but he did not come here often. He did not like the place.' Baptiste, standing in the doorway to the veranda, had a blanket over his arm.

'It's all very comfortable,' I said. He laid the blanket on the bed.

'It can be cold here at night,' he said. Then went away. But the feeling of security had left me. I looked round suspiciously. The door into her room could be bolted, a stout wooden bar pushed across the other. This was the last room in the house. Wooden steps from the veranda led on to another rough lawn, a Seville orange tree grew by the steps. I went back into the dressing-room and looked out of the window. I saw a clay road, muddy in places, bordered by a row of tall trees. Beyond the road various half-hidden outbuildings. One was the kitchen. No chimney but smoke was pouring out of the window. I sat on the soft narrow bed and listened. Not a sound except the river. I might have been alone in the house. There was a crude bookshelf made of three shingles strung together over the. desk and I looked at the books, Byron's poems, novels by Sir Walter Scott, *Confessions of an Opium Eater*, some shabby brown volumes, and on the last shelf, *Life and Letters*

32) press: closet, wardrobe, cupboard.

of . . . The rest was eaten away.[33)]

Dear Father, we have arrived from Jamaica after an uncomfortable few days. This little estate in the Windward Islands is part of the family property and Antoinette is much attached to it. She wished to get here as soon as possible. All is well and has gone according to your plans and wishes. I dealt of course with Richard Mason.[34)] *His father died soon after I left for the West Indies as you probably know. He is a good fellow, hospitable and friendly; he seemed to become attached to me and trusted me completely. This place is very beautiful but my illness has left me too exhausted to appreciate it fully. I will write*

---

33) 바이런(Lord Byron 1788-1824)과 스코트(Sir Walter Scott 1771-1832)는 영국 낭만주의 시인과 소설가. 이 두사람은 대영제국을 위해 중동 정복에 관한 글을 발표했고 그 정치적 비전을 제시했다. 『어느 영국인 아편쟁이의 고백』(*Confession of an English Opium-Eater*)은 드 퀸시(Thomas de Quincy(1785-1859)의 작품이다. 어린 시절 리스는 영국의 백과사전들, 역사물, 대영제국의 여행기, 『로빈슨 크루소』, 『보물섬』, 『걸리버 여행기』, 『아라비안 나이트』등이 서재에 비슷하게 꽂혀 있었다고 말한다(SP, pp. 20-21). 리스의 증조부인 로카르트(James Potter Rockhart)는 스코트 경의 사위이자 전기작가인 제임스 기본 로카르트(James Gibon Lockhart)의 사촌이다.

34) Richard Mason: 앙투아네트의 이복오빠. 그는 앙투아네트를 로체스터에게 정략결혼시키지만 그녀를 위해 어떤 법적 조항도 마련하지 않았다. 당시 영국법에 따르면, 여성의 모든 소유재산은 결혼과 동시에 남편의 재산이 된다. 단 여성의 재정적 독립을 보장하는 결혼 계약서에 법률적인 구속조항들이 첨부되지 않을 경우에 한해서였다. 왜 리처드가 앙투아네트를 보호하지 못한 것인가? 그 이유는 다음 세 가지 중 하나에 해당된다고 볼 수 있다. 첫째, 리처드는 로체스터가 "훌륭한 신사"라고 생각해서 그를 좋아했고 믿었다고 할 수 있다. 둘째, 앙투아네트의 가족사를 볼 때 그녀가 로체스터를 어떤 조건에서든 남편으로 얻는다는 것 자체가 행운이라고 그가 느꼈을 수도 있다. 셋째, 그는 아버지 메이슨씨가 "죽었을 때 그의 돈의 절반"을 아무런 의무조항도 없는 앙투아네트에게 유산으로 남겨준 데 대해 분노했을 수도 있다.

again in a few days' time.

I reread this letter and added a postscript:

I feel that I have left you too long without news for the bare announcement of my approaching marriage was hardly news. I was down with fever for two weeks after I got to Spanish Town. Nothing serious but I felt wretched enough. I stayed with the Frasers, friends of the Masons. Mr Fraser is an Englishman, a retired magistrate, and he insisted on telling me at length about some of his cases. It was difficult to think or write coherently. In this cool and remote place it is called Granbois[35)] *(the High Woods I suppose). I feel better already and my next letter will be longer and more explicit.*

A cool and remote place . . . And I wondered how they got their letters posted. I folded mine and put it into a drawer of the desk.

As for my confused impressions they will never be written. There are blanks in my mind that cannot be filled up.

IT WAS ALL VERY BRIGHTLY coloured, very strange, but it meant nothing to me. Nor did she, the girl I was to marry. When at last I met her I bowed, smiled, kissed her hand, danced with her. I

---

35) Granbois: 로체스터는 그랑부아를 "Great, Large, or Big Wood"라 하지 않고 "High Woods"라고 번역한다. 이것은 정확히 말해 틀린 말은 아니지만, 이 말에서 상대를 얕잡아보려는 로체스터의 의중이 조심해서 개진되고 있음에 주목해야 한다.

played the part I was expected to play. She never had anything to do with me at all. Every movement I made was an effort of will and sometimes I wondered that no one noticed this. I would listen to my own voice and marvel at it, calm, correct but toneless, surely. But I must have given a faultless performance. If I saw an expression of doubt or curiosity it was on a black face not a white one.[36)]

I remember little of the actual ceremony. Marble memorial tablets on the walls commemorating the virtues of the last generation of planters. All benevolent. All slave-owners. All resting in peace. When we came out of the church I took her hand. It was cold as ice in the hot sun.

Then I was at a long table in a crowded room. Palm leaf fans, a mob of servants, the women's head handkerchiefs striped red and yellow, the men's dark faces. The strong taste of punch, the cleaner taste of champagne, my bride in white but I hardly remember what she looked like. Then in another room women dressed in black. Cousin Julia, Cousin Ada, Aunt Lina. Thin or fat they all looked alike. Gold ear-rings in pierced ears. Silver bracelets jangling on their wrists. I said to one of them, 'We are leaving Jamaica tonight,' and she answered after a pause, 'Of course, Antoinette does not like Spanish Town. Nor did her mother.' Peering at me. (Do their eyes get smaller as they grow older? Smaller, beadier, more inquisitive?) After that I thought I saw the same expression on all their faces. Curiosity? Pity? Ridicule? But why should they pity me. I who have done so well for myself?

---

36) But I . . . a white one: 로체스터는 일부러 주의 깊은 원고의 역할을 맡는다. 관망하고 있는 몇몇 흑인들은 로체스터가 위선적으로 행동하고 있음을 의식한다.

The morning before the wedding Richard Mason burst into my room at the Frasers as I was finishing my first cup of coffee. 'She won't go through with it!'

'Won't go through with what?'

'She won't marry you.'[37)]

'But why?'

'She doesn't say why.'

'She must have some reason.'

'She won't give a reason. I've been arguing with the little fool for an hour.'

We stared at each other.

'Everything arranged, the presents, the invitations. What shall I tell your father?' He seemed on the verge of tears.

I said, 'If she won't, she won't. She can't be dragged to the altar. Let me get dressed. I must hear what she has to say.'

He went out meekly and while I dressed I thought that this would indeed make a fool of me. I did not relish going back to England in the role of rejected suitor jilted by this Creole girl. I must certainly know why.

She was sitting in a rocking chair with her head bent. Her hair was in two long plaits over her shoulders. From a little distance I spoke gently. 'What is the matter, Antoinette? What have I done?'

She said nothing.

'You don't wish to marry me?'

---

37) She won't marry you: 로체스터는 결혼에 속은 것이 아니다. 앙투아네트가 의심을 품자 그녀를 자기편으로 끌어들이려는 시도에 박차를 가할 뿐이다.

'No.' She spoke in a very low voice.

'But why?'

'I'm afraid of what may happen.'

'But don't you remember last night I told you that when you are my wife there would not be any more reason to be afraid?'

'Yes,' she said. 'Then Richard came in and you laughed. I didn't like the way you laughed.'

'But I was laughing at myself, Antoinette.'

She looked at me and I took her in my arms and kissed her.

'You don't know anything about me,' she said.

'I'll trust you if you'll trust me. Is that a bargain? You will make me very unhappy if you send me away without telling me what I have done to displease you. I will go with a sad heart.'

'Your sad heart,' she said, and touched my face. I kissed her fervently, promising her peace, happiness, safety,[38)] but when I said, 'Can I tell poor Richard that it was a mistake? He is sad too,' she did not answer me. Only nodded.

THINKING OF All THIS, of Richard's angry face, her voice saying, 'Can you give me peace?', I must have slept.

I woke to the sound of voices in the next room, laughter and water being poured out. I listened, still drowsy. Antoinette said, 'Don't put any more scent on my hair. He doesn't like it.' The other: 'The

---

38) promising her peace, happiness, safety: 로체스터는 앙투아네트에게 사랑이 아닌 평화와 행복, 안전을 약속한다. 이 세 가지는 앙투아네트가 수녀원학교에서 잠시 동안이기는 하지만 그토록 갈망하고 향유했던 내용이다.

man don't like scent? I never hear that before.' It was almost dark.

The dining-room was brilliantly lit. Candles on the table, a row on the sideboard, three-branch candlesticks on the old sea-chest. The two doors on to the veranda stood open but there was no wind. The flames burned straight. She was sitting on the sofa and I wondered why I had never realized how beautiful she was.[39] Her hair was combed away from her face and fell smoothly far below her waist. I could see the red and gold lights in it. She seemed pleased when I complimented her on her dress and told me she had it made in St Pierre, Martinique. 'They call this fashion *à la Joséphine*.'[40]

'You talk of St Pierre as though it were Paris,' I said.

'But it is the Paris of the West Indies.'[41]

There were trailing pink flowers on the table and the name echoed pleasantly in my head. Coralita Coralita.[42] The food, though too highly seasoned, was lighter and more appetizing than anything I

---

39) how beautiful she was: 로체스터는 적어도 얼마동안 자신에게 아름답게 보이는 앙투아네트에게 반했음은 확실하다. 그렇지만 그녀는 불이나 불의 색깔들(그녀 머리카락의 붉은 금빛)과 긴밀히 연관된다. 이것은 그녀의 죽음을 둘러싼 필연성의 느낌을 가중시킨다.

40) 1796년에 나폴레옹(Napoleon Bonaparte)과 결혼한 조세핀(Josephine de Beauhamais)은 1804년에 프랑스 왕후가 되었고 1809년에 나폴레옹으로부터 이혼당했다. 앙투아네트의 어머니 아네트도 조세핀처럼 마르티니크 출신의 백인 크리올로, 딸 앙투아네트처럼 농장주의 딸이었다. 앙투아네트과 그 어머니, 그리고 조세핀에게서 상호 유사성을 찾아볼 수 있다.

41) 마르티니크의 이전 수도였던 상 피에르(St. Pierre)는 1902년에 마운트 펠레(Mount Pelée) 화산폭발로 파괴되었다. 전체 인구 3만 명이 모두 사망했고 유일한 생존자는 지하 감옥에 갇혀있던 사람뿐이었다. 이 화산폭발에 대해 사람들은 프랑스 정착계급의 퇴폐하고 비도덕적인 삶에 대해 하늘이 내린 징벌로 여겼다.

42) Carolita: 산호 빛깔의 하트모양의 꽃이 있는 넝쿨 포도나무.

had tasted in Jamaica. We drank champagne. A great many moths and beetles found their way into the room, flew into the candles and fell dead on the tablecloth. Amélie swept them up with a crumb brush. Uselessly. More moths and beetles came.

'Is it true,' she said, 'that England is like a dream?[43] Because one of my friends who married an Englishman wrote and told me so. She said this place London is like a cold dark dream sometimes. I want to wake up.'

'Well,' I answered annoyed, 'that is precisely how your beautiful island seems to me, quite unreal and like a dream.'

'But how can rivers and mountains and the sea be unreal?'

'And how can millions of people, their houses and their streets be unreal?'

'More easily,' she said, 'much more easily. Yes a big city must be like a dream.'

'No, this is unreal and like a dream,' I thought.

The long veranda was furnished with canvas chairs, two hammocks, and a wooden table on which stood a tripod telescope. *Amélie* brought out candles with glass shades but the night swallowed up the feeble light. There was a very strong scent of flowers — the flowers by the river that open at night she told me — and the noise, subdued in the inner room, was deafening. 'Crac-cracs,'[44] she explained,

---

43) that England is like a dream: 영국에 대한 앙투아네트의 생각은 그림에 근거한다. 책으로만 봤던 영국은 그녀에게 전혀 현실감을 부여하지 않는다. 그녀는 남편 때문에 영국을 이해하고 싶어한다. 반면, 로체스터는 앙투아네트가 사랑하는 카리브 섬들이 이상하고 "매우 비현실적"이라고 느낀다.

44) Crac-cracs: 귀뚜라미와 비슷한 카리브 벌레를 가리키는 의성어. 형용사 "cra-cra"는 카리브 크리올 말로 "nervous, erratic"을 의미한다.

'they make a sound like their name, and crickets and frogs.'

I leaned on the railing and saw hundreds of fireflies — 'Ah yes, fireflies in Jamaica, here they call a firefly La belle.'[45)]

A large moth, so large that I thought it was a bird, blundered into one of the candles, put it out and fell to the floor. 'He's a big fellow,' I said.

'Is it badly burned?'

'More stunned than hurt.'

I took the beautiful creature up in my handkerchief and put it on the railing. For a moment it was still and by the dim candlelight I could see the soft brilliant colours, the intricate pattern on the wings. I shook the handkerchief gently and it flew away.

'I hope that gay gentleman will be safe,' I said.

'He will come back if we don't put the candles out. It's light enough by the stars.'

Indeed the starlight was so bright that shadows of the veranda posts and the trees outside lay on the floor.

'Now come for a walk,' she said, 'and I will tell you a story.'

We walked along the veranda to the steps which led to the lawn.

'We used to come here to get away from the hot weather in June, July and August.[46)] I came three times with my Aunt Cora who is

---

45) La belle: The beautiful one. 도미니카에서 찾아볼 수 있는 커다란 개똥벌레 종류. 밤이면 피는 흰 꽃은 매꽃과의 넝쿨꽃(moonflower)으로 불린다.

46) We used . . . August: 제1부에서 그랑부아를 방문한 내용들에 대한 언급은 없었다. 아네트가 메이슨 씨와 결혼한 후이거나, 아니면 쿨리브리가 방화된 이후라면 방문했을 가능성은 있다. 소설에는 정해진 시간이 드러나지 않는다. 앙투아네트가 로체스터와 결혼한 것이 학교를 떠난 직후인지, 메이슨씨가 수녀원학교를 마지막으로 방문한 후로부터 몇 년이나 지나 앙투아네트가 결혼하는지를 독자로서는 알 수 없다. 독자는 "That was after

ill. That was after . . .' She stopped and put her hand up to her head.

'If this is a sad story, don't tell it to me tonight.'

'It is not sad,' she said. 'Only some things happen and are there for always even though you forget why or when. It was in that little bedroom.'

I looked where she was pointing but could only see the outline of a narrow bed and one or two chairs.

'This night I can remember it was very hot. The window was shut but I asked Christophine to open it because the breeze comes from the hills at night. The land breeze. Not from the sea. It was so hot that my night chemise[47)] was sticking to me but I went to sleep all the same. And then suddenly I was awake. I saw two enormous rats, as big as cats, on the sill staring at me.'

'I'm not astonished that you were frightened.'

'But I was not frightened. That was the strange thing. I stared at them and they did not move. I could see myself in the looking-glass the other side of the room, in my white chemise with a frill round the neck, staring at those rats and the rats quite still, staring at me.'

'Well, what happened?'

'I turned over, pulled up the sheet and went to sleep instantly.'

'And is that the story?'

'No, I woke up again suddenly like the first time and the rats were not there but I felt very frightened. I got out of bed quickly and

---

. . . "가 의미하는 것이 무엇인지 확신하지 못한다. 앙투아네트가 학교를 떠난 후, 그리고 동생이 죽은 다음, 혹은 메이슨씨가 앙투아네트에게 아버지답지 못한 관심을 보인 후에 어떤 일이 벌어졌는지 알 수 없다.

47) 속옷의 일종으로 길게 늘어뜨리는 가운.

ran on to the veranda. I lay down in this hammock. This one.' She pointed to a flat hammock, a rope at each of the four corners.

'There was full moon that night — and I watched it for a long time. There were no clouds chasing it, so it seemed to be standing still and it shone on me. Next morning Christophine was angry. She said that it was very bad to sleep in the moonlight when the moon is full.'[48)]

'And did you tell her about the rats?'

'No, I never told anyone till now. But I have never forgotten them.'

I wanted to say something reassuring but the scent of the river flowers was overpoweringly strong. I felt giddy.

'Do you think that too,' she said, 'that I have slept too long in the moonlight?'

Her mouth was set in a fixed smile but her eyes were so withdrawn and lonely that I put my arms round her, rocked her like a child and sang to her. An old song I thought I had forgotten:

'Hail to the queen of the silent night,
Shine bright, shine bright Robin as you die.'

She listened, then sang with me:

'Shine bright, shine bright Robin as you die.'

There was no one in the house and only two candles in the room

48) She said . . . moon is full: 여러 문화권에서 보름달은 광기와 연관된다. 여기에서는 여성이 월경시 보름달을 보거나 보름달 밑에서 잠이 들면 광기가 생긴다는 의미이다. 정신이상(lunacy)이란 말도 원래는 달의 변화에 따라 영향을 받는 일종의 광기가 간격을 두고 나타나는 것을 뜻한다.

which had been so brilliantly lit. Her room was dim, with a shaded candle by the bed and another on the dressing-table. There was a bottle of wine on the round table. It was very late when I poured out two glasses and told her to drink to our happiness, to our love and the day without end which would be tomorrow. I was young then. A short youth mine was.

I woke next morning in the green-yellow light, feeling uneasy as though someone were watching me. She must have been awake for some time. Her hair was plaited and she wore a fresh white chemise. I turned to take her in my arms, I meant to undo the careful plaits, but as I did so there was a soft discreet knock.

She said, 'I have sent Christophine away twice. We wake very early here. The morning is the best time.'

'Come in,' she called and Christophine came in with our coffee on a tray. She was dressed up and looking very imposing. The skirt of her flowered dress trailed after her making a rustling noise as she walked and her yellow silk turban was elaborately tied. Long heavy gold ear-rings pulled down the lobes of her ears. She wished us good morning smiling and put the tray of coffee, cassava cakes and guava jelly on the round table. I got out of bed and went into the dressing-room. Someone had laid my dressing-gown on the narrow bed. I looked out of the window. The cloudless sky was a paler blue than I'd imagined but as I looked I thought I saw the colour changing to a deeper blue. At noon I knew it would be gold, then brassy in the heat. Now it was fresh and cool and the air itself was blue. At last I turned away from the light and space and went back into the bedroom, which was still in the half dark. Antoinette was leaning back against the pillows with her eyes closed. She opened them and smiled when I came in. It was the black woman hovering over her who said, 'Taste my bull's blood,[49] master.' The coffee she handed me was delicious and she had long-fingered hands, thin and beautiful I suppose.

'Not horse piss like the English madams drink,' she said. 'I know them. Drink drink their yellow horse piss, talk, talk their lying talk.' Her dress trailed and rustled as she walked to the door. There she turned. 'I send the girl to clear up the mess you make with the frangipani, it bring cockroach in the house. Take care not to slip on the flowers, young master.' She slid through the door.

'Her coffee is delicious but her language is horrible and she might hold her dress up. It must get very dirty, yards of it trailing on the floor.'

'When they don't hold their dress up it's for respect,' said Antoinette. 'Or for feast days or going to Mass.'

'And is this a feast day?'

'She wanted it to be a feast day.'

'Whatever the reason it is not a clean habit.'

'It is. You don't understand at all. They don't care about getting a dress dirty because it shows it isn't the only dress they have.[50] Don't

---

49) bull's blood: strong coffee. 예를 들면, 마르티니크 출신의 사람들은 자메이카에서 흔히 즐겨 마시는 약한 커피보다는 진한 프랑스 커피를 마시는 경향이 있다. 크리스토핀도 마찬가지로 성적인 풍자에 만족해한다. "bull"이란 말은 때로 성적으로 성숙한 남성을 일컫는다.

50) They don't care . . . they have: 로체스터는 카리브인들과 그들의 행동을 영국식 기준에서 판단하려 한다. 이러한 로체스터에게 앙투아네트는 관습이란 맥락에서 이해되어져야

you like Christophine?'

'She is a very worthy person no doubt. I can't say I like her language.'

'It doesn't mean anything,' said Antoinette.

'And she looks so lazy.[51] She dawdles about.'

'Again you are mistaken. She seems slow, but every move she makes is right so it's quick in the end.'

I drank another cup of bull's blood. (Bull's blood, I thought. The Young Bull.)

'How did you get that dressing-table up here?'

'I don't know. It's always been here ever since I can remember. A lot of the furniture was stolen, but not that.'

There were two pink roses on the tray, each in a small brown jug. One was full blown and as I touched it the petals dropped.

'*Rose elle a vécu*,'[52] I said and laughed. 'Is that poem true? Have all beautiful things sad destinies?'

'No, of course not.'

Her little fan was on the table, she took it up laughing, lay back and shut her eyes. 'I think I won't get up this morning.'

'Not get up. Not get up at all?'

함을 보여주려 한다.

51) 백인 농장주들은 흑인들의 게으름을 정형화시켜 자신들의 주요 이데올로기로 삼았다.

52) *Rose elle a vécu: (불어)* Rose, she has lived. 시인들은 장미를 아름다운 여성의 상징으로 사용해왔다. 사람들은 인생이나 사랑, 그리고 아름다움의 덧없음을 장미에 비유하였다. 이 인용은 프랑스 시인 말레르브(François de Malherbe, 1555-1628)의 "Consolation a M. du Perier"(1599)라는 시에서 따온 것이다. 이 시는 페리에(Perier)의 딸에게 바치는 비가이다. 영어로는 "She was of this world where the most beautiful have the saddest fate. Like a rose, she has lived as long as roses lived, for one morning."

'I'll get up when I wish to. I'm very lazy you know. Like Christophine. I often stay in bed all day.' She flourished her fan. 'The bathing pool is quite near. Go before it gets hot, Baptiste will show you. There are two pools, one we call the champagne pool because it has a waterfall, not a big one you understand, but it's good to feel it on your shoulders. Underneath is the nutmeg pool, that's brown and shaded by a big nutmeg tree. It's just big enough to swim in. But be careful. Remember to put your clothes on a rock and before you dress again shake them very well. Look for the red ant, that is the worst. It is very small but bright red so you will be able to see it easily if you look. Be careful,' she said and waved her little fan.

One morning soon after we arrived, the row of tall trees outside my window were covered with small pale flowers too fragile to resist the wind. They fell in a day, and looked like snow on the rough grass — snow with a faint sweet scent. Then they were blown away.

The fine weather lasted longer. It lasted all that week and the next and the next and the next. No sign of a break. My fever weakness left me, so did all misgiving.

I went very early to the bathing pool and stayed there for hours, unwilling to leave the river, the trees shading it, the flowers that opened at night. They were tightly shut, drooping, sheltering from the sun under their thick leaves.

It was a beautiful place — wild, untouched, above all untouched, with an alien, disturbing, secret loveliness. And it kept its secret. I'd find myself thinking, 'What I see is nothing — I want what it hides

— that is not nothing.'[53)]

In the late afternoon when the water was warmer she bathed with me. She'd spend some time throwing pebbles at a flat stone in the middle of the pool. 'I've seen him. He hasn't died or gone to any other river. He's still there. The land crabs are harmless. People *say* they are harmless. I wouldn't like to — '

'Nor would I. Horrible looking creatures.'

She was undecided, uncertain about facts — any fact. When I asked her if the snakes we sometimes saw were poisonous, she said, 'Not those. The *fer de lance*[54)] of course, but there are none here,' and added, 'but how can they be sure? Do you think they know?' Then, 'Our snakes are not poisonous. Of course not.'

However, she was certain about the monster crab and one afternoon when I was watching her, hardly able to believe she was the pale silent creature I had married, watching her in her blue chemise, blue with white spots hitched up far above her knees, she stopped laughing, called a warning and threw a large pebble. She threw like a boy, with a sure graceful movement, and I looked down at very long pincer claws, jagged-edged and sharp, vanishing.

'He won't come after you ifyou keep away from that stone. He lives there. Oh it's another sort of crab. I don't know the name in

53) It was a beautiful . . . nothing: 로체스터는 무의식적으로 섬의 아름다움에 반응을 보이면서 그 신비스런 매력을 이해하고 싶어한다.

54) 마르티니크에서 찾아볼 수 있는 유일한 독사인 Bothrops lancelatus는 창모양의 머리를 가리키며 "*fer de lance*"는 패트와어로 몸집이 큰 독사를 뜻한다. Bothrops atrox는 카리브 제도와 남미 북쪽에서 다양한 모습으로 발견된다. 도미니카에 독사가 존재하는지의 여부는 과학적 논쟁거리였다. 1791년 도미니카를 묘사한 글에서 애트우드(Thomas Atwood)는 도미니카에는 독사가 없다고 적고 있다.

English. Very big, very old.'

As we were walking home I asked her who had taught her to aim so well. 'Oh, Sandi taught me,[55] a boy you never met.'

Every evening we saw the sun go down from the thatched shelter she called the *ajoupa*,[56] in the summer house. We watched the sky and the distant sea on fire — all colours were in that fire and the huge clouds fringed and shot with flame. But I soon tired of the display. I was waiting for the scent of the flowers by the river — they opened when darkness came and it came quickly. Not night or darkness as I knew it but night with blazing stars, an alien moon — night full of strange noises. Still night, not day.

'The man who owns Consolation Estate is a hermit,' she was saying. 'He never sees anyone — hardly ever speaks, they say.'

'A hermit neighbour suits me. Very well indeed.'

'There are four hermits in this island,' she said. 'Four real ones. Others pretend but they leave when the rainy season comes. Or else they are drunk all the time. That's when sad things happen.'

'So this place is as lonely as it feels?' I asked her.

'Yes it is lonely. Are you happy here?'

'Who wouldn't be?'

'I love it more than anywhere in the world. As if it were a person.

---

55) Sandi taught me: 앙투아네트는 사촌 샌디에 대해 제1부에서 단 한차례만 언급했다. 앙투아네트가 학교가는 길에 주변 친구들로 놀림을 받자 샌디가 그녀를 구해주었다.

56) *ajoupa*: (*패트와*) 아메리카 원주민이 사는 조그마한 오두막집으로 초벽과 초가지붕을 갖춤.

More than a person.'[57)]

'But you don't know the world,' I teased her.

'No, only here, and Jamaica of course. Coulibri, Spanish Town. I don't know the other islands at all. Is the world more beautiful, then?'

And how to answer that? 'It's different,' I said.

She told me that for a long time they had not known what was happening at Granbois. 'When Mr Mason came' (she always called her stepfather Mr Mason) 'the forest was swallowing it up.' The overseer drank, the house was dilapidated, all the furniture had been stolen, then Baptiste was discovered. A butler. In St Kitts. But born in this island and willing to come back. 'He's a very good overseer,' she'd say, and I'd agree, keeping my opinion of Baptiste, Christophine and all the others to myself. 'Baptiste says . . . Christophine wants . . .'

She trusted them and I did not. But I could hardly say so. Not yet.

We did not see a great deal of them. The kitchen and the swarming kitchen life were some way off. As for the money which she handed out so carelessly, not counting it, not knowing how much she gave, or the unfamiliar faces that appeared then disappeared, though never without a large meal eaten and a shot of rum I discovered[58)] — sisters, cousins, aunts and uncles — if she asked no questions how could I?

The house was swept and dusted very early, usually before I woke.

---

57) I love it . . . a person: 앙투아네트는 장소나 자연에 애착을 갖는다. 이러한 성향은 앙투아네트의 성격에서도 일정하게 드러난다. 그녀는 사람들보다는 자연을 더 좋아하는 쪽으로 터득해 온 것이다.

58) never without . . . discovered: 앙투아네트는 유색 친척들에게 관대하다. 그러나 로체스터는 앙투아네트가 그들에게 "부주의하게" 건네는 "돈"을 인정하지 않는다. 로체스터의 돈에 대한 집착은 크리스토핀에 의해 비판받는다.

Hilda brought coffee and there were always two roses on the tray. Sometimes she'd smile a sweet childish smile, sometimes she would giggle very loudly and rudely, bang the tray down and run away.

'Stupid little girl,' I'd say.

'No, no. She is shy. The girls here are very shy.'[59)]

After breakfast at noon there'd be silence till the evening meal which was served much later than in England. Christophine's whims and fancies, I was sure. Then we were left alone. Sometimes a sidelong look or a sly knowing glance disturbed me, but it was never for long. 'Not now,' I would think. 'Not yet.'

It was often raining when I woke during the night, a light capricious shower, dancing playful rain, or hushed muted, growing louder, more persistent, more powerful, an inexorable sound. But always music, a music I had never heard before.

Then I would look at her for long minutes by candlelight, wonder why she seemed sad asleep, and curse the fever or the caution that had made me so blind, so feeble, so hesitating. I'd remember her effort to escape. (*No, I am sorry, I do not wish to marry you.*) Had she given way to that man Richard's arguments, threats probably, I wouldn't trust him far, or to my half-serious blandishments and promises? In any case she had given way, but coldly, unwillingly, trying to protect herself with silence and a blank face. Poor weapons, and they had not served her well or lasted long. If I have forgotten caution, she has forgotten silence and coldness.[60)]

---

59) Stupid . . . shy: 로체스터는 시골사람들의 행동을 이해하지 못한데다 오히려 이를 비판하는 경향이 있다.

60) If I have . . . coldness: 앙투아네트과 로체스터의 사랑은 얼마동안 두 사람을 변화시킴.

Shall I wake her up and listen to the things she says, whispers, in darkness. Not by day.

'I never wished to live before I knew you. I always thought it would be better if I died.[61] Such a long time to wait before it's over.'

'And did you ever tell anyone this?'

'There was no one to tell, no one to listen. Oh you can't imagine Coulibri.'

'But after Coulibri?'

'After Coulibri it was too late. I did not change.'

All day she'd be like any other girl, smile at herself in her looking-glass (*do you like this scent?*), try to teach me her songs, for they haunted me.

Adieu foulard, adieu madras,[62] or *Ma belle ka di maman li.*[63] My

---

61) I never wished . . . died: 로체스터는 앙투아네트에게 사랑하는 법, 사랑의 필요성을 가르치려 하지만 그녀는 이미 자신의 절반의 삶이 행복하다고 생각함.

62) *Adieu foulard, adieu madras*: (*패트와*) Goodbye, soft, printed silk, goodbye, good quality cotton. 풀라르(foulard)는 도미니카와 마르티니크의 전통의상에서 드레스 위에 걸치는 커다란 실크 스카프. 마드라스(madras)는 머리띠, 손수건, 스커트에 사용되는 밝은 색상의, 프린트된 격자무늬의 어깨걸이, 혹은 꽃무늬 소재를 말한다. 풀라르와 마드라스는 고급 소재들로서 실크와 면에도 적용되었다. 이러한 의상들은 매우 아름다워 프랑스 식민주의자들은 "사치금지법(sumptuary law)"을 만들기까지 했다. 그 가운데 자유로운 흑인여성들(gens de couleur)이 백인 여성들을 능가하는 고가의 옷을 입는 것을 법으로 엄격히 금했다. 그러자 이들은 마르티니크를 떠나 도미니카로 이주했다. 크리스토핀은 앙투아네트가 어렸을 때 패트와 노래들을 가르쳐주었다. 대부분 고독한 한 남자와 버림 받은 소녀에 대한 가사로, 당시 유행한 크리올 왈츠곡에 연인과 마르티니크에게 마지막 작별을 고하는 내용이 후렴부분으로 들어있다. 리스가 이 노래들을 들을 무렵이라면 아마도 식민지 민담과 카리브 패션에 대한 향수어린 작별의 내용이었을 것이다. 로체스터가 말한 바와 같이, 이 노래들은 그를 "쫓아다녔는데," 그는 마치 그 노래들이 앞으로 실현될 것임을 알아차린 것 같다.

63) *Ma belle ka di maman li*: My beautiful girl said to her mother. 앞 부분은 패트와. 리스가 테이프에 녹음한 크리올 노래들로 현재는 미국 털사(Tulsa) 대학의 맥패린 도서관

beautiful girl said to her mother (*No it is not like that. Now listen. It is this way*). She'd be silent, or angry for no reason, and chatter to Christophine in patois.

'Why do you hug and kiss Christophine?' I'd say.

'Why not?'

'*I* wouldn't hug and kiss them,'[64] I'd say, 'I couldn't.'

At this she'd laugh for a long time and never tell me why she laughed.

But at night how different, even her voice was changed. Always this talk of death. (Is she trying to tell me that is the secret of this place? That there is no other way? She knows. She knows.)

'Why did you make me want to live? Why did you do that to me?'[65]

'Because I wished it. Isn't that enough?'

'Yes, it is enough. But if one day you didn't wish it. What should I do then? Suppose you took this happiness away when I wasn't looking . . .'

'And lose my own? Who'd be so foolish?'

'I am not used to happiness,' she said. 'It makes me afraid.'

(McFarlin Library)에 보관되어있다. 노래의 주제는 아름다운 소녀가 그녀의 어머니에게 왜 예쁜 꽃들은 하루 만에 덧없이 시드는지 물어보자, 어머니는 하루와 천년은 하느님에게는 아무런 차이가 없다고 답하는 내용이다. 앙투아네트는 제2부에서 이 말들을 여러 차례 상기시킨다.

64) I wouldn't hug and kiss them: 흑인들과 거리를 두는 로체스터는 앙투아네트가 크리스토핀에게 애정으로 대하는 것을 인정하지 않는다. 로체스터가 아멜리를 "껴앉고 키스하는데", 이는 애정이 아닌 욕정에 의한 것이다.

65) Why did you . . . to me?: 앙투아네트는 자신이 행복을 잃게 될 것임을 알고 자신의 행복에 대해 질문함.

'Never be afraid. Or if you are tell no one.'

'I understand. But trying does not help me.'

'What would?' She did not answer that, then one night whispered, 'If I could die. Now, when I am happy.[66] Would you do that? You wouldn't have to kill me. Say die and I will die. You don't believe me? Then try, try, say die and watch me die.'

'Die then! Die!' I watched her die many times. In my way, not in hers.[67] In sunlight, in shadow, by moonlight, by candlelight. In the long afternoons when the house was empty. Only the sun was there to keep us company. We shut him out. And why not? Very soon she was as eager for what's called loving as I was[68] — more lost and drowned afterwards.

She said, 'Here I can do as I like,' not I, and then I said it too. It seemed right in that lonely place. 'Here I can do as I like.'

We seldom met anyone when we left the house. If we did they'd greet us and go on their way.

---

66) If I could die. Now when I'm happy: 대부분의 사람들은 가장 행복한 순간에 죽는 것이 최상이라고 생각했다. 세익스피어의 『오셀로』(*Othello*) 2막 1장에서 "만일 죽어야 한다면 지금 가장 행복하게 죽을텐데."(If it wer now to die, 'twere now to be most happy)라는 구절은 오셀로가 아름다운 아내 데스데모나를 살해하고 한 말로서 예언적 아이러니를 담고 있다. 낭만주의 시인 키츠(John Keats 1795-1821)도 "Ode to a Nightingale"에서 비슷한 관점을 말한다:

Now more than ever seems it rich to die,
To cease upon the midnight with no pain,
While thou art pouring forth thy soul abroad
In such an ecstasy!

67) Die then! . . . not in hers: 죽음을 성적 오르가즘의 은유로 사용하면서 시적이며 구어체로 전달.

68) Very soon . . . as I was: 로체스터는 섹스에 대한 갈망을 시인하며 머지않아 앙투아네트가 자신의 취향을 따를 것이라고 주장.

I grew to like these mountain people, silent, reserved, never servile, never curious (or so I thought), not knowing that their quick sideways looks saw everything they wished to see.

It was at night that I felt danger and would try to forget it and push it away.

'You are safe,' I'd say. She'd liked that — to be told 'you are safe.' Or I'd touch her face gently and touch tears. Tears — nothing! Words — less than nothing. As for the happiness I gave her, that was worse than nothing. I did not love her.[69] I was thirsty for her, but that is not love. I felt very little tenderness for her, she was a stranger to me, a stranger who did not think or feel as I did.

One afternoon the sight of a dress which she'd left lying on her bedroom floor made me breathless and savage with desire. When I was exhausted I turned away from her and slept, still without a word or a caress. I woke and she was kissing me — soft light kisses. 'It is late,' she said and smiled. 'You must let me cover you up — the land breeze can be cold.'

'And you, aren't you cold?'

'Oh I will be ready quickly. I'll wear the dress you like tonight.'

'Yes, do wear it.'

The floor was strewn with garments, hers and mine. She stepped over them carelessly as she walked to her clothes press. 'I was thinking, I'll have another made exactly like it,' she promised happily. 'Will you be pleased?'

'Very pleased.'

---

69) Words—less than . . . love her: 로체스터는 앙투아네트에 대한 사랑을 그녀에게 설득하려고 말로 표현할 뿐이지, 실제로는 사랑이 아니라 욕정만을 품음.

If she was a child she was not a stupid child but an obstinate one. She often questioned me about England and listened attentively to my answers, but I was certain that nothing I said made much difference. Her mind was already made up. Some romantic novel, a stray remark never forgotten, a sketch, a picture, a song, a waltz, some note of music, and her ideas were fixed. About England and about Europe. I could not change them and probably nothing would. Reality might disconcert her, bewilder her, hurt her, but it would not be reality. It would be only a mistake, a misfortune, a wrong path taken, her fixed ideas would never change.

Nothing that I told her influenced her at all.[70)]

Die then. Sleep. It is all that I can give you. . . . I wonder if she ever guessed how near she came to dying. In her way, not in mine. It was not a safe game to play — in that place. Desire, Hatred, Life, Death came very close in the darkness. Better not know how close. Better not think, never for a moment. Not close. The same . . . 'You are safe,' I'd say to her and to myself. 'Shut your eyes. Rest.'

Then I'd listen to the rain, a sleepy tune that seemed as if it would go on for ever . . . Rain, for ever raining. Drown me in sleep. And soon.

Next morning there would be very little sign of these showers. If some of the flowers were battered, the others smelt sweeter, the air was bluer and sparkling fresh. Only the clay path outside my window was muddy. Little shallow pools of water glinted in the hot sun, red earth does not dry quickly.

---

70) Nothing that I told her influenced her: 영국에 대한 앙투아네트의 생각은 실제로 변화될 수 없었다. 그녀는 부분적으로는 낭만적인 환상이나 꿈속의 영국으로 생각함.

'It came for you this morning early, master,' Amélie said. 'Hilda take it.' She gave me a bulky envelope addressed in careful copperplate. '*By hand. Urgent*' was written in the corner.

'One of our hermit neighbours,' I thought. 'And an enclosure for Antoinette.' Then I saw Baptiste standing near the veranda steps, put the letter in my pocket and forgot it.

I was later than usual that morning but when I was dressed I sat for a long time listening to the waterfall, eyes half closed, drowsy and content. When I put my hand in my pocket for my watch, I touched the envelope and opened it.

Dear Sir. I take up my pen after long thought and meditation but in the end the truth is better than a lie. I have this to say. You have been shamefully deceived by the Mason family. They tell you perhaps that your wife's name is Cosway, the English gentleman Mr Mason being her stepfather only, but they don't tell you what sort of people were these Cosways. Wicked and detestable slave-owners since generations — yes everybody hate them in Jamaica and also in this beautiful island where I hope your stay will be long and pleasant in spite of all, for some not worth sorrow. Wickedness is not the worst. There is madness in that family. Old Cosway die raving like his father before him.[71)]

71) Old Cosway die raving like his father before him: 대니얼 코스웨이는 앙투아네트의 아버지와 할아버지가 "미처 날뛰다가" 죽었다고 주장한다. 그의 주장을 뒷받침할 만한 사람은 아무도 없지만 앙투아네트의 아버지가 술꾼이자 난봉꾼이었다는 증거는 있다.

You ask what proof I have and why I mix myself up in your affairs. I will answer you. I am your wife's brother by another lady, half-way house as we say. Her father and mine was a shameless man and of all his illegitimates I am the most unfortunate and poverty stricken.

My momma die when I was quite small and my godmother take care of me. The old mister hand out some money for that though he don't like me. No, that old devil don't like me at all, and when I grow older I see it and I think, Let him wait my day will come. Ask the older people sir about his disgusting goings on, some will remember.

When Madam his wife die the reprobate marry again quick, to a young girl from Martinique — it's too much for him. Dead drunk from morning till night and he die raving and cursing.

Then comes the glorious Emancipation Act and trouble for some of the high and mighties. Nobody would work for the young woman and her two children and that place Coulibri goes quickly to bush as all does out here when nobody toil and labour on the land. She have no money and she have no friends, for French and English like cat and dog in these islands since long time. Shoot, Kill, Everything.[72)]

---

72) 프랑스와 영국은 카리브 제도를 장악하기 위해 오랫동안 서로 교전을 했지만 도미니카의 경우는 18세기에 이르러 두 열강 사이에서 이리저리 양도되는 과정을 겪는다. 그래서 카리브인들은 도미니카를 "많은 전투를 치른 섬"(Waitukubululi)이라 불렀다. 프랑스는 산토-도밍고, 마르티니크, 과달루페(Guadeloupe)를, 영국은 자메이카, 앤티가, 세인트 키

The woman call Christophine also from Martinique stay with her and an old man Godfrey, too silly to know what happen. Some like that. This young Mrs Cosway is worthless and spoilt, she can't lift a hand for herself and soon the madness that is in her, and in all these white Creoles, come out.[73] *She shut herself away, laughing and talking to nobody as many can bear witness. As for the little girl, Antoinetta, as soon as she can walk she hide herself if she see anybody.*

We all wait to hear the woman jump over a precipice 'fini batt'e'[74] *as we say here which mean 'finish to fight'.*

But no. She marry again to the rich Englishman Mr Mason, and there is much I could say about that but you won't believe so I shut my mouth. They say he love her so much that if he have the world on a plate he give it to her — but no use.

The madness gets worse and she has to be shut away

츠(St. Kitts), 바베이도스(Barbados)를 장악했다. 도미니카를 두고 영국과 프랑스는 1748년 협정을 맺었지만 다른 섬들에 비해 산악 지형이 많아 카리브인이 더 오래 지키게 되었다. 이후 프랑스는 협정을 깨고 도미니카를 요구하지만, 1763년 영국은 도미니카를 획득하고, 이어 1788년 프랑스가 재탈환, 그리고 1783년 영국이 재탈환한다. 결국 1805년에 프랑스는 영국에게 도미니카를 12,000 파운에 팔고 수도 로소(Roseau)를 불태운 다음 영국에 양도했다.

73) soon the madness . . . come out: 대니얼 코스웨이는 아네트가 흰 피부의 크리올들처럼 미친 사람이라고 주장하는데, 여기에는 유럽 식민주의자와 그 후예들에게 "열대"의 영향에 대한 식민 종주국의 일반적인 생각이 반영되어있다.

74) fini batt'e: (*패트와*) that's how it ends, literally "finished to fight". 아네트가 삶을 어떻게 마감할지에 대한 코스웨이의 기대를 묘사하는데, 이것은『제인 에어』에서 앙투아네트, 즉 버싸의 죽음의 묘사와 비슷하다.

for she try to kill her husband[75] *— madness not being all either.*[76]

That sir is your wife's mother -that was her father. I leave Jamaica. I don't know what happen to the woman. Some say she is dead, other deny it. But old Mason take a great fancy for the girl Antoinetta and give her half his money when he die.[77]

As for me I wander high and low, not much luck but a little money put by and I get to know of a house for sale in this island near Massacre. It's going very cheap so I buy it. News travel even to this wild place and next thing I hear from Jamaica is that old Mason is dead and that family plan to marry the girl to a young Englishman who know nothing of her. Then it seems to me that it is my Christian duty to warn the gentleman that she is no girl to marry with the bad blood she have from both sides. But they are white, I am coloured. They are rich, I am poor. As I think about these things they do it quick while you still weak with fever at the magistrate's, before you can ask questions. If this is true or not you must know for yourself.

Then you come to this island for your honeymoon and

---

75) she try to kill her husband: 코스웨이는 아네트가 메이슨 씨를 살해하려 했다고 주장. 증거도 없는 그의 주장은 앞으로 앙투아네트가 로체스터를 살해할 수 있음을 미묘하게 암시.

76) madness not being all either: 코스웨이는 아네트가 문란했다고 넌지시 내비침.

77) But old Mason . . . die: 코스웨이는 메이슨씨와 앙투아네트 사이에 모종의 남녀 간의 친밀감이 있지 않았나를 암시.

it's certain that the Lord put the thing on my shoulders and that it is I must speak the truth to you. Still I hesitate.

I hear you young and handsome with a kind word for all,[78] *black, white, also coloured. But I hear too that the girl is beautiful like her mother was beautiful, and you bewitch with her. She is in your blood and your bones. By night and by day. But you, an honourable man, know well that for marriage more is needed than all this. Which does not last. Old Mason bewitch so with her mother and look what happen to him. Sir I pray I am in time to warn you what to do.*

Sir ask yourself how I can make up this story and for what reason. When I leave Jamaica 1 can read write and cypher[79] *a little. The good man in Barbados teach me more, he give me books, he tell me read the Bible every day and 1pick up knowledge without effort.*[80] *He is surprise how quick I am. Still I remain an ignorant man and I do not make up this story. I cannot. It is true.*

---

78) I hear . . . kind word for all: 코스웨이는 로체스터에게 아첨하려 한다. 로체스터 자신이 독자에게 제시한 증거를 보면 코스웨이가 누구에게나 이런 식으로 아부한다는 주장을 뒷받침하지 않는다.

79) cypher: 합산(do sums in arithmetic).

80) 300년간 영국의 통치를 받아 "작은 영국"으로 불리우는 바베이도스는 종교 교육의 기회가 많은 섬으로 유명하다. 당시 학교는 인종차별시되었고 흑인에게 교육은 대개는 종교 교육이었다. 바베이도스의 제1대 영국국교 추기경인 콜리지(William Hart Coleridge)는 시인 콜리지(Samuel Taylor Coleridge)의 조카로, 1830년대 이곳에 새 예배당과 교회학교를 여럿 설립했다. 대영제국은 이들의 종교교육을 지원했는데, 보다 자유롭게 가르치는 비국교도 선교사업에 대한 대응책의 일환이었다.

I sit at my window and the words fly past me like birds — with God's help I catch some.

A week this letter take me. I cannot sleep at night thinking what to say. So quickly now I draw to a close and cease my task.

Still you don't believe me? *Then ask that devil of a man Richard Mason three questions*[81] *and make him answer you. Is your wife's mother shut away, a raging lunatic and worse besides? Dead or alive I do not know.*

Was your wife's brother an idiot from birth, though God mercifully take him early on?

Is your wife herself going the same way as her mother and all knowing it?

Richard Mason is a sly man and he will tell you a lot of nancy stories, [82] *which is what we call lies here, about what happen at Coulibri and this and that. Don't listen. Make him answer — yes or no.*

If he keep his mouth shut ask others for many think it shameful how that family treat you and your relatives.

I beg you sir come to see me for there is more that you should know. But my hand ache, my head ache and my heart is like a stone for the grief I bring you. Money is

---

81) three questions: 아네트가 격리된 것, 피에르가 장애인인 점, 앙투아네트가 고독한 성향이 있다는 이러한 질문 하나하나에 부분적인 진실이 있다.

82) nancy stories: 서아프리카와 카리브 민담에 나오는 영웅인 거미 Anancy/Nancy이다. 교활하고 욕심많은 거미로, 자기보다 몸집이 더 크고 강한 적들을 물리치기 위해 변신을 꾀하며 힘이 아닌 책략으로 성공한다. 영국식 표현으로 "cock-and-bull stories"는 허풍스런 이야기로 코스웨이의 "nancy stories"와 맞먹는다.

good but no money can pay for a crazy wife in your bed. Crazy and worse besides.

I lay down my pen with one last request. Come and see me quickly. Your obt servant. Daniel Cosway.

Ask the girl Amélie[83] *where I live. She knows, and she knows me. She belongs to this island.*

I folded the letter carefully and put it into my pocket. I felt no surprise. It was as if I'd expected it, been waiting for it. For a time, long or short I don't know, I sat listening to the river. At last I stood up, the sun was hot now. I walked stiffly nor could I force myself to think. Then I passed an orchid with long sprays of golden-brown flowers. One of them touched my cheek and I remembered picking some for her one day. 'They are like you,' I told her. Now I stopped, broke a spray off and trampled it into the mud. This brought me to my senses. I leaned against a tree, sweating and trembling. 'Far too hot today,' I said aloud, 'far too hot.' When I came in sight of the house I began to walk silently. No one was about. The kitchen door was shut and the place looked deserted. I went up the steps and along the veranda and when I heard voices stopped behind the door which led into Antoinette's room. I could see it reflected in the looking-glass. She was in bed and the girl Amélie was sweeping.

'Finish quickly,' said Antoinette, 'and go and tell Christophine I want to see her.'

Amélie rested her hands on the broom handle. 'Christophine is

---

83) Amélie: 코스웨이와 로체스터는 앙투아네트를 해치기 위한 장치로 아멜리를 사용.

going,' she said.

'Going?' repeated Antoinette.

'Yes, going,' said Amélie. 'Christophine don't like this sweet honeymoon house.' Turning round she saw me and laughed loudly. 'Your husban' he outside the door and he look like he see zombi.[84] Must be he tired of the sweet honeymoon too.'

Antoinette jumped out of bed and slapped her face.

'I hit you back white cockroach,[85] I hit you back,' said Amélie. And she did.

Antoinette gripped her hair. Amélie, whose teeth were bared, seemed to be trying to bite.

'Antoinette, for God's sake,' I said from the doorway.

She swung round, very pale. Amélie buried her face in her hands and pretended to sob, but I could see her watching me through her fingers.

'Go away, child,' I said.

'You call her child,' said Antoinette. 'She is older than the devil himself, and the devil is not more cruel.'[86]

'Send Christophine up,' I said to Amélie.

'Yes master, yes master,' she answered softly, dropping her eyes. But as soon as she was out of the room she began to sing:

---

84) he look like he see zombe: he looks as if he has seen a ghost. 로체스터는 매우 기분 나쁜 사람인 코스웨이의 말을 믿어야 할 이유가 없는데도 그의 편지에 크게 영향을 받는 게 사실.

85) I hit you back white cockroach: 아멜리는 앙투아네트를 존중하지 않음.

86) She is older . . . cruel: 앙투아네트는 아멜리가 자신을 해칠 수만 있다면 가차없이 해 댈 수 있는 무자비한 면이 있음을 알고 있다.

'The white cockroach she marry
The white cockroach she marry
The white cockroach she buy young man
The white cockroach she marry.'

Antoinette took a few steps forward. She walked unsteadily. I went to help her but she pushed me away, sat on the bed and with clenched teeth pulled at the sheet, then made a clicking sound of annoyance. She took a pair of scissors from the round table, cut through the hem and tore the sheet in half, then each half into strips.

The noise she made prevented me from hearing Christophine come in, but Antoinette heard her.

'You're not leaving?' she said.

'Yes,' said Christophine.

'And what will become of me?' said Antoinette.

'Get up, girl, and dress yourself. Woman must have spunks[87] to live in this wicked world.' She had changed into a drab cotton dress and taken off her heavy gold ear-rings.

'I see enough trouble,' she said. 'I have right to my rest. I have my house that your mother give me so long ago and I have my garden and my son to work for me.[88] A lazy boy but I make him work. Too besides[89] the young master don't like me, and perhaps I don't like

87) spunks: guts, courage. 용기, 배짱.

88) I have my house work for me: 아네트는 자신이 가난했을 때도 변함없이 곁을 지켜준 충직한 크리스토핀을 분명 돌보았을 것이다. 제1부에서는 나누어 줄 집을 갖고 있다는 언급은 없다.

89) Too besides: Moreover.

him so much. If I stay here I bring trouble and bone of contention in your house.'

'If you are not happy here then go,' said Antoinette.

Amélie came into the room with two jugs of hot water. She looked at me sideways[90] and smiled.

Christophine said in a soft voice, 'Amélie. Smile like that once more, just once more, and I mash your face like I mash plantain.[91] You hear me? Answer me, girl.'

'Yes, Christophine,' Amélie said. She looked frightened.

'And too besides I give you bellyache like you never see bellyache. Perhaps you lie a long time with the bellyache I give you. Perhaps you don't get up again with the bellyache I give you. So keep yourself quiet and decent. You hear me?'

'Yes, Christophine,' Amélie said and crept out of the room.

'She worthless and good for nothing,' said Christophine with contempt. 'She creep and crawl like centipede.'

She kissed Antoinette on the cheek. Then she looked at me, shook her head, and muttered in patois before she went out.

'Did you hear what that girl was singing?' Antoinette said.

'I don't always understand what they say or sing.' Or anything else.

'It was a song about a white cockroach. That's me. That's what they call all of us who were here before their own people in Africa sold them to the slave traders. And I've heard English women call us

90) sideways: 아멜리는 앙투아네트를 무시하고 무례하게 대한다. 크리스토핀이 그런 아멜리에게 "복통"을 일으켜 제거해버릴 수도 있다고 위협하자 아멜리는 크리스토핀을 두려워함.

91) plantain: 뻣뻣한 바나나의 일종으로 야채처럼 요리용으로 쓰인다.

white niggers.[92)] So between you I often wonder who I am and where is my country and where do I belong and why was I ever born at all. Will you go now please. I must dress like Christophine said.'

After I had waited half an hour I knocked at her door. There was no answer so I asked Baptiste to bring me something to eat. He was sitting under the Seville orange tree at the end of the veranda. He served the food with such a mournful expression that I thought these people are very vulnerable. How old was I when I learned to hide what I felt?[93)] A very small boy. Six, five, even earlier. It was necessary, I was told, and that view I have always accepted. If these mountains challenge me, or Baptiste's face, or Antoinette's eyes, they are mistaken, melodramatic, unreal (England must be quite unreal and like a dream she said).

The rum punch I had drunk was very strong and after the meal was over I had a great wish to sleep. And why not? This is the time when everyone sleeps. I imagined the dogs the cats the cocks and hens all sleeping, even the water in the river running more slowly.

I woke up, thought at once of Antoinette and opened the door into her room, but she was sleeping too. Her back was towards me and she was quite still. I looked out of the window. The silence was

---

92) a white cockroach . . . niggers: 앙투아네트는 노예소유주의 후예들이 흑인과 백인 모두에게 비판의 대상임을 설명한다. 아프리카 사회는 노예를 획득하거나 매매할 당시 이들을 전쟁포로들로 여겼을 뿐, 그 사회의 일원으로 간주하지 않았다. 이러한 아프리카 노예제는 신세계에서 흑인을 노예화하려는데 동원되는 변명이자 옹호론으로 백인들에게 널리 받아들여졌다.

93) when I learned to hide what I felt: 로체스터는 감정을 드러내는 사람들을 좋아하지 않는다. 어렸을 때부터 자신의 감정을 숨기는 것(가능하면 억누르기)을 터득했기 때문이다.

disturbing, absolute. I would have welcomed the sound of a dog barking, a man sawing wood. Nothing. Silence. Heat. It was five minutes to three.

I went out following the path I could see from my window. It must have rained heavily during the night for the red clay was very muddy. I passed a sparse plantation of coffee trees, then straggly guava bushes. As I walked I remembered my father's face and his thin lips, my brother's round conceited eyes.[94)] They knew. And Richard the fool, he knew too. And the girl with her blank smiling face. They all knew.

I began to walk very quickly, then stopped because the light was different. A green light. I had reached the forest and you cannot mistake the forest. It is hostile. The path was overgrown but it was possible to follow it. I went on without looking at the tall trees on either side. Once I stepped over a fallen log swarming with white ants. How can one discover truth I thought and that thought led me nowhere. No one would tell me the truth. Not my father nor Richard Mason, certainly not the girl I had married. I stood still, so sure I was being watched that I looked over my shoulder. Nothing but the trees and the green light under the trees. A track was just visible and I went on, glancing from side to side and sometimes quickly behind me. This was why I stubbed my foot on a stone and nearly fell. The stone I had tripped on was not a boulder but part of a paved road.

---

94) my father's . . . eyes: 아버지와 형에 대한 로체스터의 혐오감이 묘사됨. 그들이 정말 로체스터를 혐오하는지, 아니면 로체스터 자신이 그들로부터 경멸당하고 있다고 상상하는지에 대해 독자는 확신할 수 없다.

There had been a paved road[95] through this forest. The track led to a large clear space. Here were the ruins of a stone house and round the ruins rose trees that had grown to an incredible height. At the back of the ruins a wild orange tree covered with fruit, the leaves a dark green. A beautiful place. And calm — so calm that it seemed foolish to think or plan. What had I to think about and how could I plan? Under the orange tree I noticed little bunches of flowers tied with grass.[96]

I don't know how long it was before I began to feel chilly. The light had changed and the shadows were long. I had better get back before dark, I thought. Then I saw a little girl carrying a large basket on her head. I met her eyes and to my astonishment she screamed loudly, threw up her arms and ran. The basket fell off, I called after her, but she screamed again and ran faster. She sobbed as she ran, a small frightened sound. Then she disappeared. I must be within a few minutes of the path I thought, but after I had walked for what seemed a long time I found that the undergrowth and creepers caught at my legs and the trees closed over my head. I decided to go back to the clearing and start again, with the same result. It was getting dark. It was useless to tell myself that I was not far from the house. I was lost and afraid among these enemy trees, so certain of danger that when I heard footsteps and a shout I did not answer. The footsteps and the voice came nearer. Then I shouted back. I did

95) paved road . . . ruins: 카리브 제도에서 과거에 번창했던 농장들이 이제는 폐허가 됨.

96) Under the orange . . . grass: 부두교들은 때로 꽃을 신에게 바친다. 로체스터가 찾은 집이 한때는 카톨릭 신부인 릴리에브르(Lilièver)의 소유였다는 암시는 있지만 이제는 다른 종교가 번창하고 있음을 보여준다.

not recognize Baptiste at first. He was wearing blue cotton trousers pulled up above his knees and a broad ornamented belt round his slim waist. His machete was in his hand and the light caught the razor-sharp blue-white edge. He did not smile when he saw me.

'We look for you a long time,' he said.

'I got lost.'

He grunted in answer and led the way, walking in front of me very quickly and cutting off any branch or creeper that stopped us with an easy swing of his machete.

I said, 'There was a road here once, where did it lead to?'

'No road,' he said.

'But I saw it. A *pavé* road[97] like the French made in the islands.'

'No road.'

'Who lived in that house?'

'They say a priest. Père Lilièvre. He lived here a long time ago.'[98]

---

97) A *pavé* road: 포장도로. 숲에서 길을 잃은 로체스터를 뱁티스트가 찾아 나선다. 로체스터를 찾는 일이 썩 기분 내키지 않던 뱁티스트는 포장된 도로가 있다는 것을 일부러 말하지 않음.

98) 1693년 식민지 마르티니크에 도착한 파리사람인 도미니카신부 라바(Pere Jean-Paptist Labat). 도미니카를 수 차례 방문해서 쓴 프랑스령 카리브 사회에 관한 책인 *Nouveau Voyage, aux Isles de l'Amerique*는 1722년 파리에서 출판되었다. 특히 흑인 영가 예배와 심하게 맞고 고문당한 오비어 주술사의 이야기들을 듣고 경악한 라바 신부는 노예제란 악마가 부추긴 위험한 미신으로부터 노예를 해방시키는 명예로운 합법적 수단이라고 믿었다. 1890년에 발간한 『프랑스령 서인도제도에서의 두 해』(*Two Years in the French West Indies*)라는 책에서 헌(Lafcadio Hearn)은 라바 신부에 관해 전해 내려온 여러 전설을 상세히 기록하였다. 라바의 노예제 옹호와 그의 잔인함에 근거해 볼 때, 여러 전설 가운데 하나는 노예제 도입을 부정확하게 라바의 탓으로 돌리고 있으며, 그리고 숲이 우거진 곳에서 그의 혼백이 속죄의 뜻으로 섬을 배회한다는 설로서 사람들이 이를 신봉하게 된 것이 아닌가 하고 추정해 볼 수 있다. 그가 유령이 되어 나타난다는 이야기는 아이들의 선행교육에서 아이들을 겁먹게 하기 위함이다. 헌은 "라바 신부 이름은 결코 언급되

'A child passed,' I said. 'She seemed very frightened when she saw me. Is there something wrong about the place?' He shrugged his shoulders.

'Is there a ghost, a zombi there?' I persisted.

'Don't know nothing about all that foolishness.'

'There was a road here sometime.'

'No road,' he repeated obstinately.

It was nearly dark when we were back on the red clay path. He walked more slowly, turned and smiled at me. It was as if he'd put his service mask on the savage reproachful face I had seen.

'You don't like the woods at night?'

He did not answer, but pointed to a light and said, 'It's a long time I've been looking for you. Miss Antoinette frightened you come to harm.'

When we reached the house I felt very weary.

'You look like you catch fever,'[99] he said.

'I've had that already.'

'No limit to times you catch fever.'

There was no one on the veranda and no sound from the house. We both stood in the road looking up, then he said, 'I send the girl to you, master.'

Hilda brought me a large bowl of soup and some fruit. I tried the

---

지는 않아도 미신과 관련해서 흑인들 사이에서는 미신의 위력, 좀비와 도깨비에 대한 믿음으로 전해 내려 온 것"은 아이러니하다고 적고 있다(Lafcadio Hearn, *Two Years in the French Wet Indies*[New York: Harper & Bros, 1890], pp. 151-74).

99) You look like you catch fever: You look like you have caught a fever. 이런 문법적 표현은 크리올어의 용법.

door into Antoinette's room. It was bolted and there was no light. Hilda giggled. A nervous giggle.

I told her that I did not want anything to eat, to bring me the decanter of rum and a glass. I drank, then took up the book I had been reading, *The Glittering Coronet of Isles*[100] it was called, and I turned to the chapter 'Obeah':

'A zombi is a dead person who seems to be alive or a living person who is dead. A zombi can also be the spirit of a place, usually malignant but sometimes to be propitiated with sacrifices or offerings of flowers and fruit.' I thought at once of the bunches of flowers at the priest's ruined house. '"They cry out in the wind that is their voice, they rage in the sea that is their anger."'

'So I was told, but I have noticed that negroes as a rule refuse to discuss the black magic in which so many believe. Voodoo as it is called in Haiti — Obeah in some of the islands, another name in South America. They confuse matters by telling lies if pressed. The white people, sometimes credulous, pretend to dismiss the whole thing as nonsense. Cases of sudden or mysterious death are attributed to a poison known to the negroes

100) 이 허구적 제목에서 리스는 『제인 에어』에서 "반짝이는(glittering)"이라는 말이 많이 사용되고 있음을 시사한다. 한 예로, 로체스터가 "제인, 당신 목에 반짝이는 장신구를 걸고 있소?"(『제인 에어』, ch. 38)라는 말을 참조.

which cannot be traced. It is further complicated by . . .'[101)]

I DID NOT LOOK UP though I saw him at the window but rode on without thinking till I came to the rocks.[102)] People here call them Mounes Mors[103)] (the Dead Ones). Preston shied at them, they say horses always do. Then he stumbled badly, so I dismounted and walked along with the bridle over my arm. It was getting hot and I was tired when I reached the path to Christophine's two-roomed house, the roof shingled,[104)] not thatched. She was sitting on a box under her mango tree, smoking a white clay pipe and she called out, 'It's you, Antoinette? Why you come up here so early?'

'I just wanted to see you,' I said.

She helped me loosen Preston's girth and led him to a stream near

---

101) 로체스터는 "살아있는 죽은 자"인 좀비들(zombies)에 매혹되어있다. 그는 앙투아네트를 좀비화 하려 한다. 좀비는 특히 카리브 지역의 부두(Vodou) 마술에서 창조된 형상이다. 부두 자체는 크리올화된 혼합 종교로 생 도밍고로 유입된 서아프리카의 여러 종교와 노예제라는 새로운 사회, 정치적 상황에 맞춘 것으로, 여기에 영국, 프랑스, 스페인 노예주에 의해 유입된 기독교 상징들이 결합된 것이다. 부두는 현재 아이티 공화국의 많은 농민들과 도시 프롤레타리아뿐만 아니라 엘리트층의 종교이자 세계관이다. 민속학자들은 좀비즘(zombism)에 대해 테트로도톡신이라는 독성물로 신경계통을 마비시킨다는 비마술적 해석을 한다. 그것은 복어 같은 어류에서 나오는 독성으로 신경을 긴장시켜 죽음을 초래한다. 희생자에게 해독제를 사용하면 좀비에서 벗어나 건망증 상태, 다시 말해 생중사(生中死)의 상태가 된다.

102) I did not look . . . rocks: 이 부분의 서술자는 앙투아네트. 여기에서 독자는 앙투아네트의 목소리를 다시 듣게 되며 그녀의 목소리를 통해 크리스토핀의 목소리도 듣게 된다. 이처럼 소설 제2부에서 앙투아네트의 서술 목소리가 로체스터의 서술에 개입하고 있다.

103) Mounes Mors: (*패트와*) 죽은 사람들. 대부분의 비의적 문화에서 암석은 죽은 사람들의 혼령들과 관련.

104) shingled: 제1부에서 앙투아네트는 침대 옆에 지붕널이 있어 안전하다고 느낀다. 이는 크리스토핀이 앙투아네트를 도와주고 안전하게 지켜주기 때문이다.

by. He drank as if he were very thirsty, then shook himself and snorted. Water flew out of his nostrils. We left him cropping grass and went back to the mango tree. She sat on her box and pushed another towards me, but I knelt close to her touching a thin silver bangle that she always wore.

'You smell the same,' I said.

'You come all this long way to tell me that?' she said. Her clothes smelled of clean cotton, starched and ironed. I had seen her so often standing knee deep in the river at Coulibri, her long skirt hitched up, washing her dresses and her white shifts, then beating them against the stones.[105] Sometimes there would be other women all bringing their washing down on the stones again and again, a gay busy noise. At last they would spread the wet clothes in the sun, wipe their foreheads, start laughing and talking. She smelled too, of their smell, so warm and comforting to me (but he does not like it). The sky was dark blue through the dark green mango leaves, and I thought, 'This is my place and this is where I belong and this is where I wish to stay.' Then I thought, 'What a beautiful tree, but it is too high up here for mangoes and it may never bear fruit,' and I thought of lying alone in my bed with the soft silk cotton mattress and fine sheets, listening. At last I said, 'Christophine, he does not love me,[106] I think he hates me. He always sleeps in his dressing-room now and the servants know. If I get angry he is scornful and

---

105) beating them against the stones: 빨래를 돌에 쳐서 세탁하는 방법은 지금도 아프리카에서 사용.

106) he does not love me: 로체스터는 이미 독자에게 앙투아네트를 사랑하지 않는다고 말했지만 그녀는 이제 그가 더 이상 자신과 애정행위를 하지 않음을 설명한다.

silent, sometimes he does not speak to me for hours and I cannot endure it any more, I cannot. What shall I do? He was not like that at first,' I said.

Pink and red hibiscus[107] grew in front of her door, she lit her pipe and did not answer.

'Answer me,' I said. She puffed out a cloud of smoke.

'You ask me a hard thing, I tell you a hard thing, pack up and go.'[108]

'Go, go where? To some strange place where I shall never see him? No, I will not, then everyone, not only the servants, will laugh at me.'[109]

'It's not you they laugh at if you go, they laugh at him.'

'I will not do that.'

'Why you ask me, if when I answer you say no? Why you come up here if when I tell you the truth, you say no?'

'But there must be something else I can do.'

She looked gloomy. 'When man don't love you, more you try, more he hate you, man like that.[110] If you love them they treat you bad, if you don't love them they after you night and day bothering

---

107) hibiscus: 열대의 관목나무로 "blushing hibiscus"로 불리는데, 이 나무의 커다란 꽃은 아침에는 흰색, 정오에는 분홍색, 저녁에는 붉은 빛을 낸다.

108) pack up and go: 앙투아네트는 충고를 부탁하지만 자신의 목적에 맞지 않으면 듣고 싶어하지 않는다. 크리스토핀의 충고를 들었더라면 로체스터를 정신차리게 했을지도 모를 일이다.

109) everyone, not only the servants, will laugh at me: 앙투아네트는 사람들이 자신을 조롱하지 않나 걱정한다. 그러나 그녀가 로체스터를 떠나면 로체스터를 더 비웃을 것이라고 주변사람들이 확신시켜도 그들의 말에 귀 기울이지 않는다.

110) When man . . . man like that: the more you try to make a man love you, the less you will succeed.

your soul case out.[111] I hear about you and your husband,' she said.

'But I cannot go. He is my husband after all.'

She spat over her shoulder. 'All women, all colours, nothing but fools.[112] Three children I have. One living in this world, each one a different father, but no husband, I thank my God. I keep my money. I don't give it to no worthless man.'

'When must I go, where must I go?'

'But look me trouble,[113] a rich white girl like you and more foolish than the rest. A man don't treat you good, pick up your skirt and walk out. Do it and he come after you.'

'He will not come after me. And you must understand I am not rich now, I have no money[114] of my own at all, everything I had belongs to him.'

'What you tell me there?' she said sharply.

'That is English law.'[115]

'Law! The Mason boy fix it,[116] that boy worse than Satan and he

---

111) 당신을 지치게 하고 힘들게 하는 것. "soul case"는 영혼을 담은 상자, 즉 몸을 말함.

112) All women, all colors, nothing but fools: When it comes to love, all women, regardless of skin color, are foolish.

113) look me trouble: who would have believed it! 놀람의 표현.

114) I have no money: 앙투아네트의 전 재산은 이제 그녀 남편의 소유가 됨.

115) 1870년 기혼여성재산법이 발효될 때까지 결혼 전의 아내의 개인 재산은 전적으로 남편에게 귀속되었다. 남편은 부인과 함께 살던, 살지 않던 간에 자신의 향락을 위해 재산을 쓸 수 있었다. 상속녀로서 아내로부터 들어오는 수입과 아내가 버는 돈도 모두 남편에게 돌아갔다. 밀(John Stewart Mill)은 『여성의 종속』(*The Subjection of Women*, 1869)에서 "[아내]는 아무런 재산을 회득하지 못하고 남편만 받게 된다. 설령 그 재산이 상속재산이라 할지라도, 그것이 아내의 재산이 되는 순간, *사실상* 남편의 재산이 된다. 이런 점에서 영국의 관습법에서의 아내의 위상은 다른 나라 법에서의 노예의 위상보다 더 열악하다고 할 수 있다"고 밝혔다.

116) The Mason boy fix it: 크리스토핀은 앙투아네트가 남편에게 완전히 의존해 버린 것이

burn in Hell one of these fine nights. Listen to me now and I advise you what to do. Tell your husband you feeling sick, you want to visit your cousin in Martinique. Ask him pretty for some of your own money, the man not bad-hearted,[117] he give it. When you get away, stay away. Ask more. He give again and well satisfy. In the end he come to find out what you do, how you get on without him, and if he see you fat and happy he want you back. Men like that. Better not stay in that old house.[118] Go from that house, I tell you.'

'You think I must leave him?'

'You ask me so I answer.'

'Yes,' I said. 'After all I could, but why should I go to Martinique? I wish to see England, I might be able to borrow money for that. Not from him but I know how I might get it. I must travel far, if I go.'

I have been too unhappy,[119] I thought, it cannot last, being so unhappy, it would kill you. I will be a different person when I live in England and different things will happen to me. . . . England, rosy pink in the geography book map, but on the page opposite the words are closely crowded, heavy looking. Exports, coal, iron, wool. Then Imports and Character of Inhabitants. Names, Essex, Chelmsford on the Chelmer. The Yorkshire and Lincolnshire wolds.

리처드 메이슨의 의도적인 계획임을 암시한다.

117) bad-hearted: cruel, unfeeling.

118) Better not stay in that old house: Don't make things worse by staying in Granbois. 집을 포함해 어떤 공간에 운과 불운이 따른다고 보는 크리스토핀은 그랑부아가 불운한 곳임을 내비친다.

119) too unhappy: 앙투아네트는 "very unhappy"하다는 뜻. 영국을 묘사할 때 리스의 서술은 의식의 흐름 기법과 크리올 언어구조를 사용함.

Wolds?[120)] Does that mean hills? How high? Half the height of ours, or not even that? Cool green leaves in the short cool summer. Summer. There are fields of corn like sugar-cane fields, but gold colour and not so tall. After summer the trees are bare, then winter and snow. White feathers falling? Torn pieces of paper falling? They say frost makes flower patterns on the window panes. I must know more than I know already. For I know that house where I will be cold and not belonging, the bed I shall lie in has red curtains and I have slept there many times before, long ago. How long ago? In that bed I will dream the end of my dream. But my dream had nothing to do with England and I must not think like this, I must remember about chandeliers and dancing, about swans and roses and snow. And snow.

'England,' said Christophine, who was watching me. 'You think there is such a place?'

'How can you ask that? You know there is.'

'I never see the damn place, how I know?'[121)]

'You do not believe that there is a country called England?'

She blinked and answered quickly, 'I don't say I don't *believe*, I say I don't *know*, I know what I see with my eyes and I never see it.[122)] Besides I ask myself is this place like they tell us? Some say one thing, some different, I hear it cold to freeze your bones and

---

120) Wolds: 영국 북동부 고원지방의 백악 구릉지대.

121) how I know?: how would I know? How can I be sure?

122) 리스는 영국 소설가 몸(Sommerset Maugham)을 특히 좋아해서 카리브를 배경으로 하는 몸의 소설을 참조하면서 이렇게 언급했다. "'우리는 지구가 둥글다고 *믿는다*. 우리는 지구가 평평하다고 *인식한다*.' 그렇다. 이 이야기는 다른 것에도 상당히 적용된다. 우리는 지금까지 들어왔던 것, 즉 이론을 믿는다. 우리가 인식하는 것, 그것을 우리는 인식한다."(*SP*, p.144)

they thief your money, clever like the devil. You have money in your pocket, you look again and bam![123] No money. Why you want to go to this cold thief place? If there is this place at all, I never see it, that is one thing sure.'

I stared at her, thinking, 'but how can she know the best thing for me to do, this ignorant, obstinate old negro woman, who is not certain if there is such a place as England?' She knocked out her pipe and stared back at me, her eyes had no expression at all.

'Christophine,' I said, 'I may do as you advise. But not yet.' (Now, I thought, I must say what I came to say.) 'You knew what I wanted as soon as you saw me, and you certainly know now. Well, don't you?' I heard my voice getting high and thin.

'Hush up,' she said. 'If the man don't love you,[124] I can't make him love you.'

'Yes you can, I know you can. That is what I wish and that is why I came here. You can make people love or hate. Or . . . or die,'[125] I said.

She threw back her head and laughed loudly. (But she never laughs loudly and why is she laughing at all?)

'So you believe in that tim-tim story[126] about obeah,[127] you hear

123) bam!: 들리지는 않지만 갑작스런 행위를 암시하는 소리.

124) If the man . . . love you: if Rochester does not love you, I can do nothing to help.

125) You can . . . or die: 앙투아네트는 크리스토핀이 누군가를 사랑하고, 미워하고, 심지어 죽게 할 수도 있을 묘약을 만들 수 있음을 시사하지만 모호한 진술일 뿐이다. 독자는 앙투아네트가 로체스터를 살해할 것인지를 심각하게 고려하는지, 아니면 그녀 자신이 자살을 할 것인지에 대해 알지 못한다.

126) tim-tim story: fairytale, folktale. 허풍, 터무니없는 이야기. 이야기꾼이 민담을 시작할 때 청중에게 외치는 말에서 유래.

127) obeah: 아프리카 주술 오비어, 오비(obi)라고도 불림.

when you so high? All that foolishness and folly. Too besides, that is not for *béké*. Bad, bad trouble come when *béké*[128] meddle with that.'

'You must,' I said. 'You must.'

'Hush up. Jo-jo my son coming to see me, if he catch you crying, he tell everybody.'

'I will be quiet, I will not cry. But Christophine, if he, my husband, could come to me one night. Once more. I would make him love me.'

'No *doudou*.[129] No.'

'Yes, Christophine.'

'You talk foolishness. Even if I can make him come to your bed, I cannot make him love you. Afterward he hate you.'

'No. And what do I care if he does? He hates me now. I hear him every night walking up and down the veranda. Up and down. When he passes my door he says, "Goodnight, Bertha."[130] He never calls me Antoinette now. He has found out it was my mother's name. "I hope you win sleep well, Bertha" — it cannot be worse,' I said. 'That one night he came I might sleep afterwards. I sleep so badly now. And I dream.'

'No, I don't meddle with that for you.'

Then I beat my fist on a stone, forcing myself to speak calmly.

'Going away to Martinique or England or anywhere else, that is the lie. He would never give me any money to go away and

---

128) béké: 나이지리아 이보족(Igbo)어로 백인을 말함.

129) *doudou*: (*패트와*) little darling.

130) Bertha: 『제인 에어』에서 결혼 전 로체스터 아내의 이름은 버싸 앙투아네트 메이슨(Bertha Antoinetta Mason).

he would be furious if I asked him. There would be a scandal if I left him and he hates scandal. Even if I got away (and how?) he would force me back. So would Richard. So would everybody else. Running away from him, from this island, is the lie. What reason could I give for going and who would believe me?'

When she bent her head she looked old and I thought, 'Oh Christophine, do not grow old. You are the only friend I have, do not go away from me into being old.'

'Your husband certainly love money,' she said. 'That is no lie. Money have pretty face for everybody, but for that man money pretty like pretty self,[131] he can't see nothing else.'

'Help me then.'

'Listen *doudou ché*.[132] Plenty people fasten bad words on you and on your mother.[133] I know it. I know who is talking and what they say. The man not a bad man, even if he love money, but he hear so many stories he don't know what to believe. That is why he keep away. I put no trust in none of those people round you. Not here, not in Jamaica.'

'Not Aunt Cora?'

'Your aunty old woman now, she turn her face to the wall.'[134]

'*How do you know?*' I said. For that is what happened.

When I passed her room, I heard her quarrelling with Richard and

---

131) Money have . . . pretty self: everybody likes money but Rochester loves it more than most.

132) doudou ché: (패트와) dear little darling.

133) Plenty people . . . mother: Many people tell unpleasant stories about you and your mother.

134) she turn her face to the wall: she has decided to die.

I knew it was about my marriage. 'It's disgraceful,' she said. 'It's shameful. You are handing over everything the child owns to a perfect stranger. Your father would never have allowed it. She should be protected, legally.[135)] A settlement can be arranged and it should be arranged. That was his intention.'

'You are talking about an honourable gentleman, not a rascal,' Richard said. 'I am not in a position to make conditions, as you know very well. She is damn lucky to get him, all things considered. Why should I insist on a lawyer's settlement when I trust him? I would trust him with my life,' he went on in an affected voice.

'You are trusting him with her life,[136)] not yours,' she said.

He told her for God's sake shut up you old fool and banged the door when he left. So angry that he did not notice me standing in the passage. She was sitting up in bed when I went into her room. 'Half wit that the boy is, or pretends to be. I do not like what 1 have seen of this honourable gentleman. Stiff. Hard as a board and stupid as a foot, in my opinion, except where his own interests are concerned.'

She was very pale and shaking all over, so I gave her the smelling salts on the dressing-table. They were in a red glass bottle with a gilt top. She put the bottle to her nose but her hand dropped as though she were too tired to hold it steady. Then she turned away from the

---

135) She should be protected, legally: 코라 이모는 앙투아네트의 결혼동의의 조건으로 앙투아네트의 재정보증을 하도록 리처드를 설득하려 하지만 리처드는 듣지 않음.

136) You are trusting him with her life: 리처드가 앙투아네트의 재정보증을 하지 않는 이유로 세 가지를 들 수 있다. 첫째, 로체스터는 존경할 만한 사람이라는 점, 둘째, 리처드는 계약을 명령할 입장이 아니라는 점, 셋째, 리처드에게 로체스터는 안심하고 자신의 생명을 맡겨도 될 사람이라는 점이다. 그러나 코라 이모는 리처드가 로체스터에게 앙투아네트의 생명을 맡기고 있음을 지적하고 있다.

window, the sky, the lookingglass, the pretty things on the dressing-table. The red and gilt bottle fell to the floor. She turned her face to the wall. 'The Lord has forsaken us,'[137] she said, and shut her eyes. She did not speak again, and after a while I thought she was asleep. She was too ill to come to my wedding and I went to say good-bye, I was excited and happy thinking now it is my honeymoon. I kissed her and she gave me a little silk bag. 'My rings. Two are valuable. Don't show it to him. Hide it away. Promise me.'

I promised, but when I opened it, one of the rings was plain gold. I thought I might sell another yesterday but who will buy what I have to sell here? . . .

Christophine was saying, 'Your aunty too old and sick, and that Mason boy worthless. Have spunks and do battle for yourself. Speak to your husband calm and cool, tell him about your mother and all what happened at Coulibri and why she get sick and what they do to her. Don't bawl at the man and don't make crazy faces. Don't cry either. Crying no good with him. Speak nice and make him understand.'

'I have tried,' I said, 'but he does not believe me. It is too late for that now' (it is always too late for truth, I thought). 'I will try again if you will do what I ask. Oh Christophine, I am so afraid,' I said, 'I do not know why, but so afraid. All the time. Help me.'

---

137) The Lord has forsaken us: 성서 『시편』22장에 "나의 하느님, 나의 하느님, 어찌하여 나를 버리십니까?"(My God, my God, why hast thou forsaken me?) 이것은 『마태복음』 27:46에도 언급된다. "세 시쯤 되어 예수께서 큰 소리로 '엘리 엘리 레마 사박타니?'하고 부르짖으셨다." 이 말씀은 "나의 하느님, 나의 하느님, 어찌하여 저를 버리시나이까?"라는 뜻.

She said something I did not hear. Then she took a sharp stick and drew lines and circles on the earth under the tree, then rubbed them out with her foot.

'If you talk to him first I do what you ask me.'

'Now?'

'Yes,' she said. 'Now look at me. Look in my eyes.'

I was giddy when I stood up, and she went into the house muttering and came out with a cup of coffee.

'Good shot of white rum in that,' she said. 'Your face like dead woman and your eyes red like *soucriant*.[138] Keep yourself quiet — look, Jo-jo coming, he talk to everybody about what he hear. Nothing but leaky calabash[139] that boy.'

When I had drunk the coffee I began to laugh. 'I have been so unhappy for nothing, nothing,' I said.

Her son was carrying a large basket on his head. I watched his strong brown legs swinging along the path so easily. He seemed surprised and inquisitive when he saw me, but he asked politely in patois,[140] was I well, was the master in good health?

'Yes, Jo-jo, thank you, we are both well.'

Christophine helped him with the basket, then she brought out the

---

138) *soucriant*: (*패트와*) 전설의 여성 흡혈귀이자 죽음을 예고할 때 슬피 우는 유령(banshee). "soucriants는 항상 여자들이었다 . . . 밤이면 나타나 사람들의 피를 빨았다. 낮에는 보통 여자처럼 보이지만 붉게 충혈된 눈을 하고 있어 그들을 식별할 수 있었다"(SP, p. 23). 『제인 에어』에서 제인은 버싸를 "추악한 독일 유령인, 즉 흡혈귀(vampire)와 관련짓는다."(제25장 참조).

139) calabash: the dried, hollowed shell of a gourd, used as a container.

140) asked politely in patois: 크리스토핀의 아들은 예의바름과 친근함을 표시하기 위해 패트와 말을 사용함.

bottle of white rum and poured out half a tumblerful. He swallowed it quickly. Then she filled the glass with water and he drank that like they do.

She said in English, 'The mistress is going, her horse at the back there. Saddle him up.'

I followed her into the house. There was a wooden table in the outer room, a bench and two broken-down chairs. Her bedroom was large and dark. She still had her bright patchwork counterpane, the palm leaf from Palm Sunday[141)] and the prayer for a happy death. But after 1 noticed a heap of chicken feathers in one corner, I did not look round any more.

'So already you frightened eh?' And when I saw her expression I took my purse from my pocket and threw it on the bed.

'You don't have to give me money. I do this foolishness because you beg me — not for money.'

'Is it foolishness?' I said, whispering and she laughed again, but softly.

'If *béké* say it foolishness, then it foolishness. *Béké* clever like the devil. More clever than God. Ain't so? Now listen and I will tell you what to do.'

When we came out into the sunlight, Jo-jo was holding Preston near a big stone. I stood on it and mounted.

'Good-bye, Christophine; good-bye, Jo-jo.'

'Good-bye, mistress.'

---

141) Palm Sunday: 부활절 전 일요일로 예수의 예루살렘 승리의 입성을 기념하기 위해 종려나무로 축하한다. 교회에서 종려나무는 축복과 권능의 상징이다. 크리스토퓐은 카톨릭에서 아프리카에 기원을 둔 신념과 상반된 카톨릭 상징이나 신념을 찾지 못한다.

'You will come and see me very soon, Christophine?'

'Yes, I will come.'

I looked back at the end of the path. She was talking to Jo-jo and he seemed curious and amused. Nearby a cock crew[142)] and I thought, 'That is for betrayal, but who is the traitor?' She did not want to do this. I forced her with my ugly money. And what does anyone know about traitors, or why Judas did what he did?[143)]

I can remember every second of that morning, if I shut my eyes I can see the deep blue colour of the sky and the mango leaves, the pink and red hibiscus, the yellow handkerchief she wore round her head, tied in the Martinique fashion with the sharp points in front, but now I see everything still, fixed for ever like the colours in a stained-glass window. Only the clouds move. It was wrapped in a leaf, what she had given me, and I felt it cool and smooth against my skin.

'THE MISTRESS PAY A VISIT,' Baptiste told me when he brought my coffee that morning.[144)] 'She will come back tonight or tomorrow. She make up her mind in a hurry and she has gone.'

In the afternoon Amélie brought me a second letter.

Why you don't answer. You don't believe me? Then ask

142) a cock crew: 두 번째 닭 울음소리.

143) Judas Iscariot는 예수의 12 제자 중의 하나로 예수를 배반한 인물. 「마태 복음서」를 보면 유다는 은화 30냥을 받고 예수에게 키스함으로써 예수의 신원을 밝혔다.

144) 앙투아네트의 남편 로체스터가 제2부의 나머지 부분을 해설.

someone else — everybody in Spanish Town know. Why you think they bring you to this place? You want me to come to your house and bawl out your business before everybody? You come to me or I come —

At this point I stopped reading. The child Hilda came into the room and I asked her, 'Is Amélie here?'

'Yes, master.'

'Tell her I wish to speak to her.'

'Yes, master.'

She put her hand over her mouth as if to stifle laughter, but her eyes, which were the blackest I had ever seen, so black that it was impossible to distinguish the pupils from the iris, were alarmed and bewildered.

I sat on the veranda with my back to the sea and it was as if I had done it all my life. I could not imagine different weather or a different sky. I knew the shape of the mountains as well as I knew the shape of the two brown jugs filled with white sweet-scented flowers on the wooden table. I knew that the girl would be wearing a white dress. Brown and white she would be, her curls, her white girl's hair she called it, half covered with a red handkerchief, her feet bare. There would be the sky and the mountains, the flowers and the girl and the feeling that all this was a nightmare, the faint consoling hope that I might wake up.

She leaned lightly against the veranda post, indifferently graceful, just respectful enough, and waited.

'Was this letter given to you?' I asked.

'No, master. Hilda take it.'

'And is this man who writes a friend of yours?'

'Not my friend,' she said.

'But he knows you — or says he does.'

'Oh yes, I know Daniel.'

'Very well then. Will you tell him that his letters annoy me, and that he'd better not write again for his own sake. If he brings a letter give it back to him. Understand?'

'Yes, master. I understand.'

Still leaning against the post she smiled at me, and I felt that at any moment her smile would become loud laughter. It was to stop this that I went on, 'Why does he write to me?'

She answered innocently, 'He don't tell you that? He write you two letters and he don't say why he is writing? If you don't know then I don't know.'

'But you know him?' I said. 'Is his name Cosway?'

'Some people say yes, some people say no. That's what he calls himself.'

She added thoughtfully that Daniel was a very superior man, always reading the Bible and that he lived like white people. I tried to find out what she meant by this, and she explained that he had a house like white people, with one room only for sitting in. That he had two pictures on the wall of his father and his mother.

'White people?'

'Oh no, coloured.'

'But he told me in his first letter that his father was a white man.'

She shrugged her shoulders. 'All that too long ago for me.' It was easy to see her contempt for long ago. 'I tell him what you say, master.' Then she added, 'Why you don't go and see him? It is much better. Daniel is a bad man and he will come here and make trouble for you. It's better he don't come. They say one time he was a preacher in Barbados, he talk like a preacher, and he have a brother in Jamaica in Spanish Town, Mr Alexander. Very wealthy man. He own three rum shops and two dry goods stores.' She flicked a look at me as sharp as a knife. 'I hear one time that Miss Antoinette and his son Mr Sandi get married, but that all foolishness. Miss Antoinette a white girl with a lot of money, she won't marry with a coloured man even though he don't look like a coloured man. You ask Miss Antoinette, she tell you.'

Like Hilda she put her hand over her mouth as though she could not stop herself from laughing and walked away.

Then turned and said in a very low voice, 'I am sorry for you.'[145]

'What did you say?'

'I don't say nothing, master.'

A large table covered with a red fringed cloth made the small room seem hotter; the only window was shut.

'I put your chair near the door,' Daniel said, 'a breeze come in from underneath.' But there was no breeze, not a breath of air, this place was lower down the mountain almost at sea-level.

'When I hear you coming I take a good shot of rum, and then I

---

145) I am sorry for you: 아멜리의 이 모호한 발언은 로체스터가 불행한 결혼의 덫에 갇혔다는 유감을 전달한다. 훗날 로체스터가 행복한 삶을 살지 못할 것이며 다른 사람들에게도 불행을 초래할 것임을 아멜리는 느끼고 있다.

take a glass of water to cool me down, but it don't cool me down, it run out of my eyes in tears and lamentations. Why don't you give me an answer when I write to you the first time?' He went on talking, his eyes fixed on a framed text hanging on the dirty white wall, 'Vengeance is Mine'.[146)]

'You take too long, Lord,' he told it. 'I hurry you up a bit.' Then he wiped his thin yellow face and blew his nose on a corner of the tablecloth.

'They call me Daniel,' he said, still not looking at me, 'but my name is Esau.[147)] All I get is curses and get-outs from that damn devil my father. My father old Cosway, with his white marble tablet in the English church at Spanish Town for all to see.[148)] It have a crest on it and a motto in Latin and words in big black letters. I never know such lies. I hope that stone tie round his neck and drag him down to Hell in the end. "Pious", they write up. "Beloved by all". Not a word about the people he buy and sell like cattle. "Merciful

---

146) 「로마서」 12:17-21에서 사도 바울은 "아무에게도 악을 악으로 갚지 말고 모든 사람이 다 좋게 여기는 일을 하도록 하십시오. . . . 성서에도 '원수 갚는 것은 내가 할 일이니 내가 갚아주겠다' 하신 주님의 말씀이 있습니다." (「신명기」 32:35 참조).

147) 에서(Esau)는 이삭과 레베카의 장남으로, 쌍둥이 남동생인 야곱에게 장자상속권과 부모의 축복을 빼앗긴다(「창세기」 25장). 성서에 관한 문헌들은 야곱의 기만적인 행동을 대체로 수용하는 한편, 에서를 사악한 행동과 좋지 못한 기질에다, 하느님이 거부하는 불경하며 질투심 강한 인물로 재현한다. 성서에는 두 명의 다니엘이 나온다. 첫째, 암논(Amnon)과 압살롬(Absalom) 사이에 태어난 다윗의 둘째 아들이다. 둘째, 신의 계시적 꿈과 신비한 징후를 해석하는 예언자적 인물로 묵시록적 비전을 지니고 있다. 「다니엘서」의 추가내용을 보면 다니엘이 수산나와 간통을 저질러 그로 인한 서출의 죄과를 해소하려는 점을 자세히 이야기한다.

148) 리스의 증조부이자 노예주인 로카르트(James Potter Lockhart)도 이와 비슷하게 도미니카의 영국 교회에 대리석 장식판으로 기념되었다.

to the weak", they write up. Mercy! The man have a heart like stone. Sometimes when he get sick of a woman which is quickly, he free her like he free my mother, even he give her a hut and a bit or land for herself[149] (a garden some call that), but it is no mercy, it's for wicked pride he do it. I never put my eyes on a man haughty and proud like that — he walk like he own the earth. "I don't give a damn," he says. Let him wait. . . . I can still see that tablet before my eyes because I go to look at it often. I know by heart all the lies they tell — no one to stand up and say, Why you write lies in the church? . . . I tell you this so you can know what sort of people you mix up with. The heart know its own bitterness but to keep it lock up all the time, that is hard. I remember it like yesterday the morning he put a curse on me. Sixteen years old I was and anxious. I start very early. I walk all the way to Coulibri — five six hours it take. He don't refuse to see me; he receive me very cool and calm and first thing he tell me is I'm always pestering him for money.[150] This because sometimes I ask help to buy a pair of shoes and such. Not to go barefoot like a nigger. Which I am not. He look at me like I was dirt and I get angry too. "I have my rights after all,"[151] I tell him and you know what he do? He laugh in my face. When he finished laughing he call me what's-your-name. "I can't remember

149) he free . . . for herself: 앙투아네트의 아버지는 음탕한 면이 있지만 자기가 데리고 잔 노예들을 해방시키고 그들에게 땅과 오두막집을 줄 정도로 관용도 지님.

150) I'm always pestering him for money: 대니얼 코스웨이가 자신의 행동을 서술하는 것을 보면 그다지 매력적이지 않는 인물임을 알 수 있다.

151) 1813년까지 해방된 유색인들에게 무한 자산을 상속하는 것을 허용하는 법이 적용되었다. 그러나 백인 아버지가 다른 인종과의 사이에서 낳은 사생아들에게는 어떤 토지도 유언으로 남길 의무는 없었다.

all their names — it's too much to expect of me," he says, talking to himself Very old he look in the bright sunshine that morning. "It's you yourself call me Daniel," I tell him. "I'm no slave like my mother was."

'"Your mother was a sly-boots[152] if ever there was one," he says, "and I'm not a fool. However the woman's dead and that's enough. But if there's one drop of my blood in your spindly carcass I'll eat my hat." By this time my own blood at boiling point, I tell you, so I bawl back at him, "Eat it then. Eat it. You haven't much time. Not much time either to kiss and love your new wife. She too young for you." "Great God!" he said and his' face go red and then a kind of grey colour. He try to get up but he falls back in his chair. He have a big silver inkstand on his desk, he throw it at my head and he curse me, but I duck and the inkstand hit the door. I have to laugh but I go off quick. He send me some money — not a word, only the money. It's the last time I see him.'

Daniel breathed deeply and wiped his face again and offered me some rum. When I thanked him and shook my head he poured himself half a glassful and swallowed it.

'All that long time ago,' he said.

'Why did you wish to see me, Daniel?'

The last drink seemed to have sobered him. He looked at me directly and spoke more naturally.

'I insist because I have this to say. When you ask if what I tell you is true, you will ask though you don't like me, I see that; but

152) 다른 사람의 마음을 현혹시켜 속이는 사람, 혹은 교활한 사람으로 보통 여성임.

you know well my letter was no lie. Take care who you talk to. Many people like to say things behind your back, to your face they get frightened, or they don't want to mix up. The magistrate now, he know a lot, but his wife very friendly with the Mason family and she stop him if she can. Then there is my half brother Alexander, coloured like me but not unlucky like me, he will want to tell you all sorts of lies. He was the old man's favourite and he prosper right from the start. Yes, Alexander is a rich man now but he keep quiet about it. Because he prosper he is two-faced, he won't speak against white people. There is that woman up at your house, Christophine. She is the worst. She have to leave Jamaica because she go to jail: you know that?'

'Why was she sent to jail?[153] What did she do?'

His eyes slid away from mine. 'I tell you I leave Spanish Town, I don't know all that happen. It's something very bad. She is obeah woman and they catch her.[154] I don't believe in all that devil business but many believe. Christophine is a bad woman and she

153) She have . . . jail: 크리스토핀이 자메이카를 떠나야 할 첫 번째 이유를 말해준다. 로체스터는 여러 경로로 얻은 정보를 이용해서 크리스토핀이 그랑부아를 떠나지 않으면 감옥에 집어넣겠다고 협박할 정도로 막강한 인물이다.

154) 치유자, 정신적 지도자, 아프리카와 카리브의 흑인 신앙인 오비어(Obeah obi)의 주술자로 노예사회에 큰 영향을 미쳤다. 특히 1760년 노예폭동 이후, 자메이카의 백인 입법자들은 두려운 나머지 오비어 주술을 하면 그 처벌로 처형되거나 수송된다는 엄격한 법을 제정했다. 1834년, 그레고리(Matthew Gregory) "수사" 루이스(Lewis)는 "방화라는 더 좋은 전통적인 실천이 논쟁 대상이었다. 그래서 [오비어 주술사]는 다른 곳, 다른 섬으로 수송되었고, 이에 대해 피부 색깔을 막론하고 모든 사람들은 대단히 만족했다"고 언급했다. 1748년에 미국의 식민지 입법부도 노예들이 독극물에 접근하거나 반역을 도모할 것이 두려워 주술을 금지시켰다. 1791년 아이티 독립전쟁은 아메리카에서는 유일하게 성공한 노예 반란으로 부두(Voodoo)의식과 더불어 시작된 것으로 알려졌다.

will lie to you worse than your wife. Your own wife she talks sweet talk and she lies.'

The black and gilt clock on a shelf struck four.

I must go. I must get away from his yellow sweating face and his hateful little room. I sat still, numb, staring at him.

'You like my clock?' said Daniel. 'I work hard to buy it. But it's to please myself. I don't have to please no woman. Buy me this and buy me that — demons incarnate in my opinion. Alexander now, he can't keep away from them, and in the end he marry a very fair-coloured girl, very respectable family. His son Sandi is like a white man, but more handsome than any white man, and received by many white people they say. Your wife know Sandi since long time. Ask her and she tell you. But not everything I think.' He laughed. 'Oh no, not everything. I see them when they think nobody see them. I see her when she . . . You going eh?' He darted to the doorway.

'No you don't go before I tell you the last thing. You want me to shut my mouth about what I know. She start with Sandi.[155] They fool you well about that girl. She look you straight in the eye and talk sweet talk — and it's lies she tell you. Lies. Her mother was so. They say she worse than her mother, and she hardly more than a child. Must be you deaf you don't hear people laughing when you marry her. Don't waste your anger on me, sir. It's not I fool you, it's I wish to open your eyes. . . . A tall fine English gentleman like you, you don't want to touch a little yellow rat like me eh? Besides

155) She start with Sandie: 대니얼 코스웨이는 앙투아네트가 로체스터를 알기 전에 샌디를 필두로, 남자들과 관계가 있었다고 주장함.

I understand well. You believe me, but you want to do everything quiet like the English can. All right. But if I keep my mouth shut it seems to me you owe me something.[156] What is five hundred pounds to you? To me it's my life.'

Now disgust was rising in me like sickness. Disgust and rage.

'All right,' he yelled, and moved away from the door. 'Go then . . . get out. Now it's me to say it. Get out. Get out. And if I don't have the money I want you will see what I can do.

'Give my love to your wife — my sister,' he called after me venomously. 'You are not the first to kiss her pretty face. Pretty face, soft skin, pretty colour — not yellow like me. But my sister just the same . . .'

At the end of the path out of sight and sound of the house I stopped. The world was given up to heat and to flies, the light was dazzling after his little dark room. A black and white goat tethered near by was staring at me and for what seemed minutes I stared back into its slanting yellow-green eyes. Then I walked to the tree where I'd left my horse and rode away as quickly as I could.

The telescope was pushed to one side of the table making room for a decanter half full of rum and two glasses on a tarnished silver tray. I listened to the ceaseless night noises outside, and watched the procession of small moths and beetles fly into the candle flames, then poured out a drink of rum and swallowed. At once the night noises drew away, became distant, bearable, even pleasant.

156) you owe me something: 대니얼 코스웨이는 로체스터를 등치려 함.

'Will you listen to me for God's sake,' Antoinette said. She had said this before and I had not answered, now I told her, 'Of course. I'd be the brute you doubtless think me if I did not do that.'

'Why do you hate me?' she said.

'I do not hate you, I am most distressed about you, I am distraught,' I said. But this was untrue, I was not distraught, I was calm, it was the first time I had felt calm or self-possessed for many a long day.

She was wearing the white dress I had admired, but it had slipped untidily over one shoulder and seemed too large for her. I watched her holding her left wrist with her right hand, an annoying habit.

'Then why do you never come near me?' she said. 'Or kiss me, or talk to me. Why do you think I can bear it, what reason have you for treating me like that? Have you any reason?'

'Yes,' I said, 'I have a reason,' and added very softly, 'My God.'

'You are always calling on God,' she said. 'Do you believe in God?'

'Of course, of course I believe in the power and wisdom of my creator.'

She raised her eyebrows and the corners of her mouth turned down in a questioning mocking way. For a moment she looked very much like Amélie.[157] Perhaps they are related, I thought. It's possible, it's even probable in this damned place.

'And you,' I said. 'Do you believe in God?'

'It doesn't matter,' she answered calmly, 'what I believe or you believe, because we can do nothing about it, we are like these.' She

157) For a moment . . . Amelie: 로체스터는 앙투아네트에게 검은 혈통이 있다고 생각한다. 그는 앙투아네트과 아멜리 모두에게 육체적으로 매료된다.

flicked a dead moth off the table. 'But I asked you a question, you remember. Will you answer that?'

I drank again and my brain was cold and clear.

'Very well, but question for question. Is your mother alive?'

'No, she is dead, she died.'

'When?'

'Not long ago.'[158)]

'Then why did you tell me that she died when you were a child?'

'Because they told me to say so and because it is true. She did die when I was a child. There are always two deaths, the real one and the one people know about.'[159)]

'Two at least,' I said, 'for the fortunate.'[160)] We were silent for a moment, then I went on, 'I had a letter from a man who calls himself Daniel Cosway.'

'He has no right to that name,' she said quickly. 'His real name, if he has one, is Daniel Boyd.[161)] He hates all white people, but he hates me the most. He tells lies about us and he is sure that you will believe him and not listen to the other side.'

'Is there another side?' I said.

'There is always the other side, always.'

'After his second letter, which was threatening, I thought it best to

---

158) No long ago: 이 진술에서 앙투아네트가 학교를 떠나면서 곧 바로 로체스터와 결혼했음이 드러난다. 그녀의 어머니는 그녀가 대략 16살 무렵 타계했다.

159) She did die . . . Know about: 피에르가 불치병에 걸렸다는 것을 알았을 때 아네트는 이미 자신의 일부가 죽어가고 있음을 느낌.

160) 'Two at least,' I said, 'for the fortunate': 로체스터의 말은 예언적이다. 앙투아네트는 그녀의 삶이 다하기 전에 이미 여러 차례 죽게 될 것임.

161) 크리스토핀의 친구이며 하녀이자 혼혈인 "메일롯 보이드" (Maillotte Boyd) 참조.

go and see him.'

'You saw him,' she said. 'I know what he told you. That my mother was mad and an infamous woman and that my little brother who died was born a cretin,[162] an idiot, and that I am a mad girl too. That is what he told you, isn't it?'

'Yes, that was his story, and is any of it true?' I said, cold and calm.

One of the candles flared up and I saw the hollows under her eyes, her drooping mouth, her thin, strained face.

'We won't talk about it now,' I said. 'Rest tonight.'

'But we must talk about it.' Her voice was high and shrill.

'Only if you promise to be reasonable.'

But this is not the place or the time, I thought, not in this long dark veranda with the candles burning low and the watching, listening night outside. 'Not tonight,' I said again. 'Some other time.'

'I might never be able to tell you in any other place or at any other time. No other time, now. You frightened?' she said, imitating a negro's voice, singing and insolent.

Then I saw her shiver and remembered that she had been wearing a yellow silk shawl. I got up (my brain so clear and cold, my body so weighted and heavy). The shawl was on a chair in the next room, there were candles on the sideboard and I brought them on to the veranda, lit two, and put the shawl around her shoulders. 'But why not tell me tomorrow, in the daylight?'

'You have no right.' she said fiercely. 'You have no right to ask questions about my mother and then refuse to listen to my answer.'

---

162) 심신의 발육을 저해하는 선천적인 조건을 갖고 있는 사람.

'Of course I will listen, of course we can talk now, if that's what you wish.' But the feeling of something unknown and hostile was very strong. 'I feel very much a stranger here.' I said. 'I feel that this place is my enemy and on your side.'

'You are quite mistaken,' she said. 'It is not for you and not for me. It has nothing to do with either of us. That is why you are afraid of it, because it is something else. I found that out long ago when I was a child. I loved it because I had nothing else to love, but it is as indifferent as this God you call on so often.'[163)]

'We can talk here or anywhere else,' I said, Just as you wish.'

The decanter of rum was nearly empty so I went back into the dining-room, and brought out another bottle of rum. She had eaten nothing and refused wine, now she poured herself a drink, touched it with her lips then put it down again.

'You want to know about my mother, I will tell you about her, the truth, not lies.' Then she was silent for so long that I said gently, 'I know that after your father died, she was very lonely and unhappy.'

'And very poor,' she said. 'Don't forget that. For five years. Isn't

---

163) I loved it . . . so often: 앙투아네트는 로체스터를 만나기 전부터 장소에 대한 애착이 강했다. 여기에서 그녀는 이러한 장소들에 로체스터가 무관심한 것을 신에 대한 무관심과 비교한다. 여행작가 워(Alec Waugh)는 도미니카를 가리켜 "세상에서 가장 아름다운 섬이자 가장 불운한 섬 중의 하나"라고 말한다. 리스는 자신의 아버지의 소영지에 대해 "그것은 그곳에 있었다 . . . 그래서 나는 그 땅을 사랑한다고 느꼈다. 다시는 그곳을 잊지 않을 것임도 알게 되었다. 그곳에서 나는 오랫동안 혼자 산보 할 수 있었다. 대단히 아름다운 장소에서 자라나는 것과 그것이 아름답다는 것을 알게 되는 것은 기이한 느낌을 준다. 그러한 느낌은 살아있었고 나는 그 점을 확신하는데 . . . 뭔가 장엄하며 슬픈, 그리고 상실당한 그런 느낌이었다. 나는 내 자신을 그 섬에 동일시하고 그 섬에 몰입하길 원했다(그러나 그 섬은 내게 고개를 돌리고 무관심하게 대해 내 마음을 비탄에 젖게 했다)."(*SP*, p.66)

it quick to say. And isn't it long to live.[164)] And lonely. She was so lonely that she grew away from other people. That happens. It happened to me too but it was easier for me because I hardly remembered anything else. For her it was strange and frightening. And then she was so lovely. I used to think that every time she looked in the glass she must have hoped and pretended. I pretended too. Different things of course. You can pretend for a long time, but one day it all falls away and you are alone. We were alone in the most beautiful place in the world, it is not possible that there can be anywhere else so beautiful as Coulibri. The sea was not far off but we never heard it, we always heard the river. No sea. It was an old-time house and once there was an avenue of royal palms but a lot of them had fallen and others had been cut down and the ones that were left looked lost. Lost trees. Then they poisoned her horse and she could not ride about any more. She worked in the garden even when the sun was very hot and they'd say "You go in now, mistress".'

'And who were they?'

'Christophine was with us, and Godfrey the old gardener stayed, and a boy, I forget his name. Oh yes,' she laughed. 'His name was Disastrous[165)] because his godmother thought it such a pretty word. The parson said, "I cannot christen this child Disastrous, he must have another name," so his name was Disastrous Thomas, we called him

164) For five. . . to live: 앙투아네트와 그녀의 가족은 5년간이나 궁핍한 삶을 이어왔으며 그래서 궁핍함이 영원할 것처럼 느껴짐.

165) Disastrous: 제1부에서 새스는 가족의 충실한 일원으로 곁에 머물고 있다. 독자가 그의 완전한 이름을 알게 된 것은 바로 이 단계에서다.

Sass. It was Christophine who bought our food from the village and persuaded some girls to help her sweep and wash clothes. We would have died, my mother always said, if she had not stayed with us. Many died in those days, both white and black, especially the older people, but no one speaks of those days now. They are forgotten, except the lies. Lies are never forgotten, they go on and they grow.'

'And you,' I said. 'What about you?'

'I was never sad in the morning,' she said, 'and every day was a fresh day for me. I remember the taste of milk and bread and the sound of the grandfather clock ticking slowly and the first time I had my hair tied with string because there was no ribbon left and no money to buy any. All the flowers in the world were in our garden and sometimes when I was thirsty I licked raindrops from the Jasmine leaves after a shower. If I could make you see it, because they destroyed it and it is only here now.' She struck her forehead. 'One of the best things was a curved flight of shallow steps that went down from the *glacis* to the mounting stone, the handrail was ornamented iron.'

'Wrought iron,' I said.

'Yes, wrought iron, and at the end of the last step it was curved like a question mark and when I put my hand on it, the iron was warm and I was comforted.'

'But you said you were always happy.'

'No, I said I was always happy in the morning, not always in the afternoon and never after sunset, for after sunset the house was haunted, Some places are. Then there was that day when she saw I was growing up like a white nigger and she was ashamed of me, it was after that day that everything changed. Yes, it was my fault, it was my fault that she started to plan and work in a frenzy, in a fever to change our lives. Then people came to see us again and though I still hated them and was afraid of their cool, teasing eyes, I learned to hide it.'

'No,' I said.

'Why no?'

'You have never learned to hide it,' I said.

'I learned to try,' said Antoinette. Not very well, I thought.

'And there was that night when they destroyed it.' She lay back in the chair, very pale. I poured some rum out and offered it to her, but she pushed the glass away so roughly that it spilled over her dress. 'There is nothing left now. They trampled on it. It was a sacred place. It was sacred to the sun!' I began to wonder how much of all this was true, how much imagined, distorted. Certainly many of the old estate houses were burned. You saw ruins all over the place.

As if she'd guessed my thoughts she went on calmly, 'But I was telling you about my mother. Afterwards I had fever. I was at Aunt Cora's house in Spanish Town. I heard screams and then someone laughing very loud. Next morning Aunt Cora told me that my mother was ill and had gone to the country. This did not seem strange to me for she was part of Coulibri, and if Coulibri had been destroyed and gone out of my life, it seemed natural that she should go too. I was ill for a long time. My head was bandaged because someone had thrown a stone at me. Aunt Cora told me that it was healing up and that it wouldn't spoil me on my wedding day. But I think it did spoil me for my wedding day and all the other days and nights.'

I said, 'Antoinette, your nights are not spoiled, or your days, put the sad things away. Don't think about them and nothing will be spoiled, I promise you.'

But my heart was heavy as lead.

'Pierre died,' she went on as if she had not heard me, 'and my mother hated Mr Mason. She would not let him go near her or touch her. She said she would kill him, she tried to, I think. So he bought her a house and hired a coloured man and woman to look after her. For a while he was sad but he often left Jamaica and spent a lot of time in Trinidad. He almost forgot her.'

'And you forgot her too,' I could not help saying.

'I am not a forgetting person,' said Antoinette. 'But she — she didn't want me. She pushed me away and cried when I went to see her. They told me I made her worse. People talked about her, they would not leave her alone, they would be talking about her and stop if they saw me. One day I made up my mind to go to her, by myself. Before I reached her house I heard her crying. I thought I will kill anyone who is hurting my mother. I dismounted and ran quickly on to the veranda where I could look into the room. I remember the dress she was wearing — an evening dress cut very low, and she was barefooted. There was a fat black man with a glass of rum in his hand. He said, "Drink it and you will forget." She drank it without stopping. He poured her some more and she took the glass and laughed and threw it over her shoulder. It smashed to pieces. "Clean it up," the man said, "or she'll walk in it."

'"If she walk in it a damn good thing," the woman said. "Perhaps she keep quiet then." However she brought a pan and brush and swept up the broken glass. All this I saw. My mother did not look at them. She walked up and down and said, "But this is a very pleasant surprise, Mr Luttrell. Godfrey, take Mr Luttrell's horse." Then she seemed to grow tired and sat down in the rocking-chair. I saw the man lift her up out of the chair and kiss her.[166)] I saw his mouth fasten on hers and she went all soft and limp in his arms and he laughed. The woman laughed too, but she was angry. When I saw that I ran away. Christophine was waiting for me when I came back crying. "What you want to go up there for?" she said, and I said, "You shut up devil, damned black devil from Hell." Christophine said, "Aie Aie Aie! Look me trouble, look me cross!"'

After a long time I heard her say as if she were talking to herself, 'I have said all I want to say. I have tried to make you understand. But nothing has changed.' She laughed.

'Don't laugh like that, Bertha.'

'My name is not Bertha; why do you call me Bertha?'[167)]

'Because it is a name I'm particularly fond of. I think of you as Bertha.'

'It doesn't matter,' she said.

I said, 'When you went off this morning where did you go?'

'I went to see Christophine,' she said. 'I will tell you anything you

---

166) I say the man . . . kiss her: 아네트는 한 남자의 잔인한 손아귀에 잡혀 꼼짝달싹 하지 못한다. 훗날 크리스토핀이 설명한 바에 의하면, 이 남자는 "자신이 원하면 언제든지 [그녀를] 데리고 갈 수 있다." 이런 관점에서 볼 때, 아네트가 술을 마시는 것은 그다지 놀라운 일이 아니다.

167) Bertha: 앙투아네트가 버싸라는 이름을 싫어하는데도 로체스터는 이 이름을 강요한다. 버싸라는 이름이 아네트의 여러 이름들 중의 하나임을 알게 된 로체스터는 식민지 여성의 운명을 결정하려는 식민주의자의 태도를 보여준다.

wish to know, but in a few words because words are no use, I know that now.'

'Why did you go to see her?'

'I went to ask her to do something for me.'

'And did she do it?'

'Yes.' Another long pause.

'You wanted to ask her advice, was that it?'

She did not answer.

'What did she say?'

'She said that I ought to go away — to leave you.'

'Oh did she?' I said, surprised.

'Yes, that was her advice.'

'I want to do the best for both of us,' I said. 'So much of what you tell me is strange, different from what I was led to expect. Don't you feel that perhaps Christophine is right? That if you went away from this place or I went away — exactly as you wish of course — for a time, it might be the wisest thing we could do?' Then I said sharply, 'Bertha, are you asleep, are you ill, why don't you answer me?' I got up, went over to her chair and took her cold hands in mine. 'We've been sitting here long enough, it is very late.'

'You go,' she said. 'I wish to stay here in the dark . . . where I belong,' she added.

'Oh nonsense,' I said. I put my arms round her to help her up, I kissed her, but she drew away.

'Your mouth is colder than my hands,' she said. I tried to laugh. In the bedroom, I closed the shutters. 'Sleep now, we will talk things over tomorrow.'

'Yes,' she said, 'of course, but will you come in and say goodnight to me?'

'Certainly I will, my dear Bertha.'

'Not Bertha tonight,' she said.

'Of course, on this of all nights, you must be Bertha.'

'As you wish,' she said.

As I stepped into her room I noticed the white powder strewn on the floor. That was the first thing I asked her — about the powder. I asked what it was. She said it was to keep cockroaches away.

'Haven't you noticed that there are no cockroaches in this house and no centipedes. If you knew how horrible these things can be.' She had lit all the candles and the room was full of shadows. There were six on the dressing-table and three on the table near her bed. The light changed her. I had never seen her look so gay or so beautiful. She poured wine into two glasses and handed me one but I swear it was before I drank that I longed to bury my face in her hair as I used to do.[168] I said, 'We are letting ghosts trouble us. Why shouldn't we be happy?' She said, 'Christophine knows about ghosts too, but that is not what she calls them.' She need not have done what she did to me. I will always swear that, she need not have done it. When she handed me the glass she was smiling. I remember saying in a voice that was not like my own that it was too light. I remember putting out the candles on the table near the bed and that is all I remember. All I will remember of the night.

---

168) but I swear . . . used to do: 로체스터는 앙투아네트가 몰래 술에 사랑의 미약을 넣어 사랑행위를 하게 했다고 비난한다. 그러나 이 대목에서 그는 술을 입에 대기 전에 이미 그녀와 사랑을 나누고 싶어했음을 시인한다.

I woke in the dark after dreaming that I was buried alive, and when I was awake the feeling of suffocation persisted.[169] Something was lying across my mouth; hair with a sweet heavy smell. I threw it off but still I could not breathe. I shut my eyes and lay without moving for a few seconds. When I opened them I saw the candles burnt down on that abominable dressing-table, then I knew where I was. The door on to the veranda was open and the breeze was so cold that I knew it must be very early in the morning, before dawn. I was cold too, deathly cold and sick and in pain. I got out of bed without looking at her, staggered into my dressing-room and saw myself in the glass. I turned away at once. I could not vomit. I only retched painfully.

I thought, I have been poisoned.[170] But it was a dull thought, like a child spelling out the letters of a word which he cannot read, and which if he could would have no meaning or context. I was too giddy to stand and fell backwards on to the bed, looking at the

---

169) 크리스토핀은 분말과 3배수의 양초, 포도주, 약초로 만든 전통적인 마법의 치료약을 만들어왔다. 민속학자 데이비스(Wade Davis)는 죽은 사람을 살리는 초자연적인 힘인 좀비즘(zombism)에 대한 연구에서 의약, 독약, 마약의 차이를 단지 조제의 문제로 본다. 조제 분말을 땅에 뿌리는가, 혹은 섭취하는가에 따라 차이가 있다는 것이다. 독약의 증후는 현기증, 호흡곤란, 메스꺼움, 구토, 혈압 강하 및 마비가 있다(Wade Davis, *Passge of Darkness: The Ethnobiology of the Haitian Zombie* [Chapel Hill. U of North Carolina P, 1988). 좀비는 마법사에 의해 만들어지는데, 마법사가 모종의 독극물을 사용해서 희생자의 몸을 죽은 사람처럼 보이게 한 후 매장시킨다. 나중에 희생자를 파내어 해독제를 주면 다시 살아난다.

170) I have been poisoned: 사랑의 미약을 먹은 로체스터는 크게 앓는다. 그러나 숲에서의 방황은 그의 책임일 수도 있으며, 이전에 뱁티스트는 그에게 열병에 걸릴 것임을 경고했다.

blanket which was of a peculiar shade of yellow. After looking at it for some time I was able to go over to the window and vomit. It seemed like hours before this stopped. I would lean up against the wall and wipe my face, then the retching and sickness would start again. When it was over I lay on the bed too weak to move.

I have never made a greater effort in my life than I made then. I longed to lie there and sleep but forced myself up. I was weak and giddy but no longer sick or in pain. I put on my dressing-gown and splashed water on my face, then I opened the door the door into her room.

The cold light was on her and I looked at the sad droop of her lips, the frown between her thick eyebrows, deep as if it had been cut with a knife.[171)] As I looked she moved and flung her arm out. I thought coldly, yes, very beautiful, the thin wrist, the sweet swell of the forearm, the rounded elbow, the curve of her shoulder into her upper arm. All present, all correct. As I watched, hating, her face grew smooth and very young again, she even seemed to smile. A trick of the light perhaps. What else?

She may wake at any moment, I told myself. I must be quick. Her torn shift[172)] was on the floor, I drew the sheet over her gently as if I covered a dead girl. One of the glasses was empty, she had drained hers.[173)] There was some wine left in the other which was on the dressing-table. I dipped my finger into it and tasted it. It was

171) I looked at . . . knife: 앙투아네트에 대한 이러한 묘사는 아네트를 묘사할 때와 매우 흡사함.

172) her torn shift: 로체스터는 사랑의 행위에서 거칠다. 이 점을 크리스토핀이 강조함.

173) she had drained hers: 앙투아네트도 사랑의 미약을 먹었지만 로체스터처럼 앓지 않는다. 그녀에게 약효가 없음은 아이러니컬하다.

bitter. I didn't look at her again, but holding the glass went on to the veranda. Hilda was there with a broom in her hand. I put my finger to my lips and she looked at me with huge eyes, then imitated me, putting her own finger to her lips.

As soon as I had dressed and got out of the house I began to run.

I do not remember that day clearly, where I ran or how I fell or wept or lay exhausted. But I found myself at last near the ruined house and the wild orange tree. Here with my head in my arms I must have slept and when I woke it was getting late and the wind was chilly. I got up and found my way back to the path which led to the house. I knew how to avoid every creeper, and I never stumbled once. I went to my dressing-room and if I passed anyone I did not see them and if they spoke I did not hear them.

There was a tray on the table with a jug of water, a glass and some brown fish cakes. I drank almost all the water, for I was very thirsty, but I did not touch the food. I sat on the bed waiting, for I knew Amélie would come, and I knew what she would say: 'I am sorry for you.'

She came soundlessly on bare feet. 'I get you something to eat,' she said. She brought cold chicken, bread, fruit and a bottle of wine, and I drank a glass without speaking, then another. She cut some of the food up and sat beside me and fed me as if I were a child. Her arm behind my head was warm but the outside when I touched it was cool, almost cold. I looked into her lovely meaningless face, sat up and pushed the plate away. Then she said, 'I am sorry for you.'

'You've told me so before, Amélie. Is that the only song you know?'

There was a spark of gaiety in her eyes, but when I laughed she put her hand over my mouth apprehensively. I pulled her down beside me and we were both laughing. That is what I remember most about that encounter. She was so gay, so natural and something of this gaiety she must have given to me, for I had not one moment of remorse. Nor was I anxious to know what was happening behind the thin partition which divided us from my wife's bedroom.

In the morning, of course, I felt differently.

Another complication. Impossible. And her skin was darker, her lips thicker than I had thought.

She was sleeping very soundly and quietly but there was awareness in her eyes when she opened them, and after a moment suppressed laughter. I felt satisfied and peaceful, but not gay as she did, no, by God, not gay. I had no wish to touch her and she knew it, for she got up at once and began to dress.

'A very graceful dress,' I said and she showed me the many ways it could be worn, trailing on the floor, lifted to show a lace petticoat, or hitched up far above the knee.

I told her that I was leaving the island soon but that before I left I wanted to give her a present.[174)] It was a large present but she took it with no thanks and no expression on her face. When I asked her what she meant to do she said, 'It's long time I know what I want to

---

174) I told her . . . present: 로체스터는 아멜리를 창녀 취급하며 돈을 지불한다. 그러나 아멜리는 리오에 갈 계획을 세우면서 로체스터를 오히려 더 이용한다. 그녀는 자신이야 몸을 파는데 그치지만 로체스터는 자존심과 위엄, 동정심을 상실하고 있다는 점에서 자신보다 못하다고 생각한다. 하지만 그러는 순간에도 아멜리는 하녀만큼이나 자유나 독립심이 없는 앙투아네트에게 미안함을 느낀다.

do and I know I don't get it here.'

'You are beautiful enough to get anything you want,' I said.

'Yes,' she agreed simply. 'But not here.'

She wanted, it seemed, to join her sister who was a dressmaker in Demerara, but she would not stay in Demerara, she said. She wanted to go to Rio.[175)] There were rich men in Rio.

'And when will you start all this?' I said, amused.

'I start now.' She would catch one of the fishing boats at Massacre and get into town.

I laughed and teased her. She was running away from the old woman Christophine, I said.

She was unsmiling when she answered, 'I have malice to no one but I don't stay here.'

I asked her how she would get to Massacre. 'I don't want no horse or mule,' she said. 'My legs strong enough to carry me.'

As she was going I could not resist saying, half longing, half triumphant, 'Well, Amélie, are you still sorry for me?'

'Yes,' she said, 'I am sorry for you. But I find it in my heart to be sorry for her too.'

She shut the door gently. I lay and listened for the sound I knew I should hear, the horse's hoofs as my wife left the house.

---

175) 데메라라(Demerara)는 "엘도라도"(El Dorado)의 이전 명칭이다. 가이아나(Guyana)의 이 해변지역은 19세기 초 대영제국에 공식적으로 통합되었고 1823년에는 신세계에서 가장 큰 노예항쟁이 일어난 지역이었다. 당시 노예항쟁은 잔인무도하게 조기 진압되었다. 리오는 부자들로 하여금 사업에 뛰어들게 하는 리오 데 자네이로(Rio de Janeiro)의 최고의 항구임에도 불구하고, 브라질이 노예제를 1888년까지 유지한데다 유색 자유인들의 안정이 확보되지 못했다는 점에서 부자들에게는 위험한 선택지역이었다.

I turned over and slept till Baptiste woke me with coffee. His face was gloomy.

'The cook is leaving,' he announced.

'Why?'

He shrugged his shoulders and spread his hands open.

I got up, looked out of the window and saw her stride out of the kitchen, a strapping woman. She couldn't speak English, or said she couldn't. I forgot this when I said, 'I must talk to her. What is the huge bundle on her head?'

'Her mattress,' said Baptiste. 'She will come back for the rest. No good to talk to her. She won't stay in this house.'

I laughed.

'Are you leaving too?'

'No,' said Baptiste. 'I am overseer here.'

I noticed that he did not call me 'sir' or 'master'.[176)]

'And the little girl, Hilda?'

'Hilda will do as I tell her. Hilda will stay.'

'Capital,' I said. 'Then why are you looking so anxious? Your mistress will be back soon.'

He shrugged again and muttered, but whether he was talking about my morals or the extra work he would have to do I couldn't tell, for he muttered in patois.

I told him to sling one of the veranda hammocks under the cedar trees and there I spent the rest of that day.

---

176) I noticed that he did not call me 'sir' or 'master': 하인들은 로체스터의 행동을 인정하지 않았으며 로체스터에게 "주인님"이라는 존칭어를 쓰지 않았다. 요리사도 로체스터와 함께 머물려 하지 않음.

Baptiste provided meals, but he seldom smiled and never spoke except to answer a question. My wife did not return. Yet I was not lonely or unhappy. Sun, sleep and the cool water of the river were enough. I wrote a cautious letter to Mr Fraser[177] on the third day.

I told him that I was considering a book about obeah and had remembered his story of the case he had corne across. Had he any idea of the whereabouts of the woman now? Was she still in Jamaica?

This letter was sent down by the twice weekly messenger and he must have answered at once for I had his reply in a few days:

I have often thought of your wife and yourself. And was on the point of writing to you. Indeed I have not forgotten the case. The woman in question was called Josephine or Christophine Dubois, some such name and she had been one of the Cosway servants. After she came out of jail she disappeared, but it was common knowledge that old Mr Mason befriended her. I heard that she owned or was given a small house and a piece of land near Granbois. She is intelligent in her way and can express herself well, but I did not like the look of her at all, and consider her a most dangerous person. My wife insisted that she had gone back. to Martinique her native island, and was very upset that I had mentioned the matter even in such a roundabout fashion. I happen to know now that she has not returned

177) Mr. Fraser: 은퇴한 판사. 로체스터는 앙투아네트가 출타 중인 사흘 동안 크리스토핀을 응징하려는 계획을 세움.

to Martinique, so I have written very discreetly to Hill, the white inspector of police in your town. If she lives near you and gets up to any of her nonsense let him know at once. He'll send a couple of policemen up to your place and she won't get off lightly this time. I'll make sure of that . . . .

So much for you, Josephine or Christophine, I thought. So much for you, Pheena.[178)]

It was that half-hour after the sunset, the blue half-hour I called it to myself. The wind drops, the light is very beautiful, the mountains sharp, every leaf on every tree is clear and distinct. I was sitting in the hammock, watching, when Antoinette rode up. She passed me without looking at me, dismounted and went into the house. I heard her bedroom door slam and her handbell ring violently. Baptiste came running along the veranda. I got out of the hammock and went to the sitting-room. He had opened the chest and taken out a bottle of rum. Some of this he poured into a decanter which he put on a tray with a glass.

'Who is that for?' I said. He didn't answer.

'No road?' I said and laughed.

'I don't want to know nothing about all this,' he said.

---

178) Pheena: 로체스터는 크리스토핀을 앙투아네트의 애완동물의 이름인 피나로 부르는데, 이는 앙투아네트를 그녀의 막강한 동맹인 크리스토핀에게서 떼어놓을 정도로 그 자신이 권력이 생겼음을 의식하기 때문이다. 크리스토핀이라는 이름은 앙리 크리스토프(Henri Chriophe)와 연결된다. 그는 나폴레옹에 대적해서 승리를 이끌었을 뿐만 아니라, 1804년 아이티에 카리브 지역 최초로 흑인정권의 독립국가를 세운 흑인 지도자이다. 또 크리스토핀은 이 지역의 식물이름이기도 하다.

'Baptiste!' Antoinette called in a high voice.

'Yes, mistress.' He looked straight at me and carried the tray out.

As for the old woman, I saw her shadow before I saw her. She too passed me without turning her head. Nor did she go into Antoinette's room or look towards it. She walked along the veranda, down the steps the other side, and went into the kitchen. In that short time the dark had come and Hilda came in to light the candles. When I spoke to her she gave me an alarmed look and ran away. I opened the chest and looked at the rows of bottles inside. Here was the rum that kills you in a hundred years, the brandy, the red and white wine smuggled, I suppose, from St Pierre, Martinique — the Paris of the West Indies. It was rum I chose to drink. Yes, it was mild in the mouth, I waited a second for the explosion of heat and light in my chest, the strength and warmth running through my body. Then I tried the door into Antoinette's room. It yielded very slightly. She must have pushed some piece of furniture against it, that round table probably. I pushed again and it opened enough for me to see her. She was lying on the bed on her back. Her eyes were closed and she breathed heavily. She had pulled the sheet up to her chin. On a chair beside the bed there was the empty decanter, a glass with some rum left in it and a small brass handbell.

I shut the door and sat down with my elbows on the table for I thought I knew what would happen and what I must do. I found the room oppressively hot, so I blew out most of the candles and waited in the half darkness. Then I went on to the veranda to watch the door of the kitchen where a light was showing.

Soon the little girl came out followed by Baptiste. At the same time the handbell in the bedroom rang. They both went into the sitting-room and I followed. Hilda lit all the candles with a frightened roll of the eyes in my direction. The handbell went on ringing.

'Mix me a good strong one, Baptiste. Just what I feel like.'

He took a step away from me and said, 'Miss Antoinette — '

'Baptiste, where are you?' Antoinette called. 'Why don't you come?'

'I come as quick as I can,' Baptiste said. But as he reached for the bottle I took it away from him.

Hilda ran out of the room. Baptiste and I stared at each other. I thought that his large protuberant eyes and his expression of utter bewilderment were comical.

Antoinette shrieked from the bedroom, 'Baptiste! Christophine! Pheena, Pheena!'

'*Que komesse!*'[179] Baptiste said. 'I get Christophine.'

He ran out almost as fast as the little girl had done.

The door of Antoinette's room opened. When I saw her I was too shocked to speak. Her hair hung uncombed and dull into her eyes which were inflamed and staring, her face was very flushed and looked swollen. Her feet were bare. However when she spoke her voice was low, almost inaudible.

'I rang the bell because 1 was thirsty. Didn't anybody hear?'

Before I could stop her she darted to the table and seized the bottle of rum.

'Don't drink any more,' I said.

179) *Que komesse!*: (패트와) What is happening? What's wrong? What a scandal, what confusion!

'And what right have you to tell me what I'm to do? Christophine!' she called again, but her voice broke.

'Christophine is an evil old woman and you know it as well as I do,' I said. 'She won't stay here very much longer.'

'She won't stay here very much longer,' she mimicked me, 'and nor will you, nor will you. I thought you liked the black people so much,' she said, still in that mincing voice, 'but that's just a lie like everything else. You like the light brown girls better, don't you? You abused the planters and made up stories about them, but you do the same thing. You send the girl away quicker, and with no money or less money, and that's all the difference.'[180]

'Slavery was not a matter of liking or disliking,' I said, trying to speak calmly. 'It was a question of justice.'

'Justice,' she said. 'I've heard that word. It's a cold word. I tried it out,' she said, still speaking in a low voice. 'I wrote it down. I wrote it down several times and always it looked like a damn cold lie to me. There is no justice.' She drank some more rum and went on, 'My mother whom you all talk about, what justice did she have? My mother sitting in the rockingchair speaking about dead horses and dead grooms and a black devil kissing her sad mouth. Like you kissed mine,' she said.

The room was now unbearably hot. 'I'll open the window and let a little air in,' I said.

'It will let the night in too,' she said, 'and the moon and the scent

---

180) You abused . . . difference: 로체스터가 여자를 이용하면서 돈을 지불하는 점을 들어 앙투아네트는 그가 비판하는 농장주와 똑같이 행동한다고 지적함.

of those flowers you dislike so much.'

When I turned from the window she was drinking again.

'Bertha,' I said.

'Bertha is not my name. You are trying to make me into someone else, calling me by another name.[181] I know, that's obeah too.'[182]

Tears streamed from her eyes.

'If my father, my real father, was alive you wouldn't come back here in a hurry after he'd finished with you. If he was alive. Do you know what you've done to me? It's not the girl,[183] not the girl. But I loved this place and you have made it into a place I hate. I used to think that if everything else went out of my life I would still have this, and now you have spoilt it. It's just somewhere else where I have been unhappy, and all the other things are nothing to what has happened here. I hate it now like I hate you and before I die I will show you how much I hate you.'

Then to my astonishment she stopped crying and said, 'Is she so much prettier than I am? Don't you love me at all?'

'No, I do not,' I said (at the same time remembering Amélie saying, 'Do you like my hair? Isn't it prettier than hers?'). 'Not at

---

181) You are trying . . . name: 앙투아네트는 로체스터가 자신에게 버싸라는 이름을 계속 사용하는 것이 자신을 통제하려는 또 다른 방식임을 깨닫는다.

182) 전통적인 아프리카 사회에서 이름은 매우 중요하므로 이름을 바꾼다는 것은 한 사람의 목숨을 바꿀 정도로 큰 의미를 지닌다. 자신의 좀비를 만들어내는 제식에서 희생자는 새로운 이름이 붙혀진다. 앵글로-아메리칸 결혼의 제식에 따른 앙투아네트의 바뀐 성(surname)도 아프리카와 카리브 맥락에서는 이같은 좀비화로 볼 수 있다.

183) It's not the girl: 앙투아네트는 로체스터의 부정함을 용서할 수 있지만, 그녀의 평화와 행복을 제멋대로 파괴하는 것은 용서하기 힘들다. 그는 앙투아네트의 초기의 행복한 기억들까지도 없애려 한다.

this moment,' I said.

She laughed at that. A crazy laugh.

'You see. That's how you are. A stone. But it serves me right because didn't Aunt Cora say to me don't marry him. Not if he were stuffed with diamonds. And a lot of other things she told me. Are you talking about England, I said, and what about Grandpappy passing his glass over the water decanter and the tears running down his face for all the friends dead and gone, whom he would never see again. That was nothing to do with England that I ever heard, she said. On the contrary:

A Benky[184] *foot and a Benky leg*
For Charlie over the water.
Charlie, Charlie,'[185]

she sang in a hoarse voice. And lifted the bottle to drink again.

I said, and my voice was not very calm, 'No.'

I managed to hold her wrist with one hand and the rum with the other, but when I felt her teeth in my arm I dropped the bottle. The smell filled the room. But I was angry now and she saw it. She

---

184) Benky: 스코틀랜드의 지방어로 bent, crooked, bandy.

185) *Charlie*: 1688년 스튜어트왕 제임스 2세가 폐위되자 그 아들 찰스는 영국의 왕좌를 계승할 것을 주장했다. 대부분의 사람들, 특히 스코틀랜드 사람들은 스튜어트 왕가에 충성했는데 당시 찰스가 프랑스에 살고 있어 "Charlie over the water"라고 외쳤다. 제임스 2세 옹호자들의 움직임은 스코틀랜드, 웨일즈와 아일랜드, 그리고 카톨릭에서는 막강했다. 스코틀랜드의 하이랜드에서 크게 유행했던 "Charlie over the water"란 노래들이 무수히 많이 나온 것도 그중의 하나로, 제임스 2세의 손자인 Young Pretender 찰스 에드워드가 주도한 1745년의 모반을 들 수 있는데, 실패로 끝나고 말았다.

smashed another bottle against the wall and stood with the broken glass in her hand and murder in her eyes.

'Just you touch me once. You'll soon see if I'm a dam' coward like you are.'

Then she cursed me comprehensively, my eyes, my mouth, every member of my body, and it was like a dream in the large unfurnished room with the candles flickering and this redeyed wild-haired stranger who was my wife shouting obscenities at me.[186) It was at this nightmare moment that I heard Christophine's calm voice.

'You hush up and keep yourself quiet. And don't cry. Crying's no good with him. I told you before. Crying's no good.'

Antoinette collapsed on the sofa and went on sobbing. Christophine looked at me and her small eyes were very sad. 'Why you do that eh?[187) Why you don't take that worthless good-for-nothing girl somewhere else? But she love money like you love money — must be why you come together. Like goes to like.'

I couldn't bear any more and again I went out of the room and sat on the veranda.

My arm was bleeding and painful and I wrapped my handkerchief round it, but it seemed to me that everything round me was hostile. The telescope drew away and said don't touch me. The trees were

---

186) 『제인 에어』에서 제인이 버싸를 보며 "그것은 변색된 얼굴이었다—야만인의 얼굴이었다. 나는 그 붉게 충혈된 눈알의 굴림과 용모가 주는 무서울만치 검게 충혈된 모습을 잊어버렸으면 했다."(ch.25)

187) Why you do that eh?: 크리스토핀이 로체스터에게 아멜리를 어딘가로 데리고 갈 정도로 예의가 없냐면서 정면으로 따짐.

threatening and the shadows of the trees moving slowly over the floor menaced me. That green menace. I had felt it ever since I saw this place. There was nothing I knew, nothing to comfort me.

I listened. Christophine was talking softly. My wife was crying. Then a door shut. They had gone into the bedroom. Someone was singing '*Ma belle ka di*',[188] or was it the song about one day and a thousand years. But whatever they were singing or saying was dangerous. I must protect myself. I went softly along the dark veranda. I could see Antoinette stretched on the bed quite still. Like a doll. Even when she threatened me with the bottle she had a marionette[189] quality. '*Ti moun*,'[190] I heard and '*Doudou ché*,'[191] and the end of a head handkerchief made a finger on the wall. '*Do do l'enfant do*.'[192] Listening, I began to feel sleepy and cold.

I stumbled back into the big candlelit room which still smelt strongly of rum. In spite of this I opened the chest and got out another bottle. That was what I was thinking when Christophine came in. I was thinking of a last strong drink in my room, fastening both doors, and sleeping.

'I hope you satisfy, I hope you well satisfy,' she said, 'and no good to start your lies with me. I know what you do with that girl as well as you know. Better. Don't think I frightened of you either.'

---

188) *Ma belle ka di*: (패트와) My beautiful one has said

189) marionette: a puppet doll whose limbs can be controlled by strings.

190) *Ti moun*: (패트와) Little person, little one.

191) *Doudou che*: (패트와) Dearest darling.

192) *Do do l'enfant do*: (패트와) Sleep child sleep.

'So she ran off to tell you I'd ill-treated her, did she? I ought to have guessed that.'

'She don't tell me a thing,' said Christophine. 'Not one single thing. Always the same. Nobody is to have any pride but you.[193] She have more pride than you and she say nothing. I see her standing at my door with that look on her face and I know something bad happen to her. I know I must act quick and I act.'

'You seem to have acted, certainly. And what did you do before you brought her back in her present condition?'

'What did I do! Look! don't you provoke me more than I provoke already. Better not I tell you. You want to know what I do? I say *doudou*, if you have trouble you are right to come to me. And I kiss her. It's when I kiss her she cry — not before. It's long time she hold it back, I think. So I let her cry. That is the first thing. Let them cry — it eases the heart. When she can't cry no more I give her a cup of milk — it's lucky I have some. She won't eat, she won't talk. So I say, "Lie down on the bed *doudou* and try to sleep, for me I can sleep on the floor, don't matter for me." She isn't going to sleep natural that's certain, but I can make her sleep. That's what I do. As for what you do — you pay for it one day.[194]

'When they get like that,' she said, 'first they must cry, then they must sleep. Don't talk to me about doctor, I know more than any

---

193) Nobody is to have any pride but you: 로체스터는 앙투아네트가 크리스토핀에게 모든 것을 다 이야기한다고 생각하지만 앙투아네트는 자존심이 강해 다 말하지 않는다. 크리스토핀이 직접 목격하고 여러 가지를 물어봄으로써 많은 것을 알아냄.

194) you pay for it one day: 로체스터가 앙투아네트에게 잔인하게 대해 앞으로 고통을 겪게 될 것이라고 크리스토핀이 위협.

doctor. I undress Antoinette so she can sleep cool and easy; it's then I see you very rough with her eh?'

At this point she laughed — a hearty merry laugh. 'All that is a little thing — it's nothing. If you see what I see in this place with the machete[195)] bright and shining in the corner, you don't have such a long face for such a little thing. You make her love you more if that's what you want. It's not for that she have the look of death on her face. Oh no.

'One night,' she went on, 'I hold on a woman's nose because her husband nearly chop it off with his machete. I hold it on, I send a boy running for the doctor and the doctor come galloping at dead of night to sew up the woman. When he finish he tell me, "Christophine you have a great presence of mind." That's what he tell me. By this time the man crying like a baby. He says, "Doctor I don't mean it. It just happened." "I know, Rupert," the doctor says, "but it mustn't happen again. Why don't you keep the damn machete in the other room?" he says. They have two small rooms only so I say, "No, doctor — it much worse near the bed. They chop each other up in no time at all." The doctor he laugh and laugh. Oh he was a good doctor. When he finished with that woman nose I won't say it look like before but I will say it don't notice much. Rupert that man's name was. Plenty Ruperts here you notice? One is Prince Rupert, and one who makes songs is Rupert the Rine. You see him? He sells his songs down by the bridge there in town. It's in the town I live when I first leave Jamaica. It's a pretty name eh — Rupert — but

195) machete: cutlass, large sharp knife used to cut sugarcane.

where they get it from? I think it's from old time they get it.[196)]

'That doctor an old-time doctor. These new ones I don't like them. First word in their mouth is police. Police — that's something I don't like.'

'I'm sure you don't,' I said. 'But you haven't told me yet what happened when my wife was with you. Or exactly what you did?'

'*Your wife!*' she said. 'You make me laugh. I don't know all you did but I know some. Everybody know that you marry her for her money and you take it all. And then you want to break her up, because you jealous of her. She is more better than you, she have better blood in her and she don't care for money — it's nothing for her. Oh I see that first time I look at you. You young but already you hard. You fool the girl. You make her think you can't see the sun for looking at her.'[197)]

It was like that, I thought. It was like that. But better to say nothing. Then surely they'll both go and it will be my turn to sleep — a long deep sleep, mine will be, and very far away.

'And then,' she went on in her judge's voice, 'you make love to her till she drunk with it, no rum could make her drunk like that, till she can't do without it. It's *she* can't see the sun any more. Only you

---

196) Prince Rupert(1619-82)는 찰스 1세의 독일계 조카인 루퍼트 공은 1648-50년 사이에 영국함대의 사령관이었다. 1652년 카리브제도에서 사략선(私掠船)(전시에 적의 상선을 나포할 수 있는 허가를 받은 민간 무장선)으로 전투에 참여한 영국내전의 왕당파 지도자였던 그는 스튜어트 왕정복고(1660)이후 해군 제독이 되었고 수많은 항구들에 그의 이름이 붙혀졌다. 도미니카 서쪽에 프린스 루퍼트 만이 있다.

197) You make . . . at her: You made her think you were madly in love with her. 로체스터는 크리스토핀의 주장의 진실을 인정한다. 나중에 그는 앙투아네트에게 아멜리와 사랑 행위를 일부러 들려주려 했음을 시인한다.

she see. But all you want is to break her up.'

(*Not the way you mean, I thought*)

'But she hold out eh?[198] She hold out.'

(*Yes, she held out. A pity*)

'So you pretend to believe all the lies that damn bastard tell you.'

(*That damn bastard tell you*)

Now every word she said was echoed, echoed loudly in my head.

'So that you can leave her alone.'

(*Leave her alone*)

'Not telling her why.'

(*Why?*)

'No more love, eh?'

(*No more love*)

'And that,' I said coldly, 'is where you took charge, isn't it? You tried to poison me.'

'Poison you? But look me trouble, the man crazy! She come to me and ask me for something to make you love her again and I tell her no I don't meddle in that for *béké*. I tell her it's foolishness.'

(*Foolishness foolishness*)

'And even if it's no foolishness, it's too strong for *béké*.'

(*Too strong for béké. Too strong*)

'But she cry and she beg me.'

(*She cry and she beg me*)

'So I give her something for love.'

198) But she hold out eh?: 로체스터는 앙투아네트를 진정시키려 하나 그녀가 생각보다 강한 성격임을 느낀다.

(*For love*)

'But you don't love. All you want is to break her up. And it help you break her up.'

(*Break her up*)

'She tell me in the middle of all this you start calling her names. Marionette. Some word so.'

'Yes, I remember, I did.'

(*Marionette, Antoinette, Marionetta, Antainetta*)

'That word mean doll, eh? Because she don't speak. You want to force her to cry and to speak.'

(*Force her to cry and to speak*)

'But she won't. So you think up something else. You bring that worthless girl to play with next door and you talk and laugh and love so that she hear everything. You meant her to hear.'

Yes, that didn't just happen. I meant it.

(*I lay awake all night long after they were asleep, and as soon as it was light I got up and dressed and saddled Preston. And I came to you. Oh Christophine. O Pheena, Pheena, help me.*)

'You haven't yet told me exactly what you did with my — with Antoinette.'

'Yes I tell you. I make her sleep.'

'What? All the time?'

'No, no. I wake her up to sit in the sun, bathe in the cool river. Even if she dropping with sleep. I make good strong soup I give her milk if I have it, fruit I pick from my own trees. If she don't want to eat I say, "Eat it up for my sake, *doudou*." And she eat it up, then she sleep again.'

'And why did you do all this?'

There was a long silence. Then she said, 'It's better she sleep. She must sleep while I work for her — to make her well, again. But I don't speak of all that to you.'

'Unfortunately your cure was not successful. You didn't make her well. You made her worse.'

'Yes I succeed,' she said angrily. 'I succeed. But I get frightened that she sleep too much, too long. She is not *béké* like you, but she is *béké*, and not like us either. There are mornings when she can't wake, or when she wake it's as if she still sleeping. I don't want to give her any more of — of what I give. So,' she went on after another pause, 'I let her have rum instead. I know that won't hurt her. Not much. As soon as she has the rum she starts raving that she must go back to you and I can't quiet her. She says she'll go alone if I don't come but she beg me to come. And I hear well when you tell her that you don't love her — quite calm and cool you tell her so, and undo all the good I do.'

'The good you did! I'm very weary of your nonsense, Christophine. You seem to have made her dead drunk on bad rum and she's a wreck. I scarcely recognized her. Why you did it I can't say — hatred of me I suppose. And as you heard so much perhaps you were listening to all she admitted — boasted about, and to the vile names she called me. Your *doudou* certainly knows some filthy language.'

'I tell you no. I tell you it's nothing. You make her so unhappy she don't know what she is saying. Her father old Mister Cosway swear like half past midnight[199] — she pick it up from him. And once, when she was little she run away to be with the fishermen and the sailors on the bayside. Those men!' She raised her eyes to the ceiling. 'Never would you think they was once innocent babies. She come back copying them. She don't understand what she says.'

'I think she understood every word, and meant what she said too. But you are right, Christophine — it was all a very little thing. It was nothing. No machete here, so no machete damage. No damage at all by this time. I'm sure you took care of that however drunk you made her.'

'You are a damn hard man for a young man.'

'So you say, so you say.'

'I tell her so. I warn her. I say this is not a man who will help you when he sees you break up. Only the best can do that. The best — and sometimes the worst.'

'But you think I'm one of the worst, surely?'

'No,' she said indifferently, 'to me you are not the best, not the worst. You are — ' she shrugged ' — you will not help her. I tell her so.'

Nearly all the candles were out. She didn't light fresh ones — nor did I. We sat in the dim light. I should stop this useless conversation, I thought, but could only listen, hypnotized, to her dark voice coming from the darkness.

'I know that girl. She will never ask you for love again, she will die first.[200] But I Christophine I beg you. She love you so much.

---

199) swear like half past midnight: swear like a trooper. 욕설을 심하게 퍼붓다. 자정이 절반 지날 무렵이면 술꾼은 정신을 놔 버릴 정도로 술에 취해 거침없이 욕지기를 해댄다.

200) She will never . . . die first: 앙투아네트는 로체스터를 열정적으로 사랑하지만 그에게

She thirsty for you. Wait, and perhaps you can love her again. A little, like she say. A little. Like you can love.'

I shook my head and went on shaking it mechanically.

'It's lies all that yellow bastard tell you. He is no Cosway either.[201] His mother was a no-good woman and she try to fool the old man but the old man isn't fooled. "One more or less" he says, and laughs. He was wrong. More he do for those people, more they hate him. The hate in that man Daniel — he can't rest with it. If I know you coming here I stop you. But you marry quick, you leave Jamaica quick. No time.'

'She told me that all he said was true. She wasn't lying then.'

'Because you hurt her she want to hurt you back, that's why.'

'And that her mother was mad. Another lie?'

Christophine did not answer me at once. When she did her voice was not so calm.

'They drive her to it. When she lose her son she lose herself for a while and they shut her away. They tell her she is mad, they act like she is mad. Question, question. But no kind word, no friends, and her husban' he go off, he leave her. They won't let me see her. I try, but no. They won't let Antoinette see her. In the end — mad I don't know — she give up, she care for nothing. That man who is in charge of her he take her whenever he want[202] and his woman talk. That man,

---

결코 사랑을 요구하지는 않을 것임.

201) He is no Cosway either: 크리스토핀은 대니얼과 앙투아네트가 아무런 관련성이 없다고 주장함.

202) That man . . . he want: 크리스토핀은 아네트의 "광기"를 아네트가 강요된 삶을 살았다는 관점에서 이해할 수 있다고 내비친다. 흑인 감호자를 포함해 과거 노예였던 흑인들은 아네트를 마음대로 강간했었다.

and others. Then they have her. Ah there is no God.'

'Only your spirits,' I reminded her.

'Only my spirits,' she said steadily. 'In your Bible it say God is a spirit — it don't say no others. Not at all. It grieve me what happen to her mother, and I can't see it happen again. You call her a doll? She don't satisfy you? Try her once more, I think she satisfy you now. If you forsake her they will tear her in pieces — like they did her mother.'

'I will not forsake her,' I said wearily. 'I will do all I can for her.'

'You will love her like you did before?'

(*Give my sister your wife a kiss from me. Love her as I did — oh yes I did.*[203] *How can I promise that?*) I said nothing.

'It's she won't be satisfy. She is Creole girl, and she have the sun in her. Tell the truth now. She don't come to your house in this place England they tell me about, she don't come to your beautiful house to beg you to marry with her. No, it's you come all the long way to her house — it's you beg her to marry. And she love you and she give you all she have. Now you say you don't love her and you break her up. What you do with her money, eh?' Her voice was still quiet but with a hiss in it when she said 'money'. I thought, of course, that is what all the rigmarole is about. I no longer felt dazed, tired, half hypnotized, but alert and wary, ready to defend myself.

Why, she wanted to know, could I not return half of Antoinette's dowry and leave the island — 'leave the West Indies if you don't

---

203) *oh yes I did*: 로체스터는 크리스토핀의 말이 옳다고 생각하면서 자기가 앙투아네트를 사랑했음을 자인한다.

want her no more.' I asked the exact sum she had in mind, but she was vague about that.

'You fix it up with lawyers and all those things.'

'And what will happen to her then?'

She, Christophine, would take good care of Antoinette (and the money of course).

'You will both stay here?' I hoped that my voice was as smooth as hers.

No, they would go to Martinique. Then to other places.

'I like to see the world before I die.'

Perhaps because I was so quiet and composed she added maliciously, 'She marry with someone else. She forget about you and live happy.'

A pang of rage and jealousy shot through me then. Oh no, she won't forget. I laughed.

'You laugh at me? Why you laugh at me?'

'Of course I laugh at you — you ridiculous old woman. I don't mean to discuss my affairs with you any longer. Or your mistress. I've listened to all you had to say and I don't believe you. Now, say good-bye to Antoinette, then go. You are to blame for all that has happened here, so don't come back.'

She drew herself up tall and straight and put her hands on her hips. 'Who you to tell me to go? This house belong to Miss Antoinette's mother, now it belong to her. Who you to tell me to go?'

'I assure you that it belongs to me now. You'll go, or I'll get the men to put you out.'

'You think the men here touch me? They not damn fool like you to put their hand on me.'

'Then I will have the police up, I warn you. There must be some law and order even in this God-forsaken island.'

'No police here,' she said. 'No chain gang, no tread machine, no dark jail either.[204)] This is free country and I am free woman.'

'Christophine,' I said, 'you lived in Jamaica for years, and you know Mr Fraser, the Spanish Town magistrate, well. I wrote to him about you. Would you like to hear what he answered?' She stared at me. I read the end of Fraser's letter aloud: *'I have written very discreetly to Hill, the white inspector of police in your town. If she lives near you and gets up to any of her nonsense let him know at once. He'll send a couple of policemen up to your place and she won't get off lightly this time. . . .* You gave your mistress the poison that she put into my wine?'

'I tell you already — you talk foolishness.'

'We'll see about that — I kept some of that wine.'

'I tell her so,' she said. 'Always it don't work for *béké*. Always it bring trouble . . . So you send me away and you keep all her money. And what you do with her?'

'I don't see why I should tell you my plans. I mean to go back to Jamaica to consult the Spanish Town doctors and her brother. I'll follow their advice. That is all I mean to do. She is not well.'

---

204) 도제 체제에 불응하는 노동자는 농장 토굴감옥과 교도소의 교구에 보내졌다. 이 시기에 영국에서 수입된 발로 밟아돌리는 바퀴(treadmill)는 이들에 대한 처벌기구로 가혹한 노동을 시키기 위해 고안된 것이었다. 이 기계장치는 주변에 여러 발판을 갖춘 레일로 된 틀 위에 목재로 된 빈 실린더를 놓은 것이다. 죄수들은 기계에 가죽 끈으로 붙들여 매진 채 발판을 계속 걷거나 "dancing the treadmill"을 하면서 바퀴를 돌려야 했다. 이 감옥과 고문 방식은 당시 영국에서 수용된 감옥의 개혁이상을 침해하는 것이었다.

'Her brother!' She spat on the floor. 'Richard Mason is no brother to her. You think you fool me? You want her money but you don't want her. It is in your mind to pretend she is mad. I know it. The doctors say what you tell them to say. That man Richard he say what you want him to say — glad and willing too, I know. She will be like her mother. You do that for money? But you wicked like Satan self!'

I said loudly and wildly, 'And do you think that I wanted all this? I would give my life to undo it. I would give my eyes never to have seen this abominable place.'

She laughed. 'And that's the first damn word of truth you speak. You choose what you give, eh?[205] Then you choose. You meddle in something and perhaps you don't know what it is.' She began to mutter to herself. Not in patois. I knew the sound of patois now.

She's as mad as the other, I thought, and turned to the window.

The servants were standing in a group under the clove tree. Baptiste, the boy who helped with the horses and the little girl Hilda.

Christophine was right. They didn't intend to get mixed up in this business.

When I looked at her there was a mask on her face and her eyes were undaunted. She was a fighter, I had to admit. Against my will I repeated, 'Do you wish to say good-bye to Antoinette?'

'I give her something to sleep — nothing to hurt her. I don't wake her up to no misery. I leave that for you.'

'You can write to her,' I said stiffly.

205) 『제인 에어』에서 로체스터는 쏜필드 홀의 화재로 한 쪽 시력을 상실한다.

'Read and write I don't know.[206] Other things I know.'

She walked away without looking back.

All wish to sleep had left me. I walked up and down the room and felt the blood tingle in my finger-tips. It ran up my arms and reached my heart, which began to beat very fast. I spoke aloud as I walked. I spoke the letter I meant to write.

'I know now that you planned this because you wanted to be rid of me. You had no love at all for me. Nor had my brother. Your plan succeeded because I was young, conceited, foolish, trusting. Above all because I was young. You were able to do this to me . . .'

But I am not young now, I thought, stopped pacing and drank. Indeed this rum is mild as mother's milk or father's blessing.

I could imagine his expression if I sent that letter and he read it.

'Dear Father,' I wrote. 'We are leaving this island for Jamaica very shortly. Unforeseen circumstances, at least unforeseen by me, have forced me to make this decision. I am certain that you know or can guess what has happened, and I am certain you will believe that the less you talk to anyone about my affairs, especially my marriage, the better. This is in your interest as well as

---

206) Read and write I don't know: 로체스터는 크리스토핀이 앙투아네트 곁을 떠나도록 압력을 가하면서 크리스토핀이 글자를 쓸 수 있다고 말한다. 그러자 크리스토핀은 자신은 문맹이지만 다른 지식과 기술을 갖고 있다고 언급한다. 제3부에서 앙투아네트가 크리스토핀에게 도와달라고 외치면서 "돌이켜보니 나는 여태껏 크리스토핀의 도움을 받아왔다"("looking behind me I saw that I had been helped.")라고 말한다.

mine. You will hear from me again. Soon I hope.'

Then I wrote to the firm of lawyers I had dealt with in Spanish Town. I told them that I wished to rent a furnished house not too near the town, commodious enough to allow for two separate suites of rooms. I also told them to engage a staff of servants whom I was prepared to pay very liberally — so long as they keep their mouths shut, I thought — provided that they are discreet, I wrote. My wife and myself would be in Jamaica in about a week and expected to find everything ready.

All the time I was writing this letter a cock crowed persistently outside. I took the first book I could lay hands on and threw it at him, but he stalked a few yards away and started again.

Baptiste appeared, looking towards Antoinette's silent room.

'Have you got much more of this famous rum?'

'Plenty rum,' he said.

'Is it really a hundred years old?'

He nodded indifferently. A hundred years, a thousand all the same to *le bon Dieu*[207)] and Baptiste too.

'What's that damn cock crowing about?'

'Crowing for change of weather.'

Because his eyes were fixed on the bedroom I shouted at him, 'Asleep, *dormi, dormi.*'[208)]

He shook his head and went away.

---

207) *le bon Dieu*: (불어) the good God

208) dormi: (불어) sleep.

He scowled at me then, I thought. I scowled too as I re-read the letter I had written to the lawyers. However much I paid Jamaican servants I would never buy discretion. I'd be gossiped about, sung about (but they make up songs about everything, everybody. You should hear the one about the Governor's wife).[209] Wherever I went I would be talked about. I drank some more rum and, drinking, I drew a house surrounded by trees. A large house. I divided the third floor into rooms and in one room I drew a standing woman[210] — a child's scribble, a dot for a head, a larger one for the body, a triangle for a skirt, slanting lines for arms and feet. But it was an English house.

English trees. I wondered if I ever should see England again.

UNDER THE OLEANDERS[211] . . . I watched the hidden mountains and the mists drawn over their faces. It's cool today; cool, calm and cloudy as an English summer. But a lovely place in any weather, however far I travel I'll never see a lovelier.

The hurricane months[212] are not so far away, I thought, and saw that tree strike its roots deeper, making ready to fight the wind. Useless. If and when it comes they'll all go. Some of the royal palms stand (she told me). Stripped of their branches, like tall brown

---

209) 1640년 앤티가 섬의 영국 총독의 임신한 아내와 아이들이 카립족에게 납치당한 역사적인 사건. 이때 총독의 아내가 구출되기를 거부했다 하여 전설적 이야기로 남은 듯하다.

210) *I divided . . . woman:* 카리브 제도를 떠나기 전까지 로체스터는 앙투아네트가 영국의 쏜필드 홀 3층 방에 억류되어있는 모습을 마음속에 떠올리고 있음.

211) oleander: 독이 있는 상록수.

212) 8월부터 10월까지.

pillars, still they stand — defiant. Not for nothing are they called royal. The bamboos take an easier way, they bend to the earth and lie there, creaking, groaning, crying for mercy. The contemptuous' wind passes, not caring for these abject things. (*Let them live.*) Howling, shrieking, laughing the wild blast passes.

But all that's some months away. It's an English summer now, so cool, so grey. Yet I think of my revenge and hurricanes. Words rush through my head (deeds too). Words. Pity is one of them. It gives me no rest.

Pity like a naked new-born babe striding the blast.[213)]

I read that long ago when I was young — I hate poets now and poetry. As I hate music which I loved once. Sing your songs, Rupert the Rine, but I'll not listen, though they tell me you've a sweet voice . . . .

Pity. Is there none for me? Tied to a lunatic for life — a drunken lying lunatic — gone her mother's way.

'*She love you so much, so much. She thirsty for you. Love her a little like she say. It's all that you can love — a little.*'

Sneer to the last, Devil. Do you think that I don't know? She thirsts for *anyone* — not for me . . .

She'll loosen her black hair, and laugh and coax and flatter (a mad girl. She'll not care who she's loving). She'll moan and cry and give herself as no sane woman would — or could. *Or could.* Then lie so still, still as this cloudy day. A lunatic who always knows the time.

213) Pity . . . the blast: "연민은 벌거숭이 갓난아이 모습으로 돌풍에 걸터앉아." 이 구절은 『맥베드』(1.7.21-22)에서 마지막 의혹을 품은 맥베드의 독백에서 인용함. 그는 스코틀랜드 왕 던컨을 배반하고 살해할 뜻을 확인하려들며, 결국 살인을 행한다.

But never does.

Till she's drunk so deep, played her games so often that the lowest shrug and jeer at her. And I'm to know it — I? No, I've a trick worth two of that.

'She love you so much, so much. Try her once more.'

I tell you she loves no one, anyone. I could not touch her. Excepting as the hurricane will touch that tree — and break it. You say I did? No. That was love's fierce play. Now I'll do it.

She'll not laugh in the sun again. She'll not dress up and smile at herself in that damnable looking-glass. So pleased, so satisfied.

Vain, silly creature. Made for loving? Yes, but she'll have no lover, for I don't want her and she'll see no other. The tree shivers. Shivers and gathers all its strength. And waits. (There is a cool wind blowing now — a cold wind. Does it carry the babe born to stride the blast of hurricanes?)

She said she loved this place. This is the last she'll see of it. I'll watch for one tear, one human tear. Not that blank hating moonstruck face. I'll listen. . . . If she says good-bye perhaps adieu. *Adieu* — like those old-time songs she sang. Always *adieu* (and all songs say it). If she too says it, or weeps, I'll take her in my arms, my lunatic. She's mad but *mine, mine.* What will I care for gods or devils or for Fate itself. If she smiles or weeps or both. For me.

Antoinetta — I can be gentle too. Hide your face. Hide yourself but in my arms. You'll soon see how gentle. My lunatic. My mad girl.

Here's a cloudy day to help you. No brazen sun.

No sun . . . No sun. The weather's changed.

BAPTISTE WAS WAITING and the horses saddled. That boy stood by the clove tree and near him the basket he was to carry. These baskets are light and waterproof. I'd decided to use one for a few necessary clothes — most of our belongings were to follow in a day or two. A carriage was to meet us at Massacre. I'd seen to everything, arranged everything.

She was there in the *ajoupa;* carefully dressed for the journey, I noticed, but her face blank, no expression at all. Tears? There's not a tear in her. Well, we will see. Did she remember anything, I wondered, feel anything? (That blue cloud, that shadow, is Martinique. It's clear now . . . Or the names of the mountains. No, not mountain. *Morne,*[214] she'd say. 'Mountain is an ugly word — for them.' Or the stories about Jack Spaniards.[215] Long ago. And when she said, 'Look! The Emerald Drop! That brings good fortune.' Yes, for a moment the sky was green — a bright green sunset. Strange. But not half so strange as saying it brought good fortune.)

After all I was prepared for her blank indifference. I knew that my dreams were dreams. But the sadness I felt looking at the shabby white house — I wasn't prepared for that. More than ever before it strained away from the black snake-like forest. Louder and more desperately it called: Save me from destruction, ruin and desolation. Save me from the long slow death by ants. But what are you doing here you folly? So near the forest. Don't you know that this is a dangerous place? And that the dark forest always wins? Always. If

214) morne: (*패트와*) The word used for mountain also means 'sad', 'lonely'.

215) Polistes cintus는 카리브 제도에서 흔한 장수말벌의 일종. 크기가 영국 말벌의 두 배로 서까래에 "종이집"을 짓는다.

you don't, you soon will, and I can do nothing to help you.

Baptiste looked very different. Not a trace of the polite domestic. He wore a very wide-brimmed straw hat, like the fishermen's hats, but the crown flat, not high and pointed. His wide leather belt was polished, so was the handle of his sheathed cutlass, and his blue cotton shirt and trousers were spotless. The hat, I knew, was waterproof. He was ready for the rain and it was certainly on its way.

I said that I would like to say good-bye to the little girl who laughed — Hilda. 'Hilda is not here,' he answered in his careful English. 'Hilda has left — yesterday.'

He spoke politely enough, but I could feel his dislike and contempt. The same contempt as that devil's when she said, 'Taste my bull's blood.' Meaning that will make you a man. Perhaps. Much I cared for what they thought of me! As for her, I'd forgotten her for the moment. So I shall never understand why, suddenly, bewilderingly, I was certain that everything I had imagined to be truth was false.[216] False. Only the magic and the dream are true — all the rest's a lie. Let it go. Here is the secret. Here.

(*But it is lost, that secret, and those who know it cannot tell it.*)

Not lost. I had found it in a hidden place and I'd keep it, hold it fast. As I'd hold her. I looked at her. She was staring out to the distant sea. She was silence itself.

Sing, Antoinetta. I can hear you now.

---

216) everything I had imagined to be truth was false: 얼마동안 로체스터는 앙투아네트에 대해 부정적인 소문을 믿는 것이 잘못이라고 생각함. 잠시나마 사랑을 이해하지 못했을 때조차도 사랑을 받아들이려 하는 로체스터의 모습이 엿보임.

Here the wind says it has been, it has been
And the sea says it must be, it must be
And the sun says it can be, it will be
And the rain . . . ?

'You must listen to that. Our rain knows all the songs.'
'And all the tears?'
'All, all, all.'

Yes, I will listen to the rain. I will listen to the mountain bird. Oh, a hearts topper is the solitaire's[217)] one note — high, sweet, lonely, magic. You hold your breath to listen . . . No . . . Gone. What was I to say to her?

Do not be sad. Or think Adieu. Never Adieu. We will watch the sun set again — many times, and perhaps we'll see the Emerald Drop, the green flash that brings good fortune. And you must laugh and chatter as you used to do — telling me about the battle off the Saint or the picnic at Marie Galante — that famous picnic that turned into a fight. Or the pirates and what they did between voyages. For every voyage might be their last. Sun and sangoree's a heady mixture. Then — the earthquake.[218)] 'Oh yes, people say

217) the solitaire's: 멋진, 영묘한 노래를 부르는 개똥지빠귀새. 리스는 이 소설의 제목을 "Solitaire"로 해볼까도 고려했다. 이 새의 이름에서 로체스터의 고독감이 반향됨.

218) 마리 갈랑테(Maire Gallante)와 생트 섬(the Saints)은 과달루페와 도미니카 사이의 작은 섬들. 1782년 4월 12일, 생트 섬들을 앞에 두고 영국과 프랑스 사이에 해전이 있었음을 말한다. 영국의 승리로 영국제독 로드니(Lord Rodney)는 자메이카의 구원자이자 일종의 컬트적 인물로 숭앙받았고, 4월 12일은 국경일로 지정되었다. 자메이카의 포트 로얄(Port Royal)은 1692년 7월 17일 지진으로 거의 완전히 파괴되었다. 1843년 또 다른 강진이 윈드워드(Windward)와 리워드(Leeward)섬들을 강타하여 초토화시켰고 많은 사상

that God was angry at the things they did, woke from his sleep, one breath and they were gone. He slept again. But they left their treasure, gold and more than gold. Some of it is found — but the finders never tell, because you see they'd only get one-third then: that's the law of treasure. They want it all, so never speak of it. Sometimes precious things, or jewels. There's no end to what they find and sell in secret to some cautious man who weighs and measures, hesitates, asks questions which are not answered, then hands over money in exchange. Everybody knows that gold pieces, treasures, appear in Spanish Town — (here too). In all the islands, from nowhere, from no one knows where. For it is better not to speak of treasure. Better not to tell them.

Yes, better not to tell them. I won't tell you that I scarcely listened to your stories. I was longing for night and darkness and the time when the moonflowers open.

Blot out the moon,
Pull down the stars.
Love in the dark, for we're for the dark
So soon, so soon.

Like the swaggering pirates, let's make the most and best and worst of what we have. Give not one-third but everything. All — all — all. Keep nothing back. . . .

No, I would say — I knew what I would say. 'I have made a

자를 냈다.

terrible mistake. Forgive me.'

I said it, looking at her, seeing the hatred in her eyes — and feeling my own hate spring up to meet it. Again the giddy change, the remembering, the sickening swing back to hate. They bought me, *me* with your paltry money.[219)] You helped them to do it. You deceived me, betrayed me, and you'll do worse if you get the chance . . . (*That girl she look you straight in the eye and talk sweet talk — and it's lies she tell you. Lies. Her mother was so. They say she worse than her mother.*)

. . . If I was bound for hell let it be hell. No more false heavens. No more damned magic. You hate me and I hate, you. We'll see who hates best. But first, first I will destroy your hatred. Now. My hate is colder, stronger, and you'll have no hate to warm yourself. You will have nothing.

I did it too. I saw the hate go out of her eyes. I forced it out. And with the hate her beauty. She was only a ghost. A ghost in the grey daylight. Nothing left but hopelessness. *Say die and I will die. Say die and watch me die.*

She lifted her eyes. Blank lovely eyes. Mad eyes. A mad girl. I don't know what I would have said or done. In the balance — everything. But at this moment the nameless boy leaned his head against the clove tree and sobbed. Loud heartbreaking sobs. I could have strangled him with pleasure. But I managed to control myself, walk up to them and say coldly, 'What is the matter with him? What

---

219) paltry money: 얼마 안되는 돈. 그러나 로체스터는 3만 파운드라는 어마어마한 금액을 이렇게 말함으로써 정직하지 않음이 드러남.

is he crying about?' Baptiste did not answer. His sullen face grew a shade more sullen and that was all I got from Baptiste.

She had followed me and she answered. I scarcely recognized her voice. No warmth, no sweetness. The doll had a doll's voice, a breathless but curiously indifferent voice.

'He asked me when we first came if we — if you — would take him with you when we left.[220] He doesn't want any money. Just to be with you. Because — ' She stopped and ran her tongue over her lips, 'he loves you very much. So I said you would. Take him. Baptiste has told him that you will not. So he is crying.'

'I certainly will not,' I said angrily. (God! A half-savage boy as well as . . . as well as . . .)

'He knows English,' she said, still indifferently. 'He has tried very hard to learn English.'

'He hasn't learned any English that I can understand,' I said. And looking at her stiff white face my fury grew. 'What right have you to make promises in my name? Or to speak for me at all?'

'No, I had no right, I am sorry. I don't understand you. I know nothing about you, and I cannot speak for you. . . .'

And that was all. I said good-bye to Baptiste. He bowed stiffly, unwillingly and muttered — wishes for a pleasant journey, I suppose. He hoped, I am sure, that he'd never set eyes on me again.

She had mounted and he went over to her. When she stretched her hand out he took it and still holding it spoke to her very earnestly.

---

220) He asked me . . . we left: 로체스터가 어린 소년이 왜 울고 있는지를 묻자 앙투아네트가 설명한다. 그 아이를 영국에 함께 데리고 갈 것을 그녀가 약속하자, 로체스터는 자신을 대신해서 약속할 권리가 없다고 말하면서 그녀를 꾸짖는다.

I did not hear what he said but I thought she would cry then. No, the doll's smile came back — nailed to her face. Even if she had wept like Magdalene[221)] it would have made no difference. I was exhausted. All the mad conflicting emotions had gone and left me wearied and empty. Sane.

I was tired of these people. I disliked their laughter and their tears, their flattery and envy, conceit and deceit. And I hated the place.

I hated the mountains and the hills, the rivers and the rain. I hated the sunsets of whatever colour, I hated its beauty and its magic and the secret I would never know. I hated its indifference and the cruelty which was part of its loveliness. Above all I hated her. For she belonged to the magic and the loveliness. She had left me thirsty and all my life would be thirst and longing for what I had lost before I found it.

So we rode away and left it — the hidden place. Not for me and not for her. I'd look after that. She's far along the road now.

Very soon she'll join all the others who know the secret and will not tell it. Or cannot. Or try and fail because they do not know enough. They can be recognized. White faces, dazed eyes, aimless gestures, high-pitched laughter. The way they walk and talk and scream or try to kill (themselves or you) if you laugh back at them. Yes, they've got to be watched. For the time comes when they try to kill, then disappear. But others are waiting to take their places, it's a long, long line. She's one of them. I too can wait — for the day

221) wept like Magdalene: 「누가 복음」 8:2에서 막달라 마리아(Mary Magdalene)는 악령에 시달렸는데 치유된다. 그녀는 자신의 죄를 뉘우치며 많은 눈물을 흘렸다.

when she is only a memory to be avoided, locked away, and like all memories a legend.[222)] Or a lie. . . .

I remember that as we turned the corner, I thought about Baptiste and wondered if he had another name — I'd never asked. And then that I'd sell the place for what it would fetch. I had meant to give it back to her.[223)] Now — what's the use?

That stupid boy followed us, the basket balanced on his head. He used the back of his hand to wipe away his tears. Who would have thought that any boy would cry like that. For nothing. Nothing. . . .

---

222) 리스는 한 서한에서 "당시 나는 그 책을 '잘못된 전설' —나쁜 제목—으로 부르려 했다. 그러나 뭔가 그같은 일이 일어났다는 것, 즉 샬롯 브론테는 그 이야기를 알고 그것을 『제인 에어』의 플롯에 사용했음을 상당히 확신하게 되었다"고 적었다(*LJR*, p.234).

223) I had meant to give it back to her: 로체스터는 앙투아네트에게 법률적 조항을 만들려고 하면서 그랑부아를 그녀에게 돌려줄 생각을 하지만 그 어떤 좋은 의도도 이행하지 않음.

Part Three

THEY KNEW THAT HE WAS in Jamaica when his father and his brother died,' Grace Poole[1] *said. 'He inherited everything, but he was a wealthy man before that. Some people are fortunate, they said, and there were hints about the woman he brought back to England with him. Next day Mrs Eff wanted to see me and she complained about gossip. I don't allow gossip. I told you that when you came. Servants will talk and you can't stop them, I said. And I am not certain that the situation will suit me, madam. First when I answered your advertisement you said that the person I had to look after was not a young girl. I asked if she was an old woman and you said no. Now that I see her I don't know what to think. She sits shivering and she is so thin. If she dies on my hands who will get the blame? Wait, Grace, she said. She was holding a letter. Before you decide will you listen to what the master of the house has to say about this matter. "If Mrs Poole is satisfactory why not give her double, treble the money," she read, and folded the letter away but not before I had seen the words on the next page, "but for God's sake let me hear no more of it." There was a foreign stamp on the envelope. "don't serve the devil for no money," I said. She said, "If you imagine that when you serve this gentleman you are serving the devil you never made a greater mistake in your life. I knew him as a boy. I knew him as a young man. He was gentle, generous, brave. His stay in the West Indies has changed him out of all knowledge.*[2]

---

1) 『제인 에어』에서 그레이스 풀은 로체스터가 고용한 쏜필드 홀의 3층 방을 지키는 여성으로 간호사이다. 에프 부인(Mrs. Eff)은 쏜필드 홀의 가정부인 페어팩스부인(Mrs. Fairfax)을, 리(Leah)는 하녀 리를 가리킨다.

2) *His stay . . . knowledge*: 에프 부인은 자신의 고용주인 로체스터가 젊은 시절에는 성품이

He has grey in his hair and misery in his eyes. Don't ask me to pity anyone who had a hand in that. I've said enough and too much. I am not prepared to treble your money, Grace, but I am prepared to double it. But there must be no more gossip. If there is I will dismiss you at once. I do not think it will be impossible to fill your place. I'm sure you understand." Yes, I understand, I said.

'Then all the servants were sent away and she engaged a cook, one maid and you, Leah. They were sent away but how could she stop them talking? If you ask me the whole county knows. The rumours I've heard — very far from the truth. But I don't contradict, I know better than to say a word. After all the house is big and safe, a shelter from the world outside which, say what you like, can be a black and cruel world to a woman. Maybe that's why I stayed on.'

The thick walls, she thought. Past the lodge gate a long avenue of trees and inside the house the blazing fires and the crimson and white rooms. But above all the thick walls, keeping away all the things that you have fought till you can fight no more. Yes, maybe that's why we all stay — Mrs Eff and Leah and me. All of us except that girl who lives in her own darkness.[3] *I'll say one thing for her, she hasn't lost her spirit. She's still fierce. I don't turn my back on her when her eyes have that look. I know it.*

좋은 사람이었는데 서인도제도에 머물면서 성격이 변했다고 생각한다. 그녀는 항상 로체스터편을 들며 그의 성격이나 태도를 바꾸려고 하는 사람들에게 공감하지 않는다.

3) that girl who lives in her own darkness: the young woman who lives in a world of her own.

In this room I wake early and lie shivering for it is very cold. At last Grace Poole, the woman who looks after me, lights a fire with paper and sticks and lumps of coal. She kneels to blow it with bellows. The paper shrivels, the sticks crackle and spit, the coal smoulders and glowers. In the end flames shoot up and they are beautiful.[4)] I get out of bed and go close to watch them and to wonder why I have been brought here. For what reason? There must be a reason. What is it that I must do? When I first came I thought it would be for a day, two days, a week perhaps. I thought that when I saw him and spoke to him I would be wise as serpents, harmless as doves. 'I give you all I have freely,' I would say, 'and I will not trouble you again if you will let me go.' But he never came.

The woman Grace sleeps in my room. At night I sometimes see her sitting at the table counting money. She holds a gold piece in her hand and smiles. Then she puts it all into a little canvas bag with a drawstring and hangs the bag round her neck so that it is hidden in her dress. At first she used to look at me before she did this but I always pretended to be asleep, now she does not trouble about me. She drinks from a bottle on the table then she goes to bed, or puts her arms on the table, her head on her arms, and sleeps. But I lie watching the fire die out. When she is snoring I get up and I have tasted the drink without colour in the bottle.[5)] The first time I did this I wanted to spit it out but managed to swallow it. When I got back

4) flames shoot up and they are beautiful: 불은 앙투아네트에게 카리브 고향집의 따뜻하고 밝은 빛, 색채를 상기시킴.

5) the drink without colour in the bottle: gin. 앙투아네트는 럼주, 브랜디와 와인은 알지만 진은 알지 못함.

into bed I could remember more and think again. I was not so cold.

There is one window high up — you cannot see out of it. My bed had doors but they have been taken away. There is not much else in the room. Her bed, a black press, the table in the middle and two black chairs carved with fruit and flowers. They have high backs and no arms. The dressingroom is very small, the room next to this one is hung with tapestry. Looking at the tapestry one day I recognized my mother dressed in an evening gown but with bare feet. She looked away from me, over my head just as she used to do. I wouldn't tell Grace this. Her name oughtn't to be Grace. Names matter, like when he wouldn't call me Antoinette, and I saw Antoinette drifting out of the window with her scents, her pretty clothes and her looking-glass.

There is no looking-glass here and I don't know what I am like now. I remember watching myself brush my hair and how my eyes looked back at me. The girl I saw was myself yet not quite myself. Long ago when I was a child and very lonely I tried to kiss her. But the glass was between us — hard, cold and misted over with my breath. Now they have taken everything away. What am I doing in this place and who am I?

The door of the tapestry room is kept locked. It leads, I know, into a passage. That is where Grace stands and talks to another woman whom I have never seen. Her name is Leah. I listen but I cannot understand what they say.

So there is still the sound of whispering that I have heard all my life, but these are different voices.

When night comes, and she has had several drinks and sleeps, it is easy to take the keys. I know now where she keeps them. Then I open the door and walk into their world. It is, as I always knew, made of cardboard. I have seen it before somewhere, this cardboard world where everything is coloured brown or dark red or yellow that has no light in it. As I walk along the passages I wish I could see what is behind the cardboard. They tell me I am in England but I don't believe them. We lost our way to England. When? Where? I don't remember, but we lost it. Was it that evening in the cabin when he found me talking to the young man who brought me my food?[6)] I put my arms round his neck and asked him to help me. He said, 'I didn't know what to do, sir.' I smashed the glasses and plates against the porthole. I hoped it would break and the sea come in. A woman came and then an older man who cleared up the broken things on the floor. He did not look at me while he was doing it. The third man said drink this and you will sleep. I drank it and I said, 'It isn't like it seems to be.' — 'I know. It never is,' he said. And then I slept. When I woke it was a different sea. Colder. It was that night, I think, that we changed course and lost our way to England. This cardboard house where I walk at night is not England.

One morning when I woke I ached all over. Not the cold, another sort of ache. I saw that my wrists were red and swollen.[7)] Grace said, 'I

---

6) Was it that . . . food?: 영국으로 가는 여객선 선실에서 앙투아네트는 음식을 가져온 한 젊은이에게 자신의 사정을 호소하여 도망치려 함.

7) my wrists were red and swollen: 『제인 에어』 20장을 보면, 리처드 메이슨은 "버싸"를 쏜필드 홀의 3층 방에서 대면한다. "버싸"는 메이슨에게 칼을 들고 덤벼 상처를 입히게 되고

suppose you're going to tell me that you don't remember anything about last night.'

'When was last night?' I said.

'Yesterday.'

'I don't remember yesterday.'

'Last night a gentleman came to see you,' she said.

'Which of them was that?'

Because I knew that there were strange people in the house. When I took the keys and went into the passage I heard them laughing and talking in the distance, like birds, and there were lights on the floor beneath.

Turning a corner I saw a girl coming out of her bedroom.[8)] She wore a white dress and she was humming to herself. I flattened myself against the wall for I did not wish her to see me, but she stopped and looked round. She saw nothing but shadows, I took care of that, but she didn't walk to the head of the stairs. She ran. She met another girl and the second girl said, 'Have you seen a ghost?' — 'I didn't see anything but I thought I felt something.' — 'That is the ghost,' the second one said and they went down the stairs together.

'Which of these people came to see me, Grace Poole?' I said.

He didn't come. Even if I was asleep I would have known. He hasn't come yet. She said, "It's my belief that you remember much more than you pretend to remember. Why did you behave like that

---

로체스터는 그녀를 강제로 의자에 묶는다.

8) I saw a girl coming out of her bedroom: 『제인 에어』에서 이 여성, 즉 훗날 로체스터의 두 번째 부인이 된 제인 에어.

when I had promised you would be quiet and sensible? I'll never try and do you a good turn again. Your brother came to see you.'

'I have no brother.'

'He said he was your brother.'

A long long way my mind reached back.

'Was his name Richard?'

'He didn't tell me what his name was.'

'I know him,' I said, and jumped out of bed. 'It's all here, it's all here, but I hid it from your beastly eyes as I hide everything. But where is it? Where did I hide it? The sole of my shoes? Underneath the mattress? On top of the press? In the pocket of my red dress? Where, where is this letter? It was short because I remembered that Richard did not like long letters. Dear Richard please take me away from this place where I am dying because it is so cold and dark.'

Mrs Poole said, 'It's no use running around and looking now. He's gone and he won't come back — nor would I in his place.'

I said, 'I can't remember what happened. I can't remember.'

'When he came in,' said Grace Poole, 'he didn't recognize you.'

'Will you light the fire,' I said, 'because I'm so cold.'

'This gentleman arrived suddenly and insisted on seeing you and that was all the thanks he got. You rushed at him with a knife and when he got the knife away you bit his arm.[9] You won't see him again. And where did you get that knife? I told them you stole it from me but I'm much too careful. I'm used to your sort. You got no knife from me. You must have bought it that day when I took

9) 『제인 에어』 20장 참조.

you out. I told Mrs Eff you ought to be taken out.'

'When we went to England,' I said.

'You fool,' she said, 'this is England.'

'I don't believe it,' I said, 'and I never will believe it.'

(That afternoon we went to England. There was grass and olive-green water and tall trees looking into the water. This, I thought, is England. If I could be here I'd get well again and the sound in my head would stop. Let me stay a little longer, I said, and she sat down under a tree and went to sleep. A little way off there was a cart and horse — a woman was driving it. It was she who sold me the knife. I gave her the locket round my neck for it.)

Grace Poole said, 'So you don't remember that you attacked this gentleman with a knife? I said that you would be quiet, "I must speak to her," he said. Oh he was warned but he wouldn't listen. I was in the room but I didn't hear all he said except "I cannot interfere legally between yourself and your husband". It was when he said "legally" that you flew at him and when he twisted the knife out of your hand you bit him. Do you mean to say that you don't remember any of this?'

I remember now that he did not recognize me. I saw him look at me and his eyes went first to one corner and then to another, not finding what they expected. He looked at me and spoke to me as though I were a stranger. What do you do when something happens to you like that? Why are you laughing at me? 'Have you hidden my red dress too? If I'd been wearing that he'd have known me.'

'Nobody's hidden your dress,' she said. 'It's hanging in the press.'

She looked at me and said, 'I don't believe you know how long you've been here, you poor creature.'

'On the contrary,' I said, 'only I know how long I have been here. Nights and days and days and nights, hundreds of them slipping through my fingers. But that does not matter. Time has no meaning. But something you can touch and hold like my red dress, that has a meaning. Where is it?'

She jerked her head towards the press and the corners of her mouth turned down. As soon as I turned the key I saw it hanging, the colour of fire and sunset. The colour of flamboyant flowers. 'If you are buried under a flamboyant tree,' I said, 'your soul is lifted up when it flowers.[10] Everyone wants that.'

She shook her head but she did not move or touch me.

The scent that came from the dress was very faint at first, then it grew stronger. The smell of vetivert and frangipanni, of cinnamon and dust and lime trees when they are flowering. The smell of the sun and the smell of the rain.

. . . I was wearing a dress of that colour when Sandi came to see me for the last time.

'Will you come with me?' he said. 'No,' I said, 'I cannot.'

'So this is good-bye?'

Yes, this is good-bye.

But I can't leave you like this,' he said, 'you are unhappy.'

'You are wasting time,' I said, 'and we have so little.'

---

10) 커다란 잎과 붉은색, 오렌지색, 노란색의 꽃잎이 달린 40피트 높이의 커다란 열대수. 학명은 delonix regia. "불타오르는 나무"(flame tree), "royal Poinciana"로 알려져 있다.

Sandi often came to see me when that man was away and when I went out driving I would meet him. I could go out driving then. The servants knew, but none of them told.

Now there was no time left so we kissed each other in that stupid room. Spread fans decorated the walls. We had often kissed before but not like that. That was the life and death kiss and you only know a long time afterwards what it is, the life and death kiss. The white ship whistled three times, once gaily, once calling, once to say good-bye.[11)]

I took the red dress[12)] down and put it against myself. 'Does it make me look intemperate and unchaste?' I said. That man told me so. He had found out that Sandi had been to the house and that I went to see him. I never knew who told. 'Infamous daughter of an infamous mother,'[13)] he said to me.

'Oh put it away,' Grace Poole said, 'come and eat your food. Here's your grey wrapper. Why they can't give you anything better is more than I can understand.[14)] They're rich enough.'

But I held the dress in my hand wondering if they had done the last and worst thing. If they had *changed* it when I wasn't looking.

---

11) 유다가 키스로 예수를 배반한 후 베드로는 수탉이 울기 전에 세 번이나 예수를 거절함. (「마태복음」 26:31-35, 69-75).

12) red dress: 『제인 에어』 36장에서 로체스터는 "버싸"가 쏜필드 저택에 불을 지른 후 저택 돌바닥에 떨어져 자살할 때 빨간 드레스를 입고 있었다고 말함.

13) 「제인 에어」에서 로체스터는 버싸 메이슨을 "the true daughter of an infamous mother"로 묘사함.

14) Why they . . . understand: 그레이스 풀은 로체스터 같은 부유한 사람들이 앙투아네트에게 좋은 옷을 주지 않는지 이해할 수 없다고 생각함.

If they had changed it and it wasn't my dress at all — but how could they get the scent?

'Well don't stand there shivering,' she said, quite kindly for her.

I let the dress fall on the floor, and looked from the fire to the dress and from the dress to the fire.

I put the grey wrapper round my shoulders, but I told her I wasn't hungry and she didn't try to force me to eat as she sometimes does.

'It's just as well that you don't remember last night,' she said. 'The gentleman fainted and a fine outcry there was up here. Blood all over the place and I was blamed for letting you attack him. And the master is expected in a few days. I'll never try to help you again. You are too far gone to be helped.'

I said, 'If I had been wearing my red dress Richard would have known me.'

'Your red dress,' she said, and laughed.

But I looked at the dress on the floor and it was as if the fire had spread across the room. It was beautiful and it reminded me of something I must do. I will remember I thought. I will remember quite soon now.

That was the third time I had my dream,[15)] and it ended. I know now that the flight of steps leads to this room where I lie watching the woman asleep with her head on her arms. In my dream I waited till she began to snore, then I got up, took the keys and let myself

15) That was the third time I had my dream: 앙투아네트의 꿈은 『제인 에어』에서 일어난 사건을 반향함.

out with a candle in my hand. It was easier this time than ever before and I walked as though I were flying.

All the people who had been staying in the house had gone, for the bedroom doors were shut, but it seemed to me that someone was following me, someone was chasing me, laughing. Sometimes I looked to the right or to the left but I never looked behind me for I did not want to see that ghost of a woman who they say haunts this place.[16)] I went down the staircase. I went further than I had ever been before. There was someone talking in one of the rooms. I passed it without noise, slowly.

At last I was in the hall where a lamp was burning. I remember that when I came. A lamp and the dark staircase and the veil over my face. They think I don't remember but I do. There was a door to the right. I opened it and went in. It was a large room with a red carpet and red curtains. Everything else was white. I sat down on a couch to look at it and it seemed sad and cold and empty to me, like a church without an altar. I wished to see it clearly so I lit all the candles, and there were many. I lit them carefully from the one I was carrying but I couldn't reach up to the chandelier. I looked round for the altar for with so many candles and so much red, the room reminded me of a church. Then I heard a clock ticking and it was made of gold. Gold is the idol they worship.

Suddenly I felt very miserable in that room, though the couch I was sitting on was so soft that I sank into it. It seemed to me that

---

16) I did not . . . haunts this place: 앙투아네트는 그 집에서 나는 유령소리를 듣지만 유령을 만나고 싶어하지는 않는다는 유머러스한 대목.

I was going to sleep. But I imagined that I heard a footstep and I thought what will they say, what will they do if they find me here? I held my right wrist with my left hand and waited. But it was nothing. I was very tired after this. Very tired. I wanted to get out of the room but my own candle had burned down and I took one of the others. Suddenly I was in Aunt Cora's room.[17)] I saw the sunlight coming through the window, the tree outside and the shadows of the leaves on the floor, but I saw the wax candles too and I hated them. So I knocked them all down. Most of them went out but one caught the thin curtains that were behind the red ones. I laughed when I saw the lovely colour spreading so fast, but I did not stay to watch it. I went into the hall again with the tall candle in my hand. It was then that I saw her — the ghost. The woman with streaming hair.[18)] She was surrounded by a gilt frame but I knew her. I dropped the candle I was carrying and it caught the end of a tablecloth and I saw flames shoot up. As I ran or perhaps floated or flew I called help me Christophine help me and looking behind me I saw that I had been helped.[19)] There was a wall of fire protecting me but it was too hot, it scorched me and I went away from it.

There were more candles on a table and I took one of them and ran up the first flight of stairs and the second. On the second floor I threw away the candle. But I did not stay to watch. I ran up the

---

17) Aunt Cora's room: 앙투아네트는 유년기부터 자기 주변사람들인 코라 이모, 크리스토핀, 티아 등에 대해 "꿈을 꾼다."

18) 『제인 에어』 36장에서 "그녀는 몸집이 큰 여성으로 긴 검은 머리를 지녔다. 그녀가 서있을 때 그녀의 머리카락이 화염을 배경으로 요동치는 것을 볼 수 있었다."

19) I had been helped: 앙투아네트의 영혼 속에 크리스토핀은 늘 자신과 함께 했던 사람임.

last flight of stairs and along the passage. I passed the room where they brought me yesterday or the day before yesterday, I don't remember. Perhaps it was long ago for I seemed to know the house well. I knew how to get away from the heat and the shouting, for there was shouting[20] now. When I was out on the battlements it was cool and I could hardly hear them. I sat there quietly. I don't know how long I sat. Then I turned round and saw the sky. It was red and all my life was in it.[21] I saw the grandfather clock and Aunt Cora's patchwork, all colours, I saw the orchids and the stephanotis[22] and the jasmine and the tree of life in flames. I saw the chandelier and the red carpet downstairs and the bamboos and the tree ferns, the gold ferns and the silver, and the soft green velvet of the moss on the garden wall. I saw my doll's house and the books and the picture oft he Miller's Daughter. I heard the parrot call as he did when he saw a stranger, *Qui est là Qui est là?* and the man who hated me was calling too, Bertha! Bertha! The wind caught my hair and it streamed out like wings. It might bear me up, I thought, if I jumped to those hard stones. But when I looked over the edge I saw the pool at Coulibri. Tia was there. She beckoned to me and when I hesitated, she laughed. I heard her say, You frightened? And I heard the man's voice, Bertha! Bertha! All this I saw and heard in a fraction of a second. And the sky so red. Someone screamed and I

---

20) shouting: 로체스터는 제인에게 그가 소리를 질러 "버싸"를 구하려 했다고 말함.

21) all my life was in it: 익사하는 사람들은 죽기 직전, 순간적으로 자신들의 삶이 스쳐지나가는 것을 본다고 함. 앙투아네트는 하늘에서 그녀의 삶을 내려다 본다. 붉은색은 순교의 색깔.

22) 달콤한 향기의 꽃이 달린 박주가릿과의 넝쿨식물(stephanotis).

thought, *Why did I scream?* I called 'Tia!' and jumped and woke.

Grace Poole was sitting at the table but she had heard the scream too, for she said, 'What was that?' She got up, came over and looked at me. I lay still, breathing evenly with my eyes shut. 'I must have been dreaming,' she said. Then she went back, not to the table but to her bed. I waited a long time after I heard her snore, then I got up, took the keys and unlocked the door. I was outside holding my candle. Now at last I know why I was brought here and what I have to do. There must have been a draught for the flame flickered and I thought it was out. But I shielded it with my hand and it burned up again to light me along the dark passage.

Critical Essays

Race and Caribbean Culture as Thematics of Liberation in Jean Rhys's *Wide Sargasso Sea*[*]

Sandra Drake

"A zombi is a dead person who seems to be alive or a living person who is dead. A zombi can also be the spirit of a place. . . ." (*WSS*, 107)[1].

". . . I have noticed that negroes as a rule refuse to discuss the black magic in which so many believe. Voodoo as it is called in Haiti — obeah in some of the islands, another name in South America." (*WSS*, 107).

"Is there a ghost, a zombi there?" I persisted.
"Don't know nothing about all that foolishness."
— Rochester queries the Black servant Baptiste, (*WSS*, 106).

"I hear one time that Miss Antoinette and his son Mr Sandi get married, but that all foolishness. Miss Antoinette . . . won't marry with a coloured man . . . ."
— the Black servant Amelie to Rochester, (*WSS*, 121).

Jean Rhys's highly acclaimed novel *Wide Sargasso Sea* is

* From "All That Foolishness / That All Foolishness: Race and Caribbean Culture as Thematics of Liberation in Jean Rhys's *Wide Sargasso Sea*," *Critica* 2, no. 2 (Fall 1990): 97-112.

1) All quotations are from the edition published in 1966 by W. W. Norton & Co., Inc., New York.

recognized as a brilliant psychological portrayal. It is also a historical novel, whose central issue is textualized in the portrait of Antoinette Cosway. That issue is the abolition of European plantation slavery and the transition—or failed transition—to some other set of social relations that would constitute a viable Caribbean identity. Since the Voyages of European conquest, European hegemony in the Americas has been practically structured and symbolically cast in terms of the European patriarchal family. Black human beings were bought and sold; women were legally at the economic mercy of their male relatives, and Native Americans (Amerindians) when not exterminated were violently subjugated. Indigenous American, Black slave, woman, colonial, and child were considered by the colonizer, to differing degrees, to be by nature dependent and inferior. The relationship of all these groups to the colonizer is at stake in *Wide Sargasso Sea.*

* * *

The novel stands on its own. It could have been written without the relationship of intertextual referentiality of *Jane Eyre*. But this level of literary intertextual referentiality invokes and is paralleled by the extratextual referentiality to Europe's historical narrative. In that narrative, the Caribbean since the Voyages of European Conquest is construed, and thus constructed, in the terms of a dominant literary and historical discourse that takes Europe as origin and reference point. So too does *Wide Sargasso Sea* have a European origin-reference point: *Jane Eyre*. It is in this regard deliberately derivative, an imitation, a copy. Its very existence derives from the English classical literary canon. It is a novelistic colony. Rhys chose this fact as its starting point. Depending on whether that is also its conclusion, *Wide Sargasso Sea* narrates a pathetic personal defeat, or an ironic triumph—literally speaking, a triumph of cultural irony.

The satisfactory resolution of Antoinette Cosway's crisis of identity can come only with a satisfactory resolution of her relationship to the part of the Caribbean that is not derived from Europe—in this novel, especially the Black Caribbean. This relationship is embodied in her relation to three characters: Christophine, Tia, and Sandi Cosway. Antoinette, who is Caribbean, colonial, and female, is reduced in the course of the novel to economic and psychological helplessness by European colonialism and patriarchy. History and culture, inscribed as narrative, plot structure, and symbolism, make the story ultimately one of triumph, accomplished in the terms of the Afro-Caribbean belief system. Accomplished with the assistance sought, given, and fully accepted at last. Given by Christophine, former slave, obeah-worker, model of female independence, arisen from almost unbelievable oppression. Maternal protector and ancestor-figure in the profound African sense. This reading is sustained by the centrally Afro-Caribbean structure of the novel, by the quintessentially Afro-Caribbean figure of the zombi, and by the Africa-derived beliefs about the relations between the living and the dead that the concept of the zombi—the livingdead—incorporates. The Caribbean in *Wide Sargasso Sea* is not exotic backdrop but the central character of the book, embodied in Antoinette Cosway, zombi, "the spirit of a place" (*WSS*, 107). Battled for in the dramatic heart of the novel, Part Two, where Christophine and Rochester wage their contest, and Sandi Cosway makes his final plea. Christophine on the ground of the emergent free Black Jamaican peasantry, Sandi Cosway on the ground of the emergent free Jamaican bourgeoisie—but still Black too: Sandi's father, Mr. Alexander.

> "Very wealthy man. He own three rum shops and two dry goods stores. . . . I hear one time that Miss Antoinette and his son Mr Sandi get married, but that all foolishness. Miss Antoinette a white girl with a lot of money, she won't marry with a coloured man even though he don't look like a coloured man." (*WSS*, 121)

The struggle for Antoinette's survival—for the survival of the Caribbean—gainst European patriarchy and empire, the struggle for a voice to reinscribe a past history and construct a future out of genuine indigenous cultural materials—to become something other than a copy—is the struggle Christophine and Sandi fight and apparently lose to Rochester at the end of part Two. I argue in this article that it is fought and won, in flame, at the end of Part Three. * * *

Only superficially chronological, *Wide Sargasso Sea*'s true organizational harmony occurs on the level of Antoinette's psyche. And its true action is not the dramatic series of chronologically related events, but the working out of the answer to two questions (and one dream, dreamed three times): "Qui est là" and "You frightened?" In Part Three, dream and question converge, for the question "You frightened?" is asked and answered in the dream: the answer to "Qui est là?" gives the answer to "You frightened?" In the first occurrence of the dream, Antoinette is immobilized with fear. In the second occurrence, she submits to fate. In the third occurrence, she asks for, receives, and accepts assistance, takes action, and personal and cultural liberation is achieved.

* * *

The centerpiece of the section and of the book is this violently sexual affair. Buried deep within Part Two, however, counterpoised to it, is the affair of love and friendship between Antoinette and Sandi Cosway. Such a relationship is shameful, often tabu in the slave and post-slave Americas, hardly spoken of. Some critics and commentators seem even to have missed it. "You ask Miss Antoinette, she tell you" (*WSS*, 121). Rochester never does ask; Antoinette never tells. "Your wife know Sandi since long time. Ask her and she tell you. But not everything I think" (*WSS*, 125). Rumor, from hostile witnesses. Confirmed—as distortion—by Antoinette when she is able to speak, at last, in Part Three. Sandi's name is mentioned only once by Antoinette in Part Two, and not in the context of sex at all, but of friendship: as, at the end, she remembers it in the context of love. Counterpoised to her relationship with Rochester in every way. "I did not love her," Rochester says. "I was thirsty for her, but that is not love" (*WSS*, 93). Egalitarian and not hierarchical, the relationship with Sandi, remarkably undifferentiated by gender-prescribed behavior; playful, happy and assured. Rochester narrates about Antoinette:

> . . . one afternoon when I was watching her, hardly able to believe she was the pale silent creature I had married . . . her blue chemise . . . hitched up far above her knees, she stopped laughing, called a warning and threw a large pebble [at a crab under water in a pool]. She threw like a boy, with a sure graceful movement. . . . As we were walking home I asked her who had taught her to throw so well. "Oh, Sandi taught me, a boy you never met." (*WSS*, 88)

In the patriarchy, unencumbering garments and sure aim are attributes of boys. In Sandi's company, though, Antoinette has been able to develop them. And certainly there is something between Antoinette and Sandi. Before her marriage, and apparently renewed during the time in Jamaica when she and Rochester, definitively estranged, await their sailing to England. But a relationship only acknowledged by Antoinette in her "narratorial consciousness" years later, in her imprisonment at Thornfield Hall, when she looks at her red dress, so closely connected with fire and with her own Caribbean identity, and recounts:

> . . . I was wearing a dress of that color when Sandi came to see me for the last time.
> "Will you come with me?" he said. "No," I said, "I cannot."
> "So this is good-bye?"
> "Yes, this is good-bye."
> "But I can't leave you like this," lie said, "you are so unhappy. . . ."
> We had often kissed before but not like that. That was the life and death kiss and you only know a long time afterwards what it is, the life and death kiss. The *white* ship whistled three times. . . . (*WSS*, 185-86; emphasis mine.)

Red for the Caribbean, white for white England, Antoinette, Christophine, Sandi, the Caribbean: they come together as Antoinette sees the firecolored dress, like the one she wore with Sandi, run across the floor of her English prison like flame. Very soon, she will dream ("quite soon now I will remember . . ."), foresee it run up and out a candle to bring down Thornfield Hall, rise up as a wall of flame between her and "that man who hated me" (that is, Rochester; *WSS*, 189), see it stand as a wall cast down to protect her by Christophine when Antoinette calls to her for help and accepts it fully, at last, when it is given.

* * * In Part Two Antoinette, in despair over her emotional abandonment by Rochester, seeks Christophine's help. Antoinette is the narrator.

> "But I cannot go. He is my husband after all."
> She [Christophine] spat over her shoulder. "All women, all colours, nothing but fools. . . . [I have] no husband, I thank my God. I keep my money. I don't give it to no worthless man."
> "When must I go, where must I go?"
> "But look me trouble, a rich white girl like you and you more foolish than the rest. A man don't treat you good, pick up your skirt and walk out. . . ."
> ". . . you must understand I am not rich now, I have no money of my own at all, everything I had belongs to him."
> "What you tell me there?" she said sharply.
> "That is English law." (*WSS*, 109-10)

This declaration establishes Christophine as a model of female independence-and self-reliance for Antoinette, who responds to her situation in the most basic terms of female subjugation in the patriarchy: "He is my husband after all" (*WSS*, 109). Christophine recognizes the economic basis of women's independence in society; and having lived most of her life as a slave—under British law—she perhaps has an especially good vantage point for developing skepticism about that legal system. This remarkable passage asserts several things: a similarity of women's oppression by men across color lines, the psychological mechanism being their dependence upon romantic acceptance by men, the practical mechanism being financial dependence upon them. Implicitly, it suggests the advantages of not being "a rich white girl" but a former slave woman for understanding the undesirability of dependence and submission and ties together the equation in the novel between the colonial state, the female state, and the state of the slave of either sex—in a conversation that also emphasizes the differences in the two women's situation.

But Antoinette rejects Christophine's shrewd psychological assessment of Rochester and her sober advice on how to extricate herself. "I stared at her, thinking, 'but how can she know the best thing for me to do, this ignorant, obstinate old negro woman, who is not certain if there is such a place as England?'" (*WSS*, 112). What Antoinette wants is an obeah charm to make Rochester love her. Yet when Christophine yields to her distress and agrees, Antoinette shies from this step. Even while taking it, she tries to distance herself from it, with money. Christophine comments on her fear, with scorn and hurt at being paid:

> "So already you frightened eh?" And when I saw her expression I took my purse . . . and threw it on the bed.
> "You don't have to give me money. I do this foolishness because you beg me—not for money."
> "Is it foolishness?" I said, whispering and she laughed again, but softly.
> "If *béké* say it foolishness, then it foolishness. *Béké* clever like the devil. More clever than God. Ain't so?"[2] (*WSS*, 117; emphasis mine in line one.)

Antoinette recalls her departure from Christophine after she has obtained the charm: "Nearby a cock crew and I thought, 'That is for betrayal, but who is the traitor?' She did not want to do this" (*WSS*,118). The deepest answer, in terms of the structure of the novel, is that Antoinette—here, as in the scene with Sandi—has betrayed herself.

Blacks may be afraid of obeah, and they may pay the obeah worker, but this fear and this payment, unlike Antoinette's, is not a denial that they belong to the culture. Worst, Antoinette wants to use the spell to complete her assimilation to England and to whiteness. She is afraid of Afro-Caribbean obeah, but she agrees to what she herself identifies as "obeah too"—Rochester stealing her name: "My name is not Bertha," she says to Rochester. "Why do you call me Bertha?" (*WSS*, 135). "Bertha is not my name. You are trying to make me into someone else, calling me by another name. I know, that's obeah too" (*WSS*, 147). But on page 135 [81] she says, "It

2) *Béké* is a word found in various forms throughout the Americas; it is used by Blacks to refer to Whites. Sometimes it is "Backra." In Toni Morrison's novel *Song of Solomon* (1977) we find a verse handed down in Virginia since slavery: "Solomon, don't leave me here / Buckra's arms to yoke me . . . "

doesn't matter." Not until she is nearly ready to triumph does she say, "Names matter, like when he wouldn't call me Antoinette and I saw Antoinette drifting out the window . . ." (*WSS*, 180). Here, again, the situation of women under the patriarchy, and of Blacks, is compared. The slaves lost their African names, and often took surnames of their owners. Women, in the British patriarchy, take the surnames of their husbands. Rochester goes a step farther and seeks to remove Antoinette's given name too. If she had married Sandi Cosway, she would not have lost either of her names, for she and he carry the same family name.

Christophine says to Antoinette at the point that is perhaps the younger woman's emotional nadir, "'Get up, girl, and dress yourself. Woman must have spunks to live in this wicked world'" (*WSS*, 101). She thus enjoins "dress" upon her as an activity that is like girding on armor—part of a fight for life in a world especially hostile to women. Years later, in her prison in Thornfield Hall, Antoinette acts on her words when she demands of her keeper Grace Poole:

> "Have you hidden my red dress . . . ? If I'd been wearing that he'd have known me."
> "Nobody's hidden your dress," she said. "It's hanging in the press." (*WSS*, 185)

And a bit farther on:

> ". . . I held the dress in my hand wondering if they had done the last and worst thing. If they had changed it when I wasn't looking, if they had changed it and it wasn't my dress at all — but how could they get the scent?" (*WSS*, 186)

She has finally claimed the red dress of her Caribbean identity. And it is this dress that becomes not noun / object / passivity, but agent of liberating activity, in an Afro-Caribbean idiom:

> I . . . looked from the fire to the dress [that is lying on the floor] and from the dress to the fire. . . . It was as if the fire had spread across the room. It was beautiful and it reminded me of something I must do. I will remember I thought. I will remember quite soon now. (*WSS*, 186-87)

What she must do, and will remember quite soon, is to put to the torch Thornfield Hall, the symbol, in the heart of empire, of that alliance she has made with Rochester, and symbol of her denial of the Caribbean. She does this in her symbolic capacity of zombi.

Like many Caribbean beliefs, the zombi is of African origin. A number of African societies thought that bokors —"sorcerers" who turned great powers to evil ends— could reduce persons to automatons and force them to do the bokor's will, including work for him. A number of Caribbean scholars have been intrigued with the question of why this belief should have attained much greater importance in the Caribbean than in Africa, coming to its fullest development in Saint Domingue, later Haiti. Laroche and Depestre suggest that it was because it was so well suited to represent the condition of plantation slavery in the Americas.

The zombi's state is symbolic of alienation on the social as well as the individual level:

> The zombi is, in reality, the legendary, mythic symbol of . . . a

> spiritual as well as physical alienation; of the dispossession of the self through the reduction of the self [to a mere source of labour]. . . They [Haitian writers] see in [the zombi] the image of a fearful destiny which they must combat; a destiny which is at once collective and individual.[3)]

Rhys indicates explicitly the importance of the zombi figure in her novel, and makes an equation between "ghosts" and "zombis" that points up Antoinette in that role. "'Is there a ghost, a zombi here?' Rochester asks Baptiste"(*WSS*, 106). And, finally, there is the "ghost" reputed to haunt Thornfield Hall, a rumor about the imprisoned Antoinette — a "ghost" Antoinette thinks she sees when she catches sight of herself in a mirror. But Rhys does more than equate. The action of the novel and the interpretation of its ending require an understanding of the complex nature of the zombi, whose state is "a symbolic one . . . at the centre of a network of symbols concerned with life and death" (*E&T*, 56).

The zombi's state is understood as a kind of sleep. In *Wide Sargasso Sea*, England, personified in Rochester, is responsible for Antoinette Cosways's course from increasing reduction to the condition of zombi, to apparent death (insanity) shortly to be followed by real, self-inflicted death (the disposal of the no-longer useful colony) provided for by the ending of *Jane Eyre* — but, as I argue, really to the waking, revenge, and life which in Haitian belief signal the zombi's freeing itself from its master.

---

3) Maximilien Laroche, *Exile and Tradition* (Dalhousie, Can.: Dalhousie University Press,1968), p. 56. Hereafter referred to as E&T.)

* * *

Antoinette's "real" death is not a demented suicide in the flames of Thornfield Hall. That projected death is really only the one "everyone knows about" — through reading *Jane Eyre*, the European colonizer's writing of history, and of Antoinette's history. Her "real" death is her subjugation by Rochester—by the colonizer—the long slow process of her reduction to the zombi state chronicled in the novel.

But there is more to the Afro-Caribbean belief in the zombi. Related to it is an attitude toward death that is African in origin and fundamentally at variance with European belief. The African attitude, characteristically, is that the living and the dead may almost be said to form one community. The spirit-world of the ancestors continues to function as part of the living community. Throughout the Americas, including the United States, it was well known that many Africans captured as slaves were often willing to commit suicide or to take terrible risks in rebellions because they believed that after death their souls would return to the ancestral lands in Africa. The belief has been poignantly expressed in the poem by the great Haitian writer Jacques Roumain: "The slow road to Guinea [a term frequently used by Africans in the Americas to mean "Africa"] Death will take you there." But in this belief system death is not an end or even a disengagement from life: it is more a change of state. And the dead ancestors are more powerful than the living. They are revered as the source of strength for both individual and community. Hence the importance, at the end of the novel, of this sentence in

Antoinette's narration of the third occurrence of her dream: "I called help me Christophine help me and looking behind me I saw that I had been helped" (*WSS*, 189).

Mirrors, repetitions, and reversals. In Part Two, narrated by Rochester at the honeymoon house, a passage occurs that is reversed, and narrated by Antoinette in part Three, to form the novel's conclusion. In Part Two we find:

> I thought I knew what would happen and what I must do. I found the room oppressively hot, so I blew out most of the candles and waited in the half darkness. (*WSS*, 145)

Significantly, this passage occurs immediately before Christophine and Antoinette, very close, go into the bedroom together and shut the door. Rochester feels them close off against him. He hears them speaking, and singing, in patois, and thinks: "But whatever they were singing or saying was dangerous. I must protect myself" (*WSS*, 150).

Rochester fears that Christophine will intervene on Antoinette's behalf when Antoinette appeals to her for help. She does so in the honeymoon house and, much later, in the corridors and on the battlements of Thornfield Hall. After the scene in the honeymoon house, Rochester concludes that he must separate Antoinette from Christophine, from the Black Caribbean.

The concluding passage of the novel, narrated by Antoinette, reads as follows:

> Now at last I know why I was brought here and what I have to do. There must have been a draught for the flame flickered and I thought it was out. But I shielded it with my hand and it burned up again to light me along the dark passage. (*WSS*, 190)

Never, since she threw a stone as Sandi taught her, has Antoinette spoken with such authority and assurance. More than Rochester: he thinks he knows; she knows. A moment before, like Rochester in the passage quoted above, Antoinette too—a haze—is uneasy and threatened by fire and heat. The quotation in which she calls on Christophine for help continues:

> I called help me Christophine help me and looking behind me *I saw that I had been helped. There was a wall of fire protecting me* but it was too hot, it scorched me and I went away from it. . . . (*WSS*, 189 [112]; emphasis mine.)

Antoinette has progressed from fearing the power of the Afro-Caribbean and moving away from its protection, to becoming not only mistress and user of the flame, but its protector: "I shielded it with my hand and it burned up again to light me along the dark passage."

The reversal—stylistically inscribed—is a textualization of the theme of the zombi, a literary acting-out of a belief about its nature. For Laroche writes that the zombi is the incarnation of the only "truly feared death," but that its fate "is reversible and thus transitory" (*E&T*). Furthermore, "Salt is the agent which renews the awareness of life, the antidote to the spell which brought on the state of zombification.

It is similar to divine fire . . . " (*E&T*, 56; emphasis mine).

Antoinette calls on Christophine for protection: she uses the answering fire but backs away from its power. This behavior repeats her request for Christophine's help on the honeymoon island and her simultaneous using of it and distancing herself from it. But there are two significant differences between the episodes. The second time, she does not interpose the British "idol"("Gold is the idol they worship" *WSS*, 188). And, the second time, she is asking for protection from Rochester, not for assistance in drawing closer to him.

And, as the novel's conclusion indicates, Antoinette becomes keeper, mistress, and protector of the divine flame that brings freedom—becomes a fit "daughter" of Christophine.

She is able to accomplish this by finally answering the two questions personal and social history have set her as her life work: "Qui est là?" and "You afraid?" They are asked, and answered, in the course of the third occurrence of her dream. It constitutes an awakening to the realities of colonialism, cast in the terms of the zombi. As Depestre puts it: "The history of colonisation is the process of man's general zombification. It is also the quest for a revitalizing salt capable of restoring to man the use of his imagination and his culture" (*E&T*, 56). If zombis taste salt, ". . . the fog enveloping their minds is immediately dispelled and they become suddenly aware of their enslavement" (*E&T*, 51). This discovery arouses in them an immense anger and an uncontrollable desire for revenge. As Rochester reads in part Two, zombis "cry out in the wind that is their voice, they rage in the sea that is their anger" (*WSS*, 107).

Again, the text transmutes cultural belief into individualized experience and thought with marvellous skill.

> 'Nobody's hidden your dress,' she [Grace Poole] said. . . . As soon as I turned the key [to the press] I saw it hanging, the colour of fire and sunset. The colour of flamboyant flowers. 'If you are buried under a flamboyant tree,' I said, 'your soul is lifted up when it flowers. Everyone wants that.'
> She shook her head but she did not move or touch me.
> The scent that came from the dress was very faint at first, then it grew stronger. The smell of vetivert and frangipanni, of cinnamon and dust and lime tress when they are flowering. The smell of the sun and the smell of the rain.[4] (*WSS*, 185)

Frangipanni, vetivert, cinnamon and lemon are the Caribbean salts which awake the zombi from its slumber. The red dress which Antoinette fears "they" have taken from her—that act which she calls "the last and worst thing," to change its smell—steal the freeing salts which confirm her identity—she sees transmute itself, to flame; and she identifies it, ill the comment quoted, with the flamboyant tree. Antoinette converts Thornfield Hall itself into a flamboyant (flaming) tree; her own soul rises up as it "blooms."

The zombi, awakened, takes revenge in flame. But in burning Antoinette-zombi, she also frees Antoinette for her real life—her

4) For a discussion of the Amerindian element in Rhys's use of the legend of the flamboyant tree, see Wilson Harris's *Explorations: A Selection of Talks and Articles,* 1966-1981, edited with an introduction by Hena Maes-Jelink (Mundelstrup, Den.: Dangaroo Press, 1981).

reverse trip back across the *wide Sargasso Sea*—"the slow road to Guinea, Death will take you there." In Roumain's classic novel of Haitian peasant life, Masters of the Dew, one of the characters declares, to general community agreement: "Life is life. . . life is an eternal return. It is said that the dead come back to Guinea and that death itself is only another name for life" (quoted in *E&T*, 56-57).

Antoinette's third and final dream is the locus of her awakening. She is able to accomplish this by finally answering the two questions set her by her personal and historical situation: "Qui est là?" and "You frightened?" It is accomplished, stylistically, by yet another repetition and reversal — mirror-imaging — of a scene from Part One: the burning of Coulibri.

> Then, not so far off, I saw Tia and her mother and I ran to her, for she was all that was left of my life as it had been. We had eaten the same food, slept side by side, bathed in the same river. As I ran, I thought, I will live with Tia and I will be like her. Not to leave Coulibri. Not to go. Not. When I was close I saw the jagged stone in her hand but I did not see her throw it. I did not feel it either, only something wet, running down my face. I looked at her and I saw her face crumple up as she began to cry. We stared at each other, blood on my face, tears on hers. It was as if I saw myself. Like in a looking-glass. (*WSS*, 45)

This is a remarkable scene on several counts. Though a situation of genuine social tension, it has also been prepared for in an almost parodic manner: Mason has commented that the drums have been beating. "'The natives are restless.'" Yet, Antoinette bolts towards "the natives," not away from them. She correctly intuits that that is the direction not just of her past but of her future. Yet in one of the most painful scenes of the book, apparently of brutal rejection of white by black, it is made clear that the little girls are equally hurt. Physical, emotional: one bleeds, one weeps. And that apparent rejection has been prepared for, too, in the earlier fight at the pool, where Antoinette has rejected Tia before Tia rejects her, and in racial terms, by calling her a "nigger." Yet it could hardly be made clearer that Antoinette and Tia are—not simply in a relation of ego and alter-ego—but the same person. Even the names are variants of each other. "It was as if I saw myself. Like in a looking-glass." And the scene of resolution, in Part Three, is a mirror-reversal of this sharp division and separation by race, class, and wealth, and conflates the fight at the pool and the scene with the stone in a final scene of reconciliation.

In her dream, Antoinette stands on the battlements of Thornfield Hall:

> I heard the parrot call as he did when he saw a stranger, Qui est là? Qui est là? and the man who hated me was calling too, Bertha! Bertha! The wind caught my hair and it streamed out like wings. It might bear me up, I thought, if I jumped to those hard stones. But when I looked over the edge I saw the pool at Coulibri. Tia was there. She beckoned to me and when I hesitated, she laughed. I heard her say, You frightened? And I heard the man's voice, Bertha! Bertha! All this I saw and heard in a fraction of a second. And the sky so red. Someone screamed and I thought, *Why did I scream?* I called 'Tia!' and jumped and woke. (*WSS*, 190)

This is the penultimate paragraph of the book, followed by the passage already quoted where Antoinette declares that she knows what she must do, takes a candle, shields the flame, and slips out of her attic prison.

The two questions are here brought together in the dream. Antoinette asks them of Tia—that is of herself for it is her dream—and answers them in an action where she jumps into her deepest self and wakes—the term for a zombi coming out of a trance. She then possesses herself of the divine fire, of vengeance and self-reclamation.

Because, in Afro-Caribbean belief, the zombi state is transitory and reversible; because, in the words of Roumain, the Haitian novelist and poet, "life comes round again," because "death is only another name for life," Antoinette's life and death, in the context of Afro-Caribbean belief, acquire a far different significance from that accorded them from a Western perspective only. And this is why she is not dead at the end of *Wide Sargasso Sea*. The novel's end is not the "end" of "Bertha Mason"—Rochester's creation—in *Jane Eyre*.

In achieving this clarity of decision and action, the novel reads as victory over death itself by changing the cultural and belief system from a European to an Afro-Caribbean one. Antoinette, in accepting Christophine's wall of flame, Depestre's "revitalizing salt" capable of restoring human imagination and culture, takes her place in an American tradition—and an Afro-American tradition, in the wider sense.

Haiti's history and Afro-Caribbean culture hold unique symbolic value for the Caribbean as they did for Afro-American slaves ill the U.S. Haiti was the only country in the Americas where slaves successfully revolted against their European masters. They burned the plantations, as Coulibri is burned, as Antoinette burns Thornfield Hall, organized and then sustained themselves through a revolution and a terrible war that lasted twelve years. They held the forces of Napoleon himself at bay, and established the second independent nation in the hemisphere. And throughout this long ordeal, they organized and sustained themselves in terms of an African idiom, reinterpreted according to the American condition:

> We know that the Haitian War of Independence began with a voodoo ceremony: the oath of Bois-Caiman sworn by slaves who were determined to gain their freedom or die, and who pledged therefore to fight the colonisers to the death . . . (Depestre, in *E&T*, 54.)

As long as she herself rejects the root culture of her native America, which at its substratum—its "bottom line"—is so deeply African in origin—as long as she remains oriented to Europe—Antoinette Cosway is at Europe's mercy. In Rochester's terms she is "Antoinette-marionette"; in the Afro-Caribbean idiom, she is a zombi. But when she accepts Christophine, and her protective, purging, and empowering gift of fire, and answers Tia's "You afraid?" by merging with her, by acknowledging Tia as at the heart of her own identity, Antoinette gains the strength of that Afro-Caribbean idiom, as the Haitians drew strength from the Vaudam oath at Bois-Caiman. Her finally victorious struggle against European-colonial imposition of the zombi state—her ultimate regaining of an identity stolen by cultural imperialism—becomes, in Laroche's terms, an American myth in an African-derived idiom; her final realization and action become an American battle against a European colonialism.

* * *

The point is not whether zombis are "real" or not. Any more than the point is whether the Christian beliefs referred to in the novel are "true." The point is that, ever since Europe colonized the Americas, militarily defeated Africa, and heavily populated the Americas with African slaves, African beliefs have been derided as foolishness. And the idea of equal relations between people of Caucasian and of African descent has been derided as foolishness. Today, 150 years after Antoinette Cosway thought to embroider her name, the date and her American location—Spanish Town, Jamaica, 1839—in "thread of fire," probably every society in the Americas is still afflicted by these crippling attitudes, and faces as a result profound social and cultural problems. And, today, U.S. society and "high culture" and the U.S. educational system at every level is so impoverished by this attitude towards African and Afro-American culture that it has deprived itself of the knowledge it needs to understand its own indigenous culture and history—and its own literature.

With that deft mirror-imaging, reversal and variation on word and phrase so characteristic of the novel's style, Rhys relates the attitudes of the European-dominated Americas to both persons and cultural beliefs of African origin:

> "Is there a ghost, a zombi there?" I persisted.
> "Don't know nothing about all that foolishness."
> —Rochester queries the Black servant Baptiste,
> *WSS*, 106.

> "I hear one time that Miss Antoinette and his son Mr Sandi get married, but that all foolishness. Miss Antoinette a white girl. . . she won't marry with a coloured man. . . .
> —The Black servant Amelie to Rochester, *WSS*, 121.

> "Is it foolishness?" I said, whispering.
> —Antoinette to Christophine, *WSS*, 117.

Rhys's novel also assures—and warns—us that we will never understand either her novel or the deeply African, American culture from which it springs, until we hear the fine irony in Christophine's words of response to Antoinette's question. Christophine, illiterate old Black obeah woman/conjure woman. Former slave:

> "If béké say it foolishness, then it foolishness. Béké clever like the devil. More clever than God. Ain't so?"

"The Other Side": *Wide Sargasso Sea* and *Jane Eyre*[*]

Michael Thorpe

The crucial question *Wide Sargasso Sea*, as a work of art, might seem to pose is whether it can stand and be judged alone, or whether in the view expressed by Walter Allen it is only "a triumph of atmosphere [which] does not exist in its own right, as Mr. Rochester is almost as shadowy as Charlotte Brontë's Bertha Mason."[1)]1 Jean Rhys's own comment, "She seemed such a poor ghost, I thought I'd like to write her life,"[2)] might seem to lend support to Allen's generalization, suggesting as it does that Rhys expended her whole creative effort upon an act of moral restitution to the stereotyped lunatic Creole heiress in Rochester's attic. Certainly, Rhys's Antoinette (Bertha), who tells Edward (Rochester) "There is always the other side, always" (p. 106),[3)] is given a passionate voice to make "the other side" felt. Yet hers is still only one side and, though it might be argued of her creator's earlier novels between the wars that Rhys was more concerned to do fictional justice rather to her women than their men, *Wide Sargasso Sea* stands out as her most balanced novel in its even-handed treatment of the sexes. Her

---

* From *Ariel, A Review of International English Literature*. 8.3 (July 1977).

1) *New York Times Book Review*, 18 June 1967, 5.

2) Interview, *The Guardian*, 8th August 1968.

3) References to *Wide Sargasso Sea* (Harmondsworth: Penguin, 1968), by page number.

inward presentation, in the second part of the novel, of Rochester' s viewpoint. complex but not "shadowy" is unmatched in her earlier work, and its strength is enhanced by our contrasting recollections of *Jane Eyre*.

It is not Rhys's manner to spell out her characters' viewpoints, or to eke them out with detailed authorial commentary on background or theme. For her, as for Hardy, a novel is "an impression, not an argument."[4] Though I have seen people ignorant of *Jane Eyre* respond to this novel as a self-sufficient work, it would be foolish to deny that many average readers come to it with some recollection of *Jane Eyre* and that Rhys relied in a general way on their doing so. Still, she did not assume that her reader's remembrance would be anything but dim and perhaps composed of stereotypes: Rochester recalled as a passionate, Byronically-moody man, his life blighted by the secret existence of the mad wife in the attic, she being little more than a figment of the "gothic" imagination though the compassionate Charlotte Bronte asks that we pity her, there is no effort to understand. Only in the brief Part Three, the climactic passage set at Thornfield, is some specific knowledge of *Jane Eyre* assumed. This part is introduced by Grace Poole, the woman readers of *Jane Eyre* may remember as looking after the confined heiress. Consistent with her approach, Rhys gives more credibly human substance even to this minor character, Bertha's sullen jailor being presented as another woman as victim, sinking low that she may sink no lower:

4) Preface, Thomas Hardy, *Tess of the d'Urbervilles*.

> After all the house is big and safe, a shelter from the world outside which, say what you like, can be a black and cruel world to a woman, (p. 146)

This passage implicitly echoes that which closes Part One, and the security Antoinette feels in the cold "refuge" of her convent is contrasted with "outside" (pp. 47, 50): the mad woman and her jailor are, unwittingly, sisters beneath the skin.

Again in Part Three, it is perhaps unlikely that even readers of *Jane Eyre* will recognize that the passage in which Antoinette, holding her red dress against herself, asks if it makes her "look intemperate and unchaste" as "that man" said, calling her "infamous daughter of an infamous mother" (p. 152), closely echoes Rochester's words in his self-exculpatory account to Jane of his relations with his first wife (Ch. XXVII).[5] This is not only an unusually explicit attempt to humanize our understanding of Bertha, but also that of Rochester, for his words are transferred in Rhys's novel to "that man", Antoinette's step-father Mr. Mason in his virulent disapproval of her relationship with her half-caste cousin, Sandi. The remainder of Part Three allows us to see Antoinette's incendiarism, not as a maniac's melodramatic finale, but as the inevitable tragic sequel to what we have learnt, not only of her embittered relationship with Edward, but also of her early life and trials.

An unexpected consequence of re-reading *Jane Eyre* in search of links with *Wide Sargasso Sea* is finding Bronte's novel a more "dated" work, marred by stereotyping and crude imaginings at points where

---

5) *Jane Eyre* references by chapter number.

a vaulting imagination such as Emily possessed was needed. I do not refer to the crude "gothic" of Bertha's characterization, which has been often enough deplored since the novel appeared, but to the coarse assumptions about madness, mingled with the racial prejudice inherent in the insistent suggestion that "the fiery West Indian" place of Bertha's upbringing (Ch. XXVII) and her Creole blood are the essence of her lunacy: "Her mother, the Creole, was both a mad woman and a drunkard" (Ch. XXVI). Later she is "my Indian Messalina" (Ch. XXVII), a byword for debauchery, while Rochester's own confessed peccadilloes go under the milder name of "dissipation". Of course, the blackening of the dehumanized creature from the West Indian past readily serves Bronte's purpose of winning sympathy for the deceived and deluded Rochester from both Jane and those of the Victorian audience prone to racial prejudice.[6)]

Radical though she undoubtedly was in her frank portrayal of passion in this novel, Charlotte Brontë observed certain righteous limits, which she spelt out to a correspondent. not without misgivings:

> It is true that profound pity ought to be the only sentiment elicited by the view of such degradation [as Bertha's], and equally true is it that I have not sufficiently dwelt on that feeling: I have erred in making horror too predominant. Mrs. Rochester, indeed, lived a sinful life before she was insane, but sin is itself a species of

6) Christine Bolt, *Victorian Attitudes to Race* (London: Routledge, 1971), *passim.*

insanity. the truly good behold and compassionate it as such.[7)]

Evidently Brontë herself felt that she had not sufficiently realized Bertha's humanity: it was easier to make a mere figure of a character who was, unlike Rochester and Jane, wholly imagined as a means to an end. *Jane Eyre* itself is contradictory on the issues the letter touches upon: in is account Rochester complains that Bertha's descent from "idiots and maniacs through three generations" was concealed from him, but also that her "gross, impure, depraved" vices "prematurely developed the germs of insanity" (Ch. XXVII). Thus, Bertha must be both congenitally insane and yet depraved before that madness shows itself a shaky diagnosis but convenient or else it would have been possible to pity her, as indeed before she knows all Jane once beseeches hi m to do. Essentially, of course, our pity is needed for Rochester.

In getting behind Bertha's insanity, eschewing the catchall dismissive generalization—"sin is itself a species of insanity". Rhys joins those modern writers, novelists especially, who have sought to win their readers' understanding and compassion for those whose mental state is often, and for deeply complex reasons, just the wrong side of a thin dividing line from "normality". This concern was foreshadowed in her earlier novels, especially *Good Morning, Midnight* (1939). There her heroine, Sasha, is one of Rhys's "weak", to whom the whole world is alien and menacing; her passions are a clinging to security, her fears of others' cruelty "imagination" to

7) Letter to W. S. Williams, 4th January, 1848: Clement Shorter, ed., *The Bront s: Life and Letters,* Vol. 1 (London: Hodder & Stoughton, 1908).

the strong. A passage in which one of her lovers, Serge, relates an encounter with a drunk "half-negro — a mulatto" woman who lives caged with her "monsieur" in the attic of his Paris boarding house prefigures the plight of Antoinette, everywhere an exile:

> She told me she hadn't been out, except alter dark, for two years. When she said this I had an extraordinary sensation, as if I were looking down into a pit. It was the expression in her eyes. I said: "But this monsieur you are living with. What about him?" "Oh, he is very Angliche, he says I imagine everything."[8)]

This brief episode holds the seeds of the Edward / Antoinette relationship, as Rhys was to treat it twenty-five years later, in what was to be her most fairly and fully realized analysis of that fatal want of imaginative and emotional understanding repeatedly presented in her earlier work as "very Angliche". If it may be argued that she shows some bias in that work, in *Wide Sargasso Sea* she rises above any temptation to blacken Rochester in his turn. Clearly, she set herself, not only to humanize the West Indian exotic, but also to portray subtly and sympathetically its effect upon Edward (an aspect I shall develop later). She does not for her purposes need *Jane Eyre*, not merely because this is the story of Edward and Antoinette, but because in a bold departure she draws implicit parallels, not only between Antoinette and Jane, so underlining their common plight as women, but also draws out hidden affinities between Antoinette and Edward, affinities which are the substance

8) *Good Morning, Midnight* (Harmondsworth: Penguin, 1969) pp. 79-80.

of their tragedy.

The development of Rhys's narrative, where it centres upon Antoinette, bears striking resemblances to Bront 's portrayal of the younger Jane. Both heroines grow up fatherless and emotionally threatened by those who take charge of them; they live much within themselves and in their imaginations, made fearful by emotional and physical insecurity. Jane is an orphan: Antoinette virtually one, losing her father in childhood and seeing her mother marry again, infatuated, only to become insane after the burning of their estate by the emancipated negroes (in the disturbances of the late 1830's). The real life of both, as children, is driven inward by maltreatment or indifference. Life is the nightmare, only in dreams and fantasy do they find relief. In fact, Jane's experience is such that she might have recognized much in Bertha's suffering at Thornfield Hall: her agonies in the red-room, where her aunt confines her, correspond to Bertha's incarceration, while her temptation to a superstitious doubt of her own reality, as when she peers in the looking glass (Ch. II), is counterpointed in Rhys's novel by the looking-glass motif linked with Antoinette, who constantly needs one to be reassured of her identity. Another implicit link between Jane and Antoinette is in the oppressed Jane's search for escape in the "charm" of exotic far places conjured up for her by *Gulliver's Travels.* but her imagination more often torments than consoles her, inflamed by her daily struggles for survival. Those around her set her down as "a mad cat" subject to "tantrums"; before she goes to Lowood she is, like Bertha, virtually confined, and treated as a wild, unstable being. It is hardly surprising that the pictures she paints at school, which she later shows Rochester, recall her fevered imaginings: one, of the "woman's shape to the bust . . . the eyes shone dark and wild; the hair streamed shadowy" (Ch. XIII), might have been an unconscious presentiment of Bertha as she is later shown, but Bronte certainly points no such link.

Re-reading Chapters I to X of *Jane Eyre* one cannot help but notice how much in them corresponds to Antoinette's essential experience as a solitary, unloved child in Part One of *Wide Sargasso Sea*. Both heroines seek imaginative escape, know terrors beyond the common, endure the encroachment of menace that threatens the very soul, and reach out for a seemingly impossible happiness. Jane's Lowood, the school that "excludes every glimpse of prospect" (Ch. V) is nevertheless, like Antoinette's convent, a "refuge" (p. 47) from a harsher world without. But here a crucial difference arises. Jane finds support and inspiration in the example of the saintly Helen: Antoinette can only envy the so well-adjusted de Plana sisters, especially Helene (p. 45). Antoinette can only learn from her how ill fitted she is to enter life beyond the convent, where she acquires no shield against reality; she will always carry on the surface the ineradicable marks of her harsh early experience. Jane, however, goes forth armed with the saving talisman of Helen's Christian example which keeps her proof at the centre against later misfortune and temptation. The significance of this, which crystallizes clearly when Jane rebuffs Rochester's plea for love after he has confessed his "horrible life" with the words "trust in God and yourself. Believe in Heaven. Hope to meet again there" (Ch. XXVII), may easily be overlooked by modern commentators seeking to define Jane as a free spirit.[9] Jane's severe morality reflects her creator's views—"sin is a species of insanity." Brontë's moral forcing, despite her casting of Jane as a seeker after liberty and self-determination, is reductive and constricting. nowhere is this more clearly shown than in the novel's dehumanizing of Bertha, the hapless creature for whom her own experience might have taught her more than a perfunctory plea for pity, soon set aside by Rochester (Ch. XXVII). Of course, Jane is a child of her author's imagination and of her time: I do not claim that Bronte could have been expected to write the greater, more complex novel potential in the parallel experiences of the early Jane and the imprisoned wife. This, in part, is what Rhys has done, writing clear of the racial prejudices that must have limited Brontë's reach and creating in the affinities between her Antoinette and Bronte's Jane a subtle, implicit comment on the shortcomings of *Jane Eyre*.

Helen Burns, Jane's moral exemplar, tells Jane that she cannot believe God's creatures will "be suffered to degenerate from man to fiend" and holds "another creed . . . . [which] makes Eternity a rest. a mighty home, not a terror and an abyss" (Ch. VI). Helen's creed is instinctive and positive, a sure stay for Jane and a vanquisher of goblins. Antoinette in her convent would hold to a similar faith, if she could, as taught by the nun who "knew about Heaven and the

9) Cf. Dennis Porter, "Of Heroines and Victims: Jean Rhys and *Jane Eyre*", *The Massachusetts Review*, 17, No. 3 (Autumn 1976), 540-551, passim; Porter stresses Jane's "strength of character" and "self-esteem" by contrast with Antoinette as passive victim, disabled by her colonial experience and circumstance. He overlooks the religious aspect, vital to Bronte as to her heroine.

attributes of the blessed, of which the least is transcendent beauty. . . . I could hardly wait for all this ecstasy and once I prayed for a long time to be dead" (p. 48). But to despair is mortal sin, there is also Hell: what has become of the soul of her mother who in her madness has died both of the "two deaths"(p. 106)? Part One ends with Antoinette trembling on the brink of "outside" (p. 50); dreading the "security" of the arranged marriage her dubiously solicitous step-father, Mr. Mason, has arranged for her, she dreams of Hell and the menacing male figure who draws her into darkness. She goes forth to meet her fate in Edward (Rochester) unsupported by other-worldly sanctions. All seems prepared for a treatment of Edward that will redress Bronte's bias against Bertha, but instead Part Two, which takes us at once into his consciousness, makes possible a sympathetic insight into him also.

In Brontë's novel, when Jane returns to Rochester after his blinding in the fire Bertha caused, he recognizes her voice and thinks it a "sweet delusion"; but Jane assures him, "your mind, sir, is too strong for delusion, your health too sound for frenzy" (Ch. XXXVII). We can readily believe this, despite Rochester's trials with Bertha and his losing Jane: his account of his marriage and Bertha's "mad" blood comes from one whose reason is always proof against the West Indian "hell". despite the passing temptation to despair and suicide from which "A wind fresh from Europe" cleanses him (Ch. XXVII). For Rochester's highly coloured and, finally, self-exculpatory account of his hapless marriage Rhys substitutes in her Part Two a more complex, inward account, counterpointing it in many aspects against our prior insight into Antoinette's warped life.

She thus achieves a poignant depiction of a mutual incomprehension that rests, in fact, on a closer identity of personal experience than Edward or Antoinette ever imagine. A s he rides with her toward Granbois, their honeymoon house, Edward broods upon his invidious position and composes the first of his mental letters of reproach to his father in England:

> I have a modest competence now. I will never be a disgrace to you or to my dear brother, the son you love. No begging letters, no mean requests. None of the furtive shabby manoeuvres of a younger son. I have sold my soul or you have sold it, and after all is it such a bad bargain? The girl is thought to be beautiful, she is beautiful. . . . (p. 59)

Edward's dubious bought "security" counterpoints Antoinette's (who is bought, who sold? . . . "The white cockroach she buy young man" sings the half-caste Amelie in his and Antoinette's hearing, p. 83), his inferior position in his family, his exile from what is familiar, the fever he is plunged into on his arrival in Jamaica, these all leave him groping for some sure ground for self; he is sceptical of life's promises and, like Antoinette, of "happiness": "A s for my confused impressions they will never be written. There are blanks in my mind that cannot be filled up" (p. 64). Edward's words, not Antoinette's. Edward, too, is young; and Rhys has built upon Rochester's expressed resentment, in *Jane Eyre*, of his "avaricious" father: "When I left college I was sent out to Jamaica to espouse a bride already courted for me" (Ch. XXVII). In her portrayal Edward (a milder name than the formidable "Rochester") is an uncertain, perhaps emotionally crippled young man.[10)]

Rhys's counterpointing of Antoinette and Edward is deliberate and hardly to be missed. Their shared desire for "peace" (pp. 58, 66) is disabling, for each demands it of the other, neither can accept the unfamiliar as "real" (p. 67). Their potential mutual dependence is aborted by a deeply shared vulnerability, which Antoinette exposes and Edward conceals: "I thought these people are very vulnerable. How old was I when I learned to hide what I felt? A very small boy. Six, five, even earlier. It was necessary, I was told, and that view I have always accepted" (p. 85). This is an "English" flaw, clearly, but Edward is not incapable of feeling; only in him a genuine emotional susceptibility, distrusted and constricted by a willed morality, has gone dangerously awry. Rhys brings this out in various ways, of which one becomes a persistent thematic contrast—Edward's and Antoinette's conflicting responses to the place, Granbois, and its surroundings.[11)] At first Edward goes often to Antoinette's bathing pool, finding there "an alien, disturbing, secret loveliness. And it

10) Here again I must differ with Dennis Porter, who roundly states "Rochester's failure to care enough for the feelings and the fate of his vulnerable child-bride is represented by Jean Rhys as a paradigm of male cruelty towards women" {op. cit., 543): "child-bride" is hardly apt, not only because Antoinette Cosway is 18, but Edward himself is "young"—he reflects bitterly "a short youth mine was" (p. 70). Porter reduces the novel's complexity, seeing it simplistically as reflecting Rhys's semi-autobiographical concern with women's victimage in a male-dominated world. His paper rests upon the fashionable poles of male chauvinism and women's liberation between which the weak Antoinette falls.

11) Cf. Kenneth Ramchand's perceptive brief discussion, stressing the "highly subjective landscape", *The West Indian Novel and Its Background* (London: Faber, 1970), pp. 230-36.

kept its secret. I'd find myself thinking, 'What I see is nothing. I want what it hides. that is not nothing'" (p. 73). His early hopes and promises, to Antoinette, of "happiness" in this inauspicious marriage are as fragile as his sense of his own reality and little less so than hers. The passion they share at first, sharing the sun, is sure to recoil upon her. It would have taken less than Daniel Cosway's malicious gossip about her mother's madness and her own past relationship with her half-caste cousin, Sandi (of which her step-father so violently disapproved) to harden Edward's habit of repressed feeling into cold alienation. The warmer Antoinette, who "have the sun in her" (p. 130) confronts him too late with her truth. She recalls Coulibri and the garden where she had been "happy": this nakedly-remembered past merges into the alien place which is "my enemy and on your side" (p. 107). In vain she tells him, "It is not for you and not for me. It has nothing to do with either of us. That is why you are afraid of it, because it is something else" (p. 107). Her risky recognition of non-meaning (there is no moral scheme—contrived by "people", whom she has learnt to fear) conflicts with that rigid invocation of "the power and wisdom of my creator" (p. 105) which Rhys's Edward fearfully stands upon, shunning the freedom of facing the world's "dark forest"(p. 137). which surely involves passionate relationship existentially.

Could Edward have acknowledged with Antoinette that dangerous freedom and have helped her face it, he might have grasped the elusive "secret". Antoinette gives him passion, a self-abandon in desire he cannot trust: Daniel Cosway's accusations,[12] Antoinette's foolishly countering use of the love potion certainly deepen their alienation, but are not essential. Their shared tragedy is that Edward has never learnt to give, nor Antoinette to receive securely. The "secret" is denied by their deep, shared incapacity for relationship and love. At the moment of departure Edward is "suddenly, bewilderingly. . . certain that everything had imagined to be truth was false. False. Only the magic and the dream are true—all the rest's a lie. Let it go. Here is the secret. Here" (p. 138). The place holds the "secret"; it is Antoinette's, spiritually her only stay: in carrying her away to England he vents his frustration, rationalized as revenge for her suspected betrayal, not only upon her but upon himself. He acts with the calculating cruelty of the sensitive, not the brutal. His romantic desires for a marriage of self and place. more possible for him, as for Antoinette, than a relationship with people, for he despises her "savage" people, as she had learnt from her step-father's example to fear his—ends with "nothing" (p. 142).

At the beginning of Part Three Grace Poole remembers "Mrs. Eff"

---

12) Daniel Cosway, not Daniel Mason (the name of Antoinette's step-father), as Porter mistakenly calls him, op. cit., p. 544: Daniel claims to be Antoinette's half-brother, her father's illegitimate son by a black woman, and plays in his accusations upon that repugnance toward the darker races and the issue of miscegenation which was as natural to an Englishman of Edward's time as breathing. While it is true that Edward betrays Antoinette with the half-caste servant, Amélie, only to realize in the morning that "her skin was darker, her lips thicker than I had thought" (p. 115), this is no simple case of "male cruelty towards women" (see note 9 above). Edward is reacting from his conviction that Antoinette, who had given him a love-potion in a foolish effort to secure him, had tried to poison him; perhaps, too, he is bitterly imitating the affair with her half-caste cousin, Sandi, that Daniel Cosway has broadly hinted at.

(Mrs. Fairfax in *Jane Eyre*) reproving her for her unwillingness to accept Edward's proposition that she look after his mad wife with this plea for sympathy: "I knew him as a boy. I knew him as a young man. He was gentle, generous, brave. His stay in the West Indies has changed him out of all knowledge. He has grey in his hair and misery in his eyes. Don't ask me to pity anyone who had a hand in that" (p. 145). Another side, of course, and a partial one, but by this time Rhys has allowed Edward claims upon our pity; we have seen him steel himself against pity (p. 135), fearful of his own disintegration, and thus violate his own soul in destroying Antoinette's. His future does not concern Jean Rhys (though he could have none in the Bront an manner), but his relationship with Antoinette has been developed into a many-sided and complete study of tragic incompatibilities retrieved from Charlotte Bronte's workshop floor.

Three Women's Texts and a Critique of Imperialism*

Gayatri Chakravorty Spivak

It should not be possible to read nineteenth-century British literature without remembering that imperialism, understood as England's social mission, was a crucial part of the cultural representation of England to the English. The role of literature in the production of cultural representation should not be ignored. These two obvious "facts" continue to be disregarded in the reading of nineteenth-century British literature. This itself attests to the continuing success of the imperialist project, displaced and dispersed into more modern forms.

If these "facts" were remembered, not only in the study of British literature but in the study of the literatures of the European colonizing cultures of the great age of imperialism, we would produce a narrative, in literary history, of the "worlding" of what is now called "the Third World." To consider the Third World as distant cultures, exploited but with rich intact literary heritages waiting to be recovered, interpreted, and curricularized in English translation fosters the emergence of "the Third World" as a signifier that allows us to forget that "worlding," even as it expands the

* From "Three Women's Texts and a Critique of Imperialism," *Critical Inquiry*, 12:1 (Autumn 1985), 243-61.)

empire of the literary discipline.[1)]

It seems particularly unfortunate when the emergent perspective of feminist criticism reproduces the axioms of imperialism. A basically isolationist admiration for the literature of the female subject in Europe and Anglo-America establishes the high feminist norm. It is supported and operated by an information-retrieval approach to "Third World" literature which often employs a deliberately "nontheoretical" methodology with self-conscious rectitude.

In this essay, I will attempt to examine the operation of the "worlding" of what is today "the Third World" by what has become a cult text of feminism: *Jane Eyre*.[2)] I plot the novel's reach and grasp, and locate its structural motors. I read *Wide Sargasso Sea* as *Jane Eyre*'s reinscription * * *

Sympathetic U. S. feminists have remarked that I do not do justice to *Jane Eyre*'s subjectivity. A word of explanation is perhaps in order. The broad strokes of my presuppositions are that what is at stake, for feminist individualism in the age of imperialism, is precisely the making of human beings, the constitution and "interpellation" of the subject not only as individual but as "individualist."[3)] This stake is represented on two registers:

---

1) My notion of the "worlding of a world" upon what must be assumed to be uninscribed earth is a vulgarization of Martin Heidegger's idea; see "The Origin of the Work of Art," Poetry, Language, Thought, trans. Albert Hofstadter (New York, 1977), pp. 17-87.

2) See Charlotte Brontë, *Jane Eyre* (New York, 1960); all further references to this work, abbreviated JE, will be included in the text.

3) As always, I take my formula from Louis Althusser, "Ideology an Ideological State Apparatuses (Notes towards an Investigation)," *"Lenin and Philosophy" and Other Essays,* trans. Ben Brewster (New York, 1971), pp. 127-86. For an acute differentiation between

childbearing and soul making. The first is domestic-society-through-sexual-reproduction cathected as "companionate love"; the second is the imperialist project cathected as civil-society-through-social-mission. As the female individualist, not-quite/not-male, articulates herself in shifting relationship to what is at stake, the "native female" as such (*within* discourse, as a signifier) is excluded from any share in this emerging norm.[4] If we read this account from an isolationist perspective in a "metropolitan" context, we see nothing there but the psychobiography of the militant female subject. In a reading such as mine, in contrast, the effort is to wrench oneself away from the mesmerizing focus of the "subject-constitution" of the female individualist.

* * *

When Jean Rhys, born on the Caribbean island of Dominica, read *Jane Eyre* as a child, she was moved by Bertha Mason: "I thought

---

the individual and individualism, see V. N. Volosinov, *Marxism and the Philosophy of Language*, trans. Ladislav Matejka and I. R. Titunik, *Studies in Language*, vol. 1 (New York, 1973), pp. 93-94 and 152-53. For a "straight" analysis of the roots and ramifications of English "individualism," see C. B. MacPherson, *The Political Theory of Possessive Individualism: Hobbes to Locke* (Oxford, 1962). I am grateful to Jonathan Ree for bringing this book to my attention and for giving a careful reading of all but the very end of the present essay.

4) I am constructing an analogy with Homi Bhabha's powerful notion of "not-quite/not-white" in his "Of Mimicry and Man: The Ambiguity of Colonial Discourse," *October* 28 (Spring 1984): 132. I should also add that I use the word "native" here in reaction to the term "Third World Woman" It cannot, of course, apply with equal historical justice to both the West Indian and the Indian contexts nor to contexts of imperialism by transportation.

I'd try to write her a life."[5] *Wide Sargasso Sea*, the slim novel published in 1965, at the end of Rhys' long career, is that "life."

I have suggested that Bertha's function in *Jane Eyre* is to render indeterminate the boundary between human and animal and thereby to weaken her entitlement under the spirit if not the letter of the Law. When Rhys rewrites the scene in *Jane Eyre* where Jane hears "a snarling, snatching sound, almost like a dog quarrelling" and then encounters a bleeding Richard Mason (*JE*, p. 210), she keeps Bertha's humanity, indeed her sanity as critic of imperialism, intact. Grace Poole, another character originally in *Jane Eyre*, describes the incident to Bertha in *Wide Sargasso Sea*: "So you don't remember that you attacked this gentleman with a knife? . . . I didn't hear all he said except 'I cannot interfere legally between yourself and your husband'. It was when he said 'legally' that you flew at him" (*WSS*, p. 150)[6]. In Rhys' retelling, it is the dissimulation that Bertha discerns in the word "legally" — not an innate bestiality — that prompts her violent reaction.

In the figure of Antoinette, whom in *Wide Sargasso Sea* Rochester violently renames Bertha, Rhys suggests that so intimate a thing as personal and human identity might be determined by the politics of imperialism. Antoinette, as a white Creole child growing up at the time of emancipation in Jamaica, is caught between the

5) Jean Rhys, in an interview with Elizabeth Vreeland, quoted in Nancy Harrison, *An Introduction to the Writing Practice of Jean Rhys: The Novel as Women's Text* (Chapel Hill, 1988). This is an excellent, detailed study of Rhys.

6) See Jean Rhys, *Wide Sargasso Sea* (Harmondsworth, 1966); all further references to this work, abbreviated *WSS*, will be included in the text.

English imperialist and the black native. In recounting Antoinette's development, Rhys reinscribes some thematics of Narcissus.

There are, noticeably, many images of mirroring in the text. I will quote one from the first section. In this passage, Tia is the little black servant girl who is Antoinette's close companion: "We had eaten the same food, slept side by side, bathed in the same river. As I ran, I thought, I will live with Tia and I will be like her. . . . When I was close I saw the jagged stone in her hand but I did not see her throw it. . . . We stared at each other, blood on my face, tears on hers. It was as if I saw myself. Like in a looking glass" (*WSS*, p. 38).

A progressive sequence of dreams reinforces this mirror imagery. In its second occurrence, the dream is partially set in a hortus conclusus, or "enclosed garden" — Rhys uses the phrase (*WSS*, p. 50)— a Romance rewriting of the Narcissus topos as the place of encounter with Love.[7)] In the enclosed garden, Antoinette encounters not Love but a strange threatening voice that says merely "in here," inviting her into a prison which masquerades as the legalization of love (*WSS*, p. 50).

In Ovid's *Metamorphoses*, Narcissus' madness is disclosed when he recognizes his Other as his self: "Iste ego sum."[8)] Rhys makes Antoinette see her self as her Other, Brontë's Bertha. In the last section of *Wide Sargasso Sea*, Antoinette acts out *Jane*

7) See Louise Vinge, *The Narcissus Theme in Western European Literature Up to the Early Nineteenth Century*, trans. Robert Dewsnap et al. (Lund, 1967), chap. 5.

8) For a detailed study of this text, see John Brenkman, "Narcissus in the Text," *Georgia Review* 30 (Summer 1976): 293-327.

Eyre's conclusion and recognizes herself as the so-called ghost in Thornfield Hall: "I went into the hall again with the tall candle in my hand. It was then that I saw her — the ghost. The woman with streaming hair. She was surrounded by a gilt frame but I knew her" (*WSS*, p. 154). The gilt frame encloses a mirror: as Narcissus' pool reflects the selfed Other, so this "pool" reflects the Othered self. Here the dream sequence ends, with an invocation of none other than Tia, the Other that could not be selfed, because the fracture of imperialism rather than the Ovidian pool intervened. (I will return to this difficult point.) "That was the third time I had my dream, and it ended. . . . I called 'Tia' and jumped and woke" (*WSS*, p. 155). It is now, at the very end of the book, that Antoinette/Bertha can say: "Now at last I know why I was brought here and what I have to do" (*WSS*, pp. 155-56). We can read this as her having been brought into the England of Brontë's novel: "This cardboard house" — a book between cardboard covers — "where I walk at night is not England" (*WSS*, p. 148). In this fictive England, she must play out her role, act out the transformation of her "self" into that fictive Other, set fire to the house and kill herself, so that *Jane Eyre* can become the feminist individualist heroine of British fiction. I must read this as an allegory of the general epistemic violence of imperialism, the construction of a self-immolating colonial subject for the glorification of the social mission of the colonizer. At least Rhys sees to it that the woman from the colonies is not sacrificed as an insane animal for her sister's consolidation.

Critics have remarked that *Wide Sargasso Sea* treats the Rochester character with understanding and sympathy.[9)] Indeed, he narrates the entire middle section of the book. Rhys makes it clear that he is a victim of the patriarchal inheritance law of entailment rather than of a father's natural preference for the firstborn: in *Wide Sargasso Sea*, Rochester's situation is clearly that of a younger son dispatched to the colonies to buy an heiress. If in the case of Antoinette and her identity, Rhys utilizes the thematics of Narcissus, in the case of Rochester and his patrimony, she touches on the thematics of Oedipus.[10)] (In this she has her finger on our "historical moment." If, in the nineteenth century, subject-constitution is represented as childbearing and soul making, in the twentieth century psychoanalysis allows the West to plot the itinerary of the subject from Narcissus [the "imaginary"] to Oedipus [the "symbolic"]. This subject, however, is the normative male subject. In Rhys' reinscription of these themes, divided between the female and the male protagonist, feminism and a critique of imperialism become complicit.)

In place of the "wind from Europe" scene, Rhys substitutes the scenario of a suppressed letter to a father, a letter which would be

9) See, e.g., Thomas E Staley, *Jean Rhys: A Critical Study* (Austin, Tex. 1979), pp. 108-16; it is interesting to note Staley's masculist discomfort with this and his consequent dissatisfaction with Rhys' novel.

10) Narcissus and Oedipus are figures from Greek mythology. Narcissus falls in love with his own reflection in a pool of water, unable to touch the object of his desire, he dies of unfulfilled longing. Oedipus unwittingly kills his father and marries his mother. Sigmund Freud used the Oedipus myth to describe a son's feelings of love toward his mother and jealousy and hatred toward his father.

the "correct" explanation of the tragedy of the book.[11] "I thought about the letter which should have been written to England a week ago. Dear Father . . ." (*WSS*, p. 57). This is the first instance: the letter not written. Shortly afterward:

> Dear Father. The thirty thousand pounds have been paid to me without question or condition. No provision made for her (that must be seen to). . . . I will never be a disgrace to you or to my dear brother the son you love. No begging letters, no mean requests. None of the furtive shabby manoeuvres of a younger son. I have sold my soul or you have sold it, and after all is it such a bad bargain? The girl is thought to be beautiful, she is beautiful. And yet . . . (*WSS*, p. 59)

This is the second instance: the letter not sent. The formal letter is uninteresting; I will quote only a part of it:

> Dear Father, we have arrived from Jamaica after an uncomfortable few days. This little estate in the Windward Islands is part of the family property and Antoinette is much attached to it. . . . All is well and has gone according to your plans and wishes. I dealt of course with Richard Mason. . . . He seemed to become attached to me and trusted me completely. This place is very beautiful but my illness has left me too exhausted to appreciate it fully. I will write again in a few days' time. (*WSS*, p. 63)

And so on.

---

11) I have tried to relate castration and suppressed letters in my "The Letter As Cutting Edge," in *Literature and Psychoanalysis; The Question of Reading: Otherwise*, ed. Shoshana Felman (New Haven, Conn., 1981), pp. 208-26.

Rhys' version of the Oedipal exchange is ironic, not a closed circle. We cannot know if the letter actually reaches its destination. "I wondered how they got their letters posted," the Rochester figure muses. "I folded mine and put it into a drawer of the desk. . . . There are blanks in my mind that cannot be filled up" (*WSS*, p. 64). It is as if the text presses us to note the analogy between letter and mind.

Rhys denies to Brontë's Rochester the one thing that is supposed to be secured in the Oedipal relay: the Name of the Father, or the patronymic. In *Wide Sargasso Sea*, the character corresponding to Rochester has no name. His writing of the final version of the letter to his father is supervised, in fact, by an image of the loss of the patronymic: "There was a crude bookshelf made of three shingles strung together over the desk and I looked at the books, Byron's poems, novels by Sir Walter Scott, Confessions of an Opium Eater . . . and on the last shelf, *Life and Letters of* . . . The rest was eaten away" (*WSS*, p. 63).

Wide Sargasso Sea marks with uncanny clarity the limits of its own discourse in Christophine, Antoinette's black nurse. We may perhaps surmise the distance between *Jane Eyre* and *Wide Sargasso Sea* by remarking that Christophine's unfinished story is the tangent to the latter narrative, as St. John Rivers' story is to the former. Christophine is not a native of Jamaica; she is from Martinique. Taxonomically, she belongs to the category of the good servant rather than that of the pure native. But within these borders, Rhys creates a powerfully suggestive figure.

Christophine is the first interpreter and named speaking subject in the text. "The Jamaican ladies had never approved of my mother, 'because she pretty like pretty self' Christophine said," we read in the book's opening paragraph (*WSS*, p. 15). I have taught this book five times, once in France, once to students who had worked on the book with the well-known Caribbean novelist Wilson Harris, and once at a prestigious institute where the majority of the students were faculty from other universities. It is part of the political argument I am making that all these students blithely stepped over this paragraph without asking or knowing what Christophine's patois, so-called incorrect English, might mean.

Christophine is, of course, a commodified person. "'She was your father's wedding present to me'" explains Antoinette's mother, "'one of his presents'" (*WSS*, p. 18). Yet Rhys assigns her some crucial functions in the text. It is Christophine who judges that black ritual practices are culture-specific and cannot be used by whites as cheap remedies for social evils, such as Rochester's lack of love for Antoinette. Most important, it is Christophine alone whom Rhys allows to offer a hard analysis of Rochester's actions, to challenge him in a face-to-face encounter. The entire extended passage is worthy of comment. I quote a brief extract:

> "She is Creole girl, and she have the sun in her. Tell the truth now. She don't come to your house in this place England they tell me about, she don't come to your beautiful house to beg you to marry with her. No, it's you come all the long way to her house — it's you beg her to marry. And she love you and she give you all she have. Now you say you don't love her and you break her up. What you do with her money, eh?" [And then Rochester, the white man,

> comments silently to himself] Her voice was still quiet but with a hiss in it when she said "money." (*WSS*, p. 130)

Her analysis is powerful enough for the white man to be afraid: "I no longer felt dazed, tired, half hypnotized, but alert and wary, ready to defend myself" (*WSS*, p. 130).

Rhys does not, however, romanticize individual heroics on the part of the oppressed. When the Man refers to the forces of Law and Order, Christophine recognizes their power. This exposure of civil inequality is emphasized by the fact that, just before the Man's successful threat, Christophine had invoked the emancipation of slaves in Jamaica by proclaiming: "No chain gang, no tread machine, no dark jail either. This is free country and I am free woman" (*WSS*, p. 131).

As I mentioned above, Christophine is tangential to this narrative. She cannot be contained by a novel which rewrites a canonical English text within the European novelistic tradition in the interest of the white Creole rather than the native. No perspective critical of imperialism can turn the Other into a self, because the project of imperialism has always already historically refracted what might have been the absolutely Other into a domesticated Other that consolidates the imperialist self.[12] The Caliban of Retamar, caught between Europe and Latin America, reflects this predicament. We can read Rhys' reinscription of Narcissus as a thematization of the same problematic.

Of course, we cannot know Jean Rhys' feelings in the matter. We

12) This is the main argument of my "Can the Subaltern Speak?"

can, however, look at the scene of Christophine's inscription in the text. Immediately after the exchange between her and the Man, well before the conclusion, she is simply driven out of the story, with neither narrative nor characterological explanation or justice. "'Read and write I don't know. Other things I know.' She walked away without looking back" (*WSS*, p. 133).

Indeed, if Rhys rewrites the madwoman's attack on the Man by underlining of the misuse of "legality," she cannot deal with the passage that corresponds to St. John Rivers' own justification of his martyrdom, for it has been displaced into the current idiom of modernization and development. Attempts to construct the "Third World Woman" as a signifier remind us that the hegemonic definition of literature is itself caught within the history of imperialism. A full literary reinscription cannot easily flourish in the imperialist fracture or discontinuity, covered over by an alien legal system masquerading as Law as such, an alien ideology established as only Truth, and a set of human sciences busy establishing the "native" as self-consolidating Other.

* * *

I must myself close with an idea that I cannot establish within the limits of this essay. Earlier I contended that *Wide Sargasso Sea* is necessarily bound by the reach of the European novel. I suggested that, in contradistinction, to reopen the epistemic fracture of imperialism without succumbing to a nostalgia for lost origins, the critic must turn to the archives of imperialist governance. I have not turned to those archives in these pages. In my current work, by way of a modest and inexpert "reading" of "archives," I try to extend, outside of the reach of the European novelistic tradition, the most powerful suggestion in *Wide Sargasso Sea*: that *Jane Eyre* can be read as the orchestration and staging of the self-immolation of Bertha Mason as "good wife." The power of that suggestion remains unclear if we remain insufficiently knowledgeable about the history of the legal manipulation of widow-sacrifice in the entitlement of the British government in India. I would hope that an informed critique of imperialism, granted some attention from readers in the First World, will at least expand the frontiers of the politics of reading.

Carnival of Psyche: Jean Rhys's *Wide Sargasso Sea*[*]

Wilson Harris

Myth, as I use it in this context, implies a force in the universe that is untamed and untamable, but which subsists on paradox. Myth teaches us that sovereign gods and sovereign institutions are partial, partial in the sense that they are biased, but when they begin to penetrate their biases, they also begin to transform their fear of the other, of others, of other parts, in a larger complex of wholeness. In this medium of transformation, the unconscious psyche is in dialogue — in rich marvellous dialogue — with the conscious mind. And out of this arises the living ongoing momentum of the imaginative arts.

Now, the basic thrust of what I have to say in this talk has to do with myths that have secreted themselves in certain works of the imagination — I shall confine myself on this occasion to Jean Rhys's *Wide Sargasso Sea* — and of which the writers themselves are or were unaware. But before moving into that territory I think I should make a distinction. It is this: the imaginative artist who makes deliberate use of myth may in no way be inferior to the writer or painter or sculptor or composer in whose work one may find an intuitive body (or intuitive bodies) of myth.

* From *Kunapipi* 2.2 (1980): 142-50.

Writers as varied as James Joyce, St. John Perse, Miguel Asturias, David Jones, T. S. Eliot, Camara Laye, Ralph Ellison, Djuna Barnes, D. H. Lawrence, Pablo Neruda, Kathleen Raine — to give outstanding examples — have employed myth with deliberation, but in on n to ask new questions, so to speak, of untamable reality. Yet even here — however self-conscious the equilibrium between artist and myth — unconscious variables secrete themselves in the live tapestry of word and image whose enigmatic manifestation lies in the future.

I find myself in agreement with critics and historians of the arts — such as Anton Ehrenzweig, Herbert Read, William James — who point to variables of unconscious motivation in the arts of which generations become differently aware, consciously and partially aware, with the passage of time. Compositions of music, painting, fiction of a certain kind, sculpture, poetry, will address us differently with the passage of time because of unconscious variables of myth that leave apparent gaps, angularities, turbulences, opacities, in the live tapestry in which they function. Those gaps come to be curiously filled, opacities dazzle or lighten, angularities and turbulences become rich and intriguing, as if the life of works of art mutates in depth with changed perceptions and responses of later decades and generations.

Thus even the self-conscious usage of myth by individual imaginations involves a descent into unconscious variables whose manifestation affects the future. * * *

What is intriguing about intuitive usage of myth — and this is the primary substance of this talk — is that the artist may not perceive in his or her own work an activity or concentration which is other than daylight consciousness and which runs into the apparently unconscious past. *Wide Sargasso Sea* varies the rainbow arc between cultures in profoundly intuitive spirit. To appreciate that variation we need to recall the bridge between sky and earth that is implicit in the rainbow arc from Central to South America in Quetzalcoatl (snake and bird) and Yurokon (Quetzalcoatl's Carib cousin). Then we need to revise that arc or bridge into a rather different compression of features. The food bearing tree of the world, in Arawak and Macusi legends, reaches to heaven across forgotten ages, but suddenly we become aware of it as creation myth rooted in catastrophe. The tree is fired by the Caribs at a time of war when the Arawaks seek refuge in its branches. The fire rages and drives the Arawaks up into space until they are themselves burnt and converted into sparks which continue to rise into the sky to become the Pleiades.

Let us note, firstly, the fire-motif in the creation myth, secondly, the ground of war and catastrophe in which the food bearing tree is rooted, thirdly, the constellation of the Arawaks in 'the sky of fiction' (if I may so put it). All these features are intuitively woven into the tapestry of *Wide Sargasso Sea*. There is the persistent fire-motif that runs through the entire fabric of the novel. There are the legacies of slavery and catastrophe in the soil of the Caribbean which leave such deep scars on Antoinette and her relations. There is the re-dress of mad Bertha into the new burning constellation of Antoinette in the sky of fiction. Antoinette turns round and sees 'the sky - the tree of life in flames'. 'It was red and all my life was in it' (p. 155).[1)]

---

1) Jean Rhys, *Wide Sargasso Sea*, first published 1966. All page reference are to the Penguin

Mad Bertha of *jane Eyre* is symbolically, if not literally, widowed by a husband to all intents and purposes dead and vanished. His presence is the presence of ornament and Jean Rhys straitjackets his 'death' into 'stone' (p. 94) in Antoinette's confession to her black Haitian nurse Christophine, as events begin to move towards their separation — Christophine is soon to be banished from Rochester's West Indian household as an evil witch or obeah woman — Antoinette is soon to live the 'lie' of a voyage from the West Indies and the setting up of home in England where she is deemed mad by Rochester and locked away in Thornfield Hall. Antoinette tells Christophine — as she pleads with her to mix a love potion to bring Rochester back to her bed — 'I hear him every night walking up and down the veranda. Up and down. When he passes my door he says, "Goodnight, Bertha." He never calls me Antoinette now. And I dream . . . *Then I beat my fist on a stone* . . . Going away to Martinique or England or anywhere else, that is the lie' (pp. 93-4, italics mine).

The stone-masked Rochester is an ambiguous yet shrewd alteration by Jean Rhys of the stature — the almost Gothic stature — of Charlotte Bronte's creation. Carnival stone or death-in-life mask expressly mourns a hunger for the dance of life endangered in hunter and hunted, seen and perceived with such intensity by Antoinette alone in all the world, so to speak, that she begins to redeem the solitary plague of madness in herself which — in Jean Rhys's ambiguous novel — is nothing but the magic of faith in the

---

edition and given in the text.

subsistence of fiery love to redeem the terrors of the dance when the dance is conscripted into feud and war. The fire-of-the-war-dance-motif in the food bearing tree casts its shadow of anguish and pain into Antoinette's plea to Christophine for a desperate love-potion to bring the enemy (yet lover) in Rochester to heel.

Rochester's stone-mask appears to remain pitiless but it is now psychically affected by the creature he hunts into madness, the creature to whom he 'dies' after the honeymoon rape she endures. His symbolic conquest of her, yet 'death', his Anglo-Saxon stoicism, is now all at once altered by her uncompromising madness and perception of his needs in hers. Nothing — neither duty nor respectability nor the observance of codes of behaviour so formidably constructed into moral imperative in *Jane Eyre* — possesses quite the tone of necessity — that runs deeper than appearance and logic — with which Jean Rhys imbues Antoinette, and in so doing makes her madness essentially human, and Rochester's hardhearted sanity a psychical debt to her inimitable passion that borders on precarious divinity. Hard-hearted sanity it is in him because it remains unconscious of the debt he owes to her that is infinitely greater than the rich dowry, in money terms, she brings to him.

It is this altered substance of indebtedness that leads one to perceive the psychical and immaterial re-marriage of Rochester and re-dressed Bertha into Antoinette in the 'sky of fiction'. In saying that it is clear that one cannot avoid the ambiguities that pull at that constellation and suppress it still into the sphere of symbolic widowhood on which we have already commented. These ambiguities are profound and need to be examined in order to keep ourselves subtly attuned to an arbitrating conscience between symbolic widowhood (entrenched in Antoinette's West Indian fortune that leaves her husband sated and deprived) and psychical honeymoon (woven into an ecstasy of hunger one cannot buy or sell).

I have spoken of Rochester's indebtedness to Antoinette but she too is indebted to shadowy, almost nameless, myths within the inarticulate heterogeneity of the Caribbean. May I pause for a moment to explain, in some degree, what I mean by 'inarticulate'. There is no short-cut into the evolution of new or original novel-form susceptible to, immersed in, the heterogeneity of the modern world. If we genuinely accept the view of variables of unconsciousness a handful of eminent thinkers has advanced, it will assist us, I think, to realize that the evolution of complex imagery secretes such variables of or from necessity, and that that secretion may sustain a wealth of beauty when it is perceived in its 'true' light by different eyes in other places or by other generations. That is the price of originality. Mere academic lip-service to creativity is useless whatever its militancy or piety or apparent clarity. Jean Rhys's significance, in 'inarticulate' Caribbean complex, lies in the immaterial, subtly visible, pressure to alter the rock-fast nineteenth-century convention Rochester symbolizes. *Wide Sargasso Sea* is written in nineteenth-century realist convention and as a consequence the subtle, ambiguous, poignant, disruptions of homogeneous cultural model may be misunderstood or misconceived as the logic of pathos, as a psychology of pathos, whereas their significance, as dialogue with untamable creation myth, is much more profound in their potential bearing on the evolution or original Caribbean or South American novel form.

We have already looked at the Arawak/Macusi foodbearing tree in which is secreted both physical need or hunger and a hunger for creation or renewed visions of creation. We need also to remember Jean Rhys's Anglo-Saxon yet Caribbean antecedents (she was born of a Welsh father and a white *creole* mother in the West Indies). Her imaginative insights are 'white' and 'black' in tone in their appeal to the catholicity of West Indians in whom are combined primitive religions — such as Haitian vodun myth (or obeah) — and fertile Christianity. Obeah is a pejorative term but it reflects significantly a state of mind or embarrassment in both black and white West Indians, a conviction of necessary magic, necessary hell-fire or purgatory through which to re-enter 'lost' origins, 'lost' heavens, 'lost' divinity. It is Christophine, in particular, Antoinette's Haitian nurse, who symbolizes the forbidden obeah strain in Jean Rhys's imagination. It is she (Christophine) who mixes the love-potion for Rochester which Antoinette cries for, when Rochester finds himself torn by rumours of madness in her family and steels himself (or relapses into his ingrained Protestant rationality and fear of heretical ecstasy) to 'widow' or abandon her like a dead man, however formally alive, as he paces the verandah.

In strict Catholic context (in contradistinction to alchemy and catholicity of origins) we need to glance at the convent in which Antoinette spent an impressionable period after her home was set on fire by angry ex-slaves, a fire that precipitated a massive nervous breakdown in her mother Annette (also known as Bertha) and occasioned the death of Pierre, the youngest member of the family. It is here, in the convent, that we begin to perceive the depth of subversion or ecstatic hunger which begins to envelop Antoinette, to prepare her, so to speak, to become the bride of a spiritual obeah bull. (It may be intuitive design but no accident, I believe, that during the physical and doomed honeymoon between rock-fast Rochester and subversive Antoinette, before he abandons her and widows her on the marriage-bed, he is given a cup of 'bull's blood' by Christophine (p. 71) as a token of his conversion yet retreat into 'stone' or 'relic' of ecstasy. Thus one of the portents of psychical alteration or stone-mask or death-mask is the obeah bull Rochester unconsciously wears or consumes. All this is so subtly woven into the tapestry of the fiction, it is never explicit, never stated, but lurks, so to speak, between the images in the alchemy of the word.)

It is in the convent that Antoinette is drawn into contemplation of the elusive life of precarious divinity in 'relics' (p. 45) as if in anticipation of the 'relic' of 'stone' Rochester wears after his symbolic death, a relic that undergoes immaterial re-animation in the 'sky of fiction' above 'the tree of life in flames' (p. 155). The 'tree of life' appears in the convent and bears 'a rose from the garden of my Spouse' (p. 45). It is a rose saturated with indebtedness to the black soil of dreams in which Antoinette seeks 'to hold up (her) dress, it trails in the dirt, my beautiful dress' (p. 50). The dream continues:

> We are no longer in the forest but in an enclosed garden - I stumble over my dress and cannot get up. I touch a tree and my

> arms hold on to it. 'Here. here.' But I think I will not go any further. The tree sways and jerks as if it is trying to throw me off. Still I cling and the seconds pass and each one is a thousand years. 'Here, in here', a strange voice said, and the tree stopped swaying and jerking. (p. 50)

Antoinette's indebtedness to 'rose of my Spouse' and to 'soil of dreams' is a preparation for a dialogue with the 'other' in the garden, the strange dark terrifying voice she never forgets within her and without her. It is a voice that celebrates and mourns her coming betrothal and marriage. For it is less Rochester and more symbolically herself who drinks 'the cup of hull's blood' which Christophine gives to her insensible bridegroom. It is a voice that pushes her beyond the walls of convent or school in which she shelters. In the darkness of that voice the nuns in the school have 'cheerful faces' she resents (p. 50). They do not understand her magical 'spouse'. They do not perceive a richer catholicity beneath the formal Catholic education they dispense. Their religion — however evocative in its relics — has become respectable ritual, undemanding ornament, as undemanding or frozen in posture as the Greek or Roman goddess of the milky way from whose breasts the white fluid spurts across the sky into the calloused mouth of a consumer age.

Whereas the 'bull's blood' of art and religion is imagistic confession of cross-cultural labyrinth in which the transformation of apparently incorrigible bias in all mankind tests and challenges the imagination beyond ideal formula. It is the stigma of complex earthiness and exile from convention. It is raised with anguish into the stars. The incompatibility of consumer callouses and hull's blood holds out madness (if one is enmeshed in a religion of sensuality and mindless academic spirituality) or alternatively it holds out a genuine spiritual sensation that one needs to lose one's ritual soul to find life, and that this means prayer of such depth it is directed to god, however masked by innumerable or magical relics; Antoinette's madness is no less thom a hidden surrender of life, a loss of soul to find soul, disrupted ritual callous, disrupted voice of convention in order to find (or begin to find)the voice in the food bearing tree from the 'spouse' of otherness.

These considerations are never explicitly stated in *Wide Sargasso Sea*. Their authenticity lies, I find, in a measure of confused force and anguish that drives her to say to one of the nuns before she leaves the convent: 'I dreamed I was in Hell.' The nun replies: 'That — dream is evil. Put it from your mind — never think of it again' (p. 51).

But she was to dream and think of it again and again. And the nun's incomprehension is woven into Bertha's shroud and damnation. It was Jean Rhys's passion to illumine by fire Antoinette's essential humanity and precarious divinity.

I would like to say a brief word, before closing, about the implications that reside, I believe, at the heart of a revised novel-form genuinely susceptible to an evolution of images from within the heterogeneous womb of space in the modern world.

The emphasis in traditional comedy of manners novel sprung from homogeneous cultural models is structuralist in tone. Structuralist thinkers have, in various ways, stressed the deception which cultures play on themselves in articulating static gestalt that they cling to as total model. It becomes necessary therefore — in those who become aware of institutional partiality — to descend beneath the 'surface mind' of a culture into other structures that alter emphases upon vague and elusive formations suppressed by static gestalt institution. What is striking about such ego-corrective descent — however brilliant in its analysis of background and altered foreground features — is its commitment still to structure though much less static, much more demanding in depth, than surface mind gestalt; and because of this I find myself not convinced that descending structure (or for that matter ascending structure) is the profoundly revisionary strategy of perception it seems. Except that a paradox ingrains itself into descending structure. That paradox is the arousal of 'archaic' elements in depth which are nevertheless attuned to a sensation of comprehension of different times (past, present and future) built into mobile structures beneath the surface mind. The paradox, however, tends to be stultified — I must emphasize - by the conviction of determined structure or system still which — in its very nature — would imply that one is left with no philosophical alternative but to build upon expectations of sovereign and ruling model in the heights or in the depths. An addiction to absolute power-politics is unsurprising in this philosophical context. Equally unsurprising, in a structuralist world society, is the escalation of violence from ego-fixated, fascist, left wing and right wing parties, and the immense danger to democracies whose consumer-orientation, geared by and large to the lowest common denominator in the market-place, makes them vulnerable prey in time of economic crisis.

What is less clear, I think, in all this, is the advance that nihilism makes in the West and in the so-called Third World; nihilism subsists on the structuralization of feud or incorrigible bias at the heart of existence.

What we can salvage from structuralism at its best, I think, is the descent it encourages the serious arts to make into 'inarticulate' layers of community beneath static systems Whose 'articulacy' is biased. The 'inarticulate' layers may be equated with variables of the unconscious - as I have already implied - in which myth is untamable force or unstructured mediation between partial systems high and low. This is a view, I must confess, that runs counter to the tide of structuralism which ranges from Freudians to Levi-Straussians. Yet it (I mean unstructured mediation or untamable force) may be consistent with recent discoveries in science — enigmatic black hole, ungraspable neutron, quark etc. etc. — in which the term 'force' seems closer to reality, to ungraspable quantum leap, than 'structured and sovereign model'.

The distinction is a far-reaching one, to put it mildly. For within a conception of unstructured force that mediates ceaselessly, ungraspably, between inevitably biased or partial systems (wherever these occur in layers of cultural space) variables of the unconscious are less rooted in gaps, opacities etc., and more in the mysterious arbitration of untamable cosmos between institutions, man-made and nature-made, whose hubris of total model cannot be maintained in the light of truth.

Partial institutions or models may learn to yield to creative disruption and to evolutions of capacity that transform catastrophe or they may collapse into the chaos of blind regeneration and impose a fearful price upon those who dwell insensibly in their depths.

It seems clear to me that a narrative fiction which is immersed in these challenges begins, of necessity, to alter the 'commonsense realism' of the novel in a world where the humanities are losing a complex faith in imaginative truth.

Selected Bibliography

Abel, Elizabeth. "Women and Schizophrenia: The Fiction of Jean Rhys." *Contemporary* Literature 20(September 1970): 155-77.

Angier, Carole. *Jean Rhys: Life and Works*. London: Andre Deutsch, 1990.

Ashcroft, Bill et al., *The Empire Writes Back*. London: Routeldge, 1989.

Atwood, Thomas. 1791. *The History of the Island of Dominica*. London: Frank Cass, 1971.

Brathwaite, Edward K. *The Development of Creole Society in Jamaica, 1770-1820*. Oxford: Clarendon P, 1971.

Brontë, Charlotte. *Jane Eyre*. New York: The New American Library, 1960

Brown, Bev E. L. "Mansong and Matrix: A Radical Experiment." *Kunapipi*. 7. 2-3(1985): 68-80.

Cader, Angus. *Revolutionary Empire: The Rise of the English-Speaking Empires from the Fifteenth Century to the 1780s*. London: Jonathan Cape, 1981.

Cassidy, F. G. *Jamaica Talk: Three Hundred Years of the English Language in Jamaica*. London: Macmillan, 1961.

Davy, John. *The West Indies, Before and Since Slave Emancipation*. London: W. and G. Cash, 1854.

Drake, Sandra. "'All That Foolishness/That All Foolishness': Race an Caribbean Culture as Thematics of Liberation in Jean Rhys's *Wide Sargasso Sea*." *Critica* 2.2(Fall 1990): 97-112.

Emery, Mary Lou. Jean Rhys at "World's End". *Novels of Colonial and Sexual Exile*. Austin: U of Texas P, 1990.

Erwin, Lee. "Like in a Looking Glass: History and Narrative in *Wide Sargasso Sea*." Novel. 22. 2(1989): 143-58.

Fayad, Mona. "Unquiet Ghosts: The Struggle for Representation in Jean Rhys's *Wide Sargasso Sea*." *Modern Fiction Studies*. 34. 3(1988): 437-52.

Ferguson, Moira. "Sending the Younger Son Across the Wide Sargasso Sea: The New Colonizer Arrives." *Colonialism and Gender Relations from Mary Wollstonecraft to Jamaica Kincaid*. New York: Columbia UP, 1993. 90-115.

Ford, Ford Madox. Preface to *The Left Bank and Other Stories* by Jean Rhys.

New York: Arno Press, 1970.

Frickey, Pierrette, ed. *Critical Perspectives on Jean Rhys*. Washington, D. C.: Three Continents P, 1990.

Gurr, Andrew. *Writers in Exile: The Identity of Home in Modern Literature*. Atlantic Highlands, New Jersey: Humanities P, 1981.

Harris, Wilson. "Carnival of Psyche: Jean Rhys's *The Wide Sargasso Sea*." *Kunapipi*. 2. 2(1980): 142-50

Hearne, John. "*The Wide Sargasso Sea*: A West Indian Reflection." *Corn Hill Magazine* 1080(Summer 1974): 322-33.

Holt, Thomas C. *The Problem of Freedom: Race, Labor, and Politics in Jamaica and Britain, 1832-1938*. Baltimore and London: The Johns Hopkins P, 1992.

Howells, Coral Ann. *Jean Rhys*. Brighton: Harvester Wheatsheaf, 1991.

Hoyt, E. P.: *African Slavery*. London: Abelard-Schuman, 1973.

Hulme, Peter. "The Place of *Wide Sargasso Sea*." *Wasafiri*. 20(Autumn 1994): 5-11.

Kloepter, Deborah Kelly. "Voyage in the Dark: Jean Rhys's Masquerade for the Mother." *Contemporary Literature*. 26. 4(Winter 1985): 443-59.

Koenen, Anne. "The Fantastic as Feminine Mode: *Wide Sargasso Sea*." *Jean Rhys Review*. 4.1(1990): 15-27.

Lawson, Lori. "Mirror and Madness: A Lacanian Analysis of the Feminine Subject in *The Wide Sargasso Sea*." *Jean Rhys Review*. 4. 2(1991): 19-27.

Le Gallez, Paula. *The Rhys Woman*. London: McMillan, 1990.

Leigh, Nancy J. "Mirror: The Development of Female Identity in Jean Rhys's Fiction." *World Literature Written in English*. 25. 2(1985): 270-85.

Look Lay, Wally. "The Road to Thornfield Hall." *New World Quarterly* (1968): 17-27.

Mellown, E. W.: *Jean Rhys: A Descriptive and Annotated Bibliography of Works and Criticism*. New York and London: Garland Publishing Inc., 1984.

Naipaul. V. S. "Without a Dog's Chance: *After Leaving Mr. Mackenzie*." *New York Review of Books*. 18(18 May 1972): 29-31.

Nebeker, Helen. *Jean Rhys: Woman in Passage*. Montreal Eden Press Women's

Publication, 1981.

Oates, Joyce Carol. "Romance and Anti-Romance From Brontë's *Jane Eyre* to Rhys's *Wide Sargasso Sea.*" *The Virginia Quarterly Review*. 61.1(Winter 1985): 44-58.

O'Callaghan, Evelyn. "The Outsider's Voice: White Creole Women Novelists in the Caribbean Literary Tradition." *Journal of West Indian Literature*. 1. 1(1986): 74-88.

O'Connor, Teresa F. *Jean Rhys: The West Indian Novels*. New York: New York UP, 1986.

Perry, Benita. "Problems in Current Theories of Colonial Discourse." *Oxford Literary Review*. 9. (1988): 27-58.

Raiskin, Judith. "Jean Rhys: Creole Writing and Strategies of Reading." *Ariel*. 22: 4(October 1991): 51-67.

Rhys, Jean. *Jean Rhys: The Complete Novels*. W.W. Norton & Com., Inc, 1985.

Ramchand, Kenneth. *An Introduction to West Indian Literature*. Middlesex: Thomas Nelson & Sons, 1976.

Rody, Caroline. "Burning Down the House: The Revisionary Paradigm of Jean Rhys's *Wide Sargasso Sea.*" *Famous Last Words: Changes in Gender and Narrative Closure*. Ed. Alison Booth. Charlottesville: U of Virginia P, 1993. 300-25.

Saakana, Amon Sabe. *The Colonial Legacy in Caribbean Literature*. Trenton: Africa World P, 1987.

Said, Edward. "The Mind of Winter: Reflections on Life in Exile." *Harper's Magazine*(September 1984): 50-55.

Spivak, Gayatri C. "Three Women's Text and a Critique of Imperialism." *Critical Inquiry*. 12. 1(August 1985): 243-61.

Staley, Thomas F.: *Jean Rhys: A Critical Study*. Austin: U of Texas P, 1979.

Sternlicht, Sanford V. *Jean Rhys*. New York: Twayne; London: Prentice Hall International, 1997.

Thorpe, Michael. "The Other Side: *Wide Sargasso Sea and Jane Eyre.*" *Ariel*. 8.3(1977): 99-110.

Tiffin, Helen. "Mirror and Mask: Colonial Motifs in the Novels of Jean Rhys." *WLWE* 3. 17(April 1978): 328-41.

Todd, Loreto. *Pidgins and Creoles*. London: Routledge, 1990.

Vanouse, Evelyn Hawthorne. "Jean Rhys's Voyage in the Dark: Histories Patterned and Resolute." *WLWE*. 28: 1(1988): 125-133.

Vreeland, Elizabeth. "Jean Rhys: The Art of Fiction LXIV." *Paris Review* 21. No. 76(Fall 1979): 219-37.

Webb, Ruth. "Swimming in the Wide Sargasso Sea: The Manuscripts of Jean Rhys's Novel." *The British Library Journal*. 14.2(Autumn 1988): 165-77.

Williams, Eric. *From Columbus to Castro: The History of the Caribbean 1492-1969*. London: André Deutsch, 1970.

Wilson, Lucy. "Women Must Have Spunks: Jean Rhys's West Indian Outcasts." *Modern Fiction Studies*. 32. 2(Autumn 1986): 439-48.

Wolfe, Peter. *Jean Rhys*. Boston: Twayne Publishers, 1980.

Wyndham, Francis. "Introduction to Jean Rhys," *London Magazine* (January 1960): 15-18.

이경순

전남대학교 문리대 영문학과 졸업
전남대학교 대학원 영어영문학과(문학석사/문학박사)
미국 미주리 주립대 영문학과 교류교수
미국 스탠퍼드 대학 영문학과 객원교수
미국 피츠버그 대학 영문학과 초빙교수
21세기 영어영문학회 회장
전남대학교 영어영문학과 교수(현재)

저서
『현대 영어권 문화의 이해』(공저), 『20세기 영국소설의 이해』(공저)
『영화속 문학이야기』(공저), 『현대문학이론의 이해』(공저)
May 18 Democratic Uprising and Women(공저) 등

역서
『스피박의 대담』, 『해석학과 문학비평』 등

Jean Rhys
Wide Sargasso Sea
With Essays in Criticism
드넓은 사르가소 바다 – 주석과 비평

1판 1쇄 발행 _ 2014년 10월 1일
1판 2쇄 발행 _ 2017년 8월 30일

편 주 자 • 이 경 순
발 행 인 • 정 현 걸
발 행 • 신 아 사
인 쇄 • 예지인쇄
출판등록 • 1956년 1월 5일 (제9–52호)
주 소 • 서울특별시 은평구 통일로 59길4 (2F)
전 화 • (02)382–6411 • 팩스 (02)382–6401
홈페이지 • www.shinasa.co.kr
E–MAIL • shinasa@daum.net

ISBN: 978-89-8396-875-3 (93840)

정가 14,000원